# 中华译学馆

莫言题

中华译学倡言倡导与

以中华为根 译与学并重

弘扬优秀文化 促进中外交流

拓展精神疆域 驱动思想创新

丁酉年冬月许钧撰 罗卫东书

中華譯學館·出版史系列

# 德古意特出版史

## 传统与创新1749—1999

[德] 安娜-卡特琳·齐萨克　著

何明星　何抒扬　译

ZHEJIANG UNIVERSITY PRESS
浙江大学出版社

# 前　言

　　在创立 250 周年纪念之际，德古意特出版社希望有本书能够详细记录自己的发展史。虽然德古意特以购买同行的"兼并达人"闻名，但还是给柏林贡献了很多文化与学术方面的声誉。出版社通过与柏林大学、科学院和政府部门等紧密合作，与一代又一代的杰出学者共同创造了历史。而出版社的声望在两个世纪里之所以屹立不倒，除了因为出版了独特的图书外，主要还是遵循着这样一个理念：与时俱进地满足社会之需求。

　　今天德古意特出版社的雏形是在第一次世界大战后形成的，即源于五家在德国出版业闻名的出版社的合并，这五家出版社分别是：戈申出版社（G. J. Göschen'sche Verlagsshandlung）、古腾塔格出版社（Verlagsbuchhandlung I. Guttentag）、乔治·赖默尔出版社（Georg Reimer Verlag）、特鲁布纳出版社（Karl Trubner Verlag）和维特出版社（Veit & Comp）。随后，又有其他学术出版社也合并进来。

　　而经历了两次世界大战的浩劫后，德古意特出版社历经艰难迎来了发展期，并马不停蹄地扩充业务领域。在这里我要特别说明的是，德古意特在战后重要的发展策略就是开拓英语图书市场。为此不仅在 1971 年成立了纽约办公室，还继续延续兼并的策略，购买了出版英语作品的一些领军出版社。在 1977 年和 1978 年兼并美国和荷兰的英语出版社的行为，就表明德古意特出版社依旧壮心不已，更进一步奠定了其成为欧洲最重要的学术私人出版社的基础。

德古意特出版社的业务范围涉猎广泛，包括人类学、语言学、法律和自然科学等。据我所知，其出版过的举世闻名的作品就有"戈申图书馆系列"（*Sammlung Göschen*），朱利叶斯·施陶丁格（Julius Staudinger）的《民法典评论》，弗里德里希·克鲁格（Friedrich Kluge）的《德语词源词典》，还有库什纳《文学年鉴》《学者年鉴》《弥涅耳瓦①世界年鉴》等重要图书。而自然科学领域的《医学术语词典》，自从面世至今的 100 多年里，依然还是学科中的"圣经"。

值得一提的是，德古意特出版社的一些作品其实也代表了学科的历史演变进程，例如：《普鲁士年鉴》，奥古斯特·利奥波德·科利尔（August Leopold Crelle）的《纯粹数学与应用数学期刊》，弗莱克斯·霍屁·塞勒（Felix Hoppe Seyler）的《生理化学杂志》②和《比较犯罪法理学期刊》。

考虑到德古意特出版社主要是由五家出版社合并而来，所以本书就着重介绍了这五家出版社各自的发家历史，同时还呈现了图书出版是如何与哲学，乃至科学领域的历史进程紧密相关的。

---

① Minerva，拉丁语，译为弥涅耳瓦，是罗马神话中的智慧女神，和艺术家与手工艺人的保护神。——译者注

② 英语译本则以"Biological Chemistry"之名出版。——原文注

而通过历史我们发现，出版社与学科的发展密不可分，当学术领域出现变化后，出版社也得随之改变。而这种紧密的相辅相成关系即便在冷战时期也在继续，德古意特出版社与柏林大学、德国社会科学院的悠久合作关系就是典型例子。

同样，出版业与文学的紧密联系，甚至影响国家发展进程，这样的范例从一个世纪前就开始出现了。从德国的国宝级文物"马内塞古抄本"（Codex Manesse）于 1888 年回归德国就可说明这一点。当年这份珍贵的手稿在法国国家图书馆被重新发现后，正是通过特鲁布纳出版社（德古意特出版社的前身之一）主动周旋，抄本才在消失几百年后重新回到德国海德堡大学的手抄本图书馆。

当初，德古意特出版社是从一个小小的学校书店起家的，如今已经发展成为拥有皇家许可证的出版机构，这段历史值得被珍藏。所以在周年纪念之时，出版社决定把从 1749 年至 1945 年的内部资料捐献给柏林国家图书馆。如今这批见证了其 250 年发展历程的资料可从网上免费获取，包括其中最有价值的部分——创始人德古意特的珍贵信件。

至于这批资料的捐献对象柏林国家图书馆，也是有考量的。首先，柏林是德古意特出版社发展的大本营。其次，柏林国家图书馆之前就已收藏了出版社最初几十年的资料，即 100 多名德国知识分子与德古意特出版社之间的通信函件等，所以加上新发现的史料，德古意特 250 年历史馆藏最终水到渠成地形成了。

柏林国家图书馆主任安东尼奥斯·扎莫斯
1999 年 8 月，柏林

# 目　录

# 第一章　乔治·赖默尔出版社的起源

　　1749 年 10 月 29 日,普鲁士的弗雷德里克二世(Frederick Ⅱ)准许了"国王学校"(Konighlisch Realschule)①的创办,并同意在柏林办个"学校书店"(Realschulbuchhandlung)②,以便"购买和销售好的、有用的、有启发性的图书"。但同时又规定:"书籍只有在被政府审查后方可出版与印刷,书店还需要有资历的个人或商人经营。"然而该学校书店却一直找不到合适的人来经营,直到半个世纪后乔治·安德烈亚斯·赖默尔(George Andreas Reimer)的出现。

　　赖默尔对自己的商业生涯的自豪是名副其实的,就是这位来

---

　　①　在德国工业化浪潮下,加尔文主义教派等的年轻人接受教育的学校。——原文注
　　②　1801 年 8 月 3 日的租赁协议副本,《德古意特出版社档案汇编》的"学校书店"一节。更多的副本则在柏林的普鲁士国家机密档案馆(Geheimes Staatsarchiv Preußischer Kulturbesitz)。——原文注

图 1　乔治·赖默尔油画像

自波美拉尼亚①的年轻出版商,把"学校书店"变成了德国领先的出版社之一。虽然赖默尔出版社后来专门出版浪漫主义文学作品,但在初期,文学出版只是出版业务中的一项业务。

---

① 位于德国和波兰北部的一个具有悠久历史的地区,处于波罗的海南岸,主要河流包括维斯瓦河、奥德河和雷克尼茨河。波美拉尼亚拥有丰富的历史。自 962 年到 1181 年,一直到 1806 年,此地是神圣罗马帝国在波兰的一个省。它亦曾是波美拉尼亚公爵的采邑。波兰、丹麦、萨克森、勃兰登堡、普鲁士和瑞典多国国王也一度统治该地。神圣罗马帝国解体后,波美拉尼亚成为普鲁士王国的一部分,后来并入德意志帝国。1945 年后,此地分别为德国与波兰所有。——译者注

# 起源于教育

赖默尔 1776 年 8 月 27 日出生在格莱福斯瓦尔德(Greifswald)①，而他父亲则拥有一条船和一家酿酒厂。至于赖默尔的出版生涯，最初是从兰格(Lange)②图书销售公司开始的：14岁时，入职兰格公司的格莱福斯瓦尔德分部成了学徒，1795 年则成了柏林分部的书记员，3 年后成了公司的授权签字人(prokunist)和合伙人③。赖默尔之前希望在该公司的法人去世后就买下公司，但最终还是改变了主意。也许这种改变受到了他的导师，即出版人约翰·达尼尔·桑德(Johann Daniel Sander)的影响。桑德曾经在国王学校做过教师，后来把毕生精力投入到留声机资源和发掘学校出版社的潜力等方面。

1800 年 6 月 1 日，赖默尔通过租约继承(hereditary lease)接管了"国王学校"的"学校书店"，不久后，他认识了许多普鲁士知识分子的导师桑德。桑德就把赖默尔介绍到了柏林出版圈子里。他首先与诗人卡尔·威廉·弗里德里希·冯·施莱格尔(Carl Wilhelm Friedrich von Schlegel)接触，可能还跟哲学家约翰·戈特利布·

---

① 学术界此前一直没有乔治·赖默尔和他出版生意的研究，直到最近，相关的研究成果才同时出现。多瑞斯·富凯·普鲁马赫(Doris Doris Fouquet)的《德古意特出版社档案汇编》和威廉·金德芬德·多瑞斯·赖默尔(Wilmsens Kinderfeund Doris Reimer)的《激情与计算缜密：出版人乔治·赖默尔的一生 1776—1842》(1999 年，而该本书的附录则被收录在光盘中，但无法标记页数)的成果面世后，人们才意识到对此领域的研究很不足。——原文注

② 全名为戈特利布·奥古斯特·兰格(Gottlieb August Lange)出版社，德国出版历史上的一些著名出版人都在此培训过。——译者注

③ 德国商业法规定：通过签字形式来代表公司的就是授权签字人，除了土地事宜以外，此人需负责公司的转账等行为。虽然表面上，授权签字人的重要性很有限，但责任很广，为实际上的总经理。——原文注

费希特(Johann Gottlieb Fichte)和神学家弗里德里希·施莱尔马赫(Friedrich Schleiermacher)有过交集。①

## 与"学校书店"的租约

赖默尔与"学校书店"签订经营租约后,每年他得支付 500 泰勒(talers)②给学校,结果导致自己陷入了财务困难,但他依旧坚持着,并声称:"首先,'学校书店'继续做教材的出版,可避免带来任何不利的言论。其次,在同类教材充斥市场、竞争加剧的情况下,主任最终会同意我以最低的价格销售本学校出版的教材,不然在这个情形下,卖书的其他机构会更少,读者也会消失。"③在进一步争取发展主动的过程中,赖默尔把"学校书店"变成了发展业务的基地:科赫大街(Kochstraße)E 14—16 号,在腓特烈大街(Friedrichstraße)④的一个角落。由于合同中还提供一所公寓,于是新成家的赖默尔与妻子(Wilhemine nee Reinhardt,1784—1864年)搬了进去。赖默尔的妻子是一个牧师的女儿,来自马格德宝(Magdeburg)。若干年后他承认道:"当年接管生意时,我损失了一些钱,对初出茅庐又没有本金的我来说是个很大负担。"⑤赖默尔的

---

① 《激情与计算缜密:出版人乔治·赖默尔的一生 1776—1842》的"社会环境"一节。——原文注

② 德国旧银币。——译者注

③ 1800 年 12 月 15 日,赖默尔与"国王学校"的主任签订了临时协议,参见《激情与计算缜密:出版人乔治·赖默尔的一生 1776—1842》和《德古意特出版社档案汇编》的"学校书店"一节,附录 A/II。——原文注

④ 柏林重要的文化与商业街。——译者注

⑤ 1816 年赖默尔的草稿信,参见《德古意特出版社档案汇编》的"学校书店"一节。——原文注

启动金是他从自己的亲戚和妻子家借来的。①

最终，赖默尔接管了超过 56 种"学校书店"名下的图书，而教材和赞美诗歌集则是利润最高的部分。而在后来几十年的时间里，销量最高的是弗里德里希·菲利普·威廉（Friedrich Philipp Wilmsen）所著的《德国儿童的朋友》，1816 年至 1821 年期间，此书共有 27 个版本，销量达 13.5 万本。1888 年，第 226 个修订版又出版了，此书最终成了 19 世纪的德国经典教科书。② 虽然此书成了赖默尔生意中"唯一的金蛋"，但也证明了赖默尔还没忘记学术出版商的本分。同时，他的目标不仅在教育出版领域，他很早就获得了几个著名作者的合作资源。

哲学家费希特曾经记载道："出于纯粹的友谊，我的亲密朋友给我推荐了值得信赖的年轻人赖默尔。并称如果给他个好开端，他也会把我的作品投放到市场上并承诺回报颇丰。"③ 于是费希特的《关于"近期哲学之真本性"问题的受众报告》就由"学校书店"出版发行了，之后出版的还有《当代社会的角色》《通往幸福生活之路》④。难得的是，赖默尔还积极拓展他的知识领域，尤其是在当时仍极为小众的学科领域，所以他还去听了费希特的课。

赖默尔最重要的商业合作伙伴也是此后一生最为亲密的朋

---

① 想了解更多临时协议中的商业细节，可参考《激情与计算缜密：出版人乔治·赖默尔的一生 1776—1842》的"第一年"一节。——原文注
② 同上，对于"国王学校"转移给赖默尔的图书，也可参考威廉·金德芬德·多瑞斯·赖默尔所写的《1802 年至 1837 年：书商乔治·赖默尔的出版历史》，如今收录在《莱比锡出版历史年报：第五册》，1995 年，第 169—172 页。——原文注
③ 引自《激情与计算缜密：出版人乔治·赖默尔的一生 1776—1842》的"费希特"章节；同上，"与费希特发展商业关系"一节。——原文注
④ 赖默尔出版过的图书信息，参见柏林出版的目录《乔治赖默尔出版书目》（1843 年和 1895 年）和《赖默尔出版社发行目录》（1903 年）。——原文注

友、"新教自由主义之父"①弗里德里希·施莱尔马赫,给赖默尔带来了一生中最为重要的影响。1802 年 5 月 27 日,施莱尔马赫曾经这样描述两人友谊的产生:"昨晚我拜访了赖默尔,并对他的携带着单纯动机的热心感到很愉悦。谈话刚开始不久,就立刻拉近了彼此的距离。而我无法描述出这种感受,唯有亲身经历才能理解。当我还对他的妻子表达了敬意后,他就像孩子般展示了她所写的情感真挚的来信,通过信我能想象出他们的生活。我紧握着他的手,在短暂的停留后我对他说:'当我的生命更清晰和完整后,我也可如你般真诚。'在这之后我们谈了友谊是如何造就的,包括如何等待合适的机会等等。"②

与类似施莱尔马赫一样的作者合作,给赖默尔的出版活动带来无法估量的价值与影响。自从施莱尔马赫的布道诗集在 1801 年出版后,赖默尔接连出版了他的著作。如他在 1804—1810 年翻译的柏拉图之 5 个作品③,《道德的批判》(1803 年)和《宗教对话集》(1806 年"学校书店"出版了第二版)等。在此后的 17 年里,施莱尔马赫经常拜访赖默尔。在施莱尔马赫去世后,赖默尔回忆道:"若

---

① 国内学术界又称之为"浪漫主义"的神学家,他成功的将宗教敬虔情感与浪漫主义作一结合。艺术家将情感表达在创作上,这也是敬虔,而神是创造的神,从被造物的身上即可看出他是注重美感的神,因此浪漫主义也许是神派来的一个天使。——译者注

② 1802 年 5 月 27 日,弗里德里希·施莱尔马赫写给妹妹的信,《弗里德里希·施莱尔马赫》的"施莱尔马赫生平"一节。见:《书信集》第一册,柏林,1860 年,第 312 页。——原文注

③ 施莱尔马赫最早的柏拉图译作在 1804 年出版,最后一册译作在 1828 年出版(去世 6 年前),在 200 多年的时间,施莱尔马赫的柏拉图德语译作一直占主导位置。——译者注

没有这段友谊,我都不知道自己会过得怎么样?"①而施莱尔马赫与赖默尔的友谊在两人都去世后仍然延续着:赖默尔的儿子继续出版了施莱尔马赫的 4 卷信件(1860—1863 年),全部出版完毕后,给这场持续了 30 年的作者与赖默尔出版社的合作历史圆满地画上了句号。②

赖默尔掌管生意的第一年就充分证明了他的商业能力,1800年到 1805 年,公司的总值变为原来的 7.5 倍。以至于在 1804 年他还沉思道:"我不知道为啥今年盈利丰厚,也不明白做的每件事为啥都如此发展成功?"③同年,与普鲁士科学院的重大合作开始了。但随着拿破仑打败并占领了普鲁士,合作只好终止。1806 年,赖默尔又回忆道:"战争给图书出版生意带来的损失最大,多年来我只好吞下苦果。虽然这些损失不是因为我个人的过错,但我对战争给与普鲁士科学院的合作带来的干扰程度感到震惊。"④

## 浪漫主义的出版人

在与施莱尔马赫合作后,几乎所有知名作者的书都由赖默尔

① 1834 年 3 月 12 日,乔治·赖默尔写给卡尔·赖默尔的信,《激情与计算缜密:出版人乔治·赖默尔的一生 1776—1842》的"施莱尔马赫"一节。更多赖默尔与施莱尔马赫关系的细节,可参考罗杰·特佩尔曼(Roger Töpelmann)所著的《浪漫,友谊与不和谐——书商赖默尔和施莱尔马赫的关系》(1999 年)的"我读了你的信"一节和斯博丽·博洛伊思雅(Spolia Berolinensia)所著的《柏林人对心灵与文化历史的贡献》(1999年)。——原文注

② 参见《德古意特出版社档案汇编》的"书信·文件·档案"一节,柏林-纽约,1980年,第 103—127 页。——原文注

③ 1804 年 8 月 6 日,赖默尔写给施莱尔马赫的信。《激情与计算缜密:出版人乔治·赖默尔的一生 1776—1842》的"第一年"一节。同上,"1801—1806 年的资产表评估",收录在附录 A/II。——原文注

④ 1816 年赖默尔的草稿信,《德古意特出版社档案汇编》的"学校书店"一节。——原文注

出版，包括以笔名"诺瓦利斯"闻名的浪漫主义诗人乔治·菲利普·弗里德里希·弗赖赫尔·冯·哈登贝赫（George Philipp Friedrich Freiherr von Hardenberg），小说家海因里希·冯·克莱斯特（Heinrich von Kleist），作家让·巴罗（Jean Paul），作家兼作曲家恩斯特·特奥多尔·威廉·霍夫曼（Ernst Theodor Wilhelm Hoffmann），作家阿希姆·冯·阿尔尼姆（Achim von Arnim），作家卡尔·威廉·弗里德里希·施莱格尔（Karl Whilhelm Friedrich Schlegel），讽刺作家西奥多·戈特利布·冯·希佩尔（Throdor Gottlieb von Hippel），作家弗里德里希·拉·莫特·福凯（Friedrich La Motte Fouque），诗人路德维希·蒂克（Ludwig Tieck），作家兼哲学家雅各布·格林（Jacob Grimm），是这些名字成就了赖默尔出版社在德国文学史上的地位。虽然赖默尔出版社给人以文学出版社的印象，但实际上截至 1820 年，每年仅有 2 到 4 种文学图书被出版。[①]

　　赖默尔仍旧是一个精明的商人，作者收到的稿费通常取决于首版作品的销售量，偶尔有必要时版税才会增加。例如作者海因里希·冯·克莱斯特在破产后曾经说过："要想得到作者的忠诚合作，只要马上支付版税即可。"赖默尔想出版他晚期的作品，克莱斯特提出了增加版税要求。赖默尔与其合作后，对于他的《中篇小说》（1810/1811 年），《圣塞西莉亚》（1810 年）和《破瓷记》（1812 年），赖默尔只付了比较少的 280 泰勒。值得一提的是，《圣塞西莉亚》的首印数为 1000 册，但是直到 30 年后的 1846 年才全都销完，同年才出了第二版。同样，令人惊诧的是，在 70 年后，中篇小说《破瓷记》仍然还有库存。

---

　　① 《德古意特出版社档案汇编》和《勃兰登堡克莱斯特期刊》（第 8 册，1995 年，第 51—85 页。——原文注

与此同时竞争也加剧了。19 世纪 20 年代起,赖默尔开始有步骤地出版作品合集。1821 年,曾与之合作过的作者路德维希·蒂克抢先出版了克莱斯特的《生前著作集》,1826 年蒂克又出版了克莱斯特的 5 册合集。①

至于蒂克,他是《来自斯瓦比亚时代的米尼利德》(1803 年)的主编,而这书的插图是由飞利浦·奥托·朗格(Philipp Otto Runge)画的,代表着艺术家在图书插画领域的突破,此后插图作品才成为德国文学家和艺术史学家的喜闻乐见之物——即"文学调味料"②。总而言之,当年蒂克也把他的《幻影》(3 册,1812—1816 年),修订版的《威廉·洛弗尔》(2 册,1813 年)和《作品集合》(28 卷,1828—1854 年)交给了赖默尔出版,同时还出版了极受欢迎的《诺瓦利斯作品集》(两册,1802 年)。

1812 年,赖默尔从破产的"欧格书店"(Ungersche Buchhandlung)获得了德语版莎士比亚著作的版权,而此时翻译莎士比亚著作的德语译者奥古斯特·威廉·施莱格尔,已被这一具有里程碑性的翻译任务折磨得筋疲力尽,再也不想完成全部翻译的收尾工作,但赖默尔却一直在想办法继续该项目。而恰巧,他之前通过人牵线让赖默尔结识了蒂克。又经过 12 年的等待后,赖默尔终于说服了蒂克继续完成这项翻译工作,现在这部作品的名称则变成了《莎士比亚戏剧集,由施莱格尔翻译,路德维希·蒂克补充和修订》(9 册,1825—1834 年)。

①　同上,1810 年 8 月 12 日赖默尔写的信。其生意的细节也可参考《激情与计算缜密:出版人乔治·赖默尔的一生 1776—1842》第四册。——原文注

②　同上,第五册的"蒂克"一节,威廉·金德芬德·多瑞斯·赖默尔可以得出与先前看法相同的结论:蒂克的《来自斯瓦比亚时代的米尼利德》销量不好。其他资料来自:《德古意特出版社档案汇编》和在 1998 年发现的赖默尔出版社的编号为"1"的账本。——原文注

4 L. Tieck (ed.), *Minnelieder aus dem Schwäbischen Zeitalter* (1803)
Verlag Walter de Gruyter

图 2　路德维希·蒂克的《来自斯瓦比亚时代的米尼利德》(1803 年版)

　　但麻烦也从此开始了,因为蒂克的翻译进展也奇慢无比,而他对施莱格尔原本翻译的修改产生了更多麻烦。虽然此举让原先的译者施莱格尔愤怒无比,但他还是拒绝了赖默尔敦促的继续翻译的请求,再也不想沾莎翁的边。种种事件,让赖默尔在 1828 年写道:"我想从来没有一家初创成功的企业,竟然有如此多的焦虑,还有数不尽的不眠之夜。不仅谈不上赢利，反而产生了大量的亏损。"①接下来的几年，赖默尔与蒂克的关系发展得非常糟糕，以至于后者都想撒手不干了。但考虑到 11 年前定的"君子协议"，这位被赖默尔称为"史上最臭名昭著和不靠谱"的作者，还是继续完成了翻译工作，最后翻译莎士比亚成了他一生的事业。②

　　赖默尔所出版的图书中，迄今仍然大受欢迎的就是世界上家喻户晓的《格林童话》。值得一提的是，此书原本是学术书，分别在 1812 年、1815 年出版过两卷版本，1819 年、1821 年出版了修订版。在 1825 年，仅收录了最有意思的一半内容的袖珍版面世了，加上其低廉的价格，袖珍版在市场上很受欢迎。事实上，迄今为止世界上流行的《格林童话》最初是袖珍版。

　　另外两个低地德语故事《渔夫和他的妻子》③和《杜松树》④被赖默尔修改后面世了，他对此解释道："这些故事很早就在我的家乡流传，但我还是仔细把一些不规范的表达用语与丹内特（Dänert）⑤主编的德国低地语词典⑥做了对照，并征求了一些专业朋友的意见。"⑦可惜的是，赖默尔与蒂克这段持续了 30 年的友好商业关系

---

　　①　《激情与计算缜密：出版人乔治·赖默尔的一生 1776—1842》第五册的"蒂克"和"莎士比亚"章节。——原文注
　　②　同上，第五册的"蒂克"一节，分析了赖默尔与蒂克的矛盾关系。参见赖默尔出版社的编号为"B""C"和"D"的账本，里面有全部涉及与蒂克的通信等资料。——原文注
　　③　普希金改编后成为著名的《渔夫和金鱼的故事》。——译者注
　　④　被禁的民间童话，由于内容过度血腥。——译者注
　　⑤　指约翰纳·卡尔·丹特（Johann Carl Dahnert）所写的《根据新老波美拉尼亚和俄语方言词的低地德语字典》。——译者注
　　⑥　低地德语（德文：Platt-deutsch），又称低地萨克森语，主要在德国北部、丹麦南部、荷兰东部使用。——译者注
　　⑦　1812 年 10 月 30 日，赖默尔写给威廉·格林的信件，《激情与计算缜密：出版人乔治·赖默尔的一生 1776—1842》第五册。——原文注

在 1834 年结束了，因为双方陷入了难以解决的版权纠纷。①

# 与拿破仑的斗争

赖默尔与他的同时代的朋友一样，深受拿破仑侵占德国的影响。1806 年，普鲁士的腓特烈二世在耶拿会战失败后，当地社会被法国战领军分裂成了两派，即选择法军占领下的生活或进行武装反抗斗争，而赖默尔选择了后者。于是他的"学校书店"公寓成了柏林爱国者接头会面的地点。而德国爱国者一致认为：法国占领是普鲁士改革的机会，可通过把占领军赶出去后摒弃独裁者统治，而成立民主政府。于是他们加入了"阅读与射击协会"，在这里一边学习希罗多德（Herodotus）的作品，一边练习射击准备进行大规模武装起义。1811 年，赖默尔代表陆军元帅奥古斯特·奈哈特·奈则劳（August Neidhardt Gneisenau）奔赴维也纳跟英国特工商讨提供军火问题。同时，自 1806 年起，他也出版了更多的政治文学作品，其中包括费希特的《告德意志同胞书》（1808 年）、《对基督徒士兵的教义问答》（1813 年），并与好友阿恩特合著了《给德国士兵的五首歌》（1813 年）。随着《普鲁士通讯》的广泛发行，赖默尔出版社涉入了普法战争的新闻与出版领域。②

---

① 同上，通过赖默尔与"格林兄弟"的商议关系分析，发现前者也与费迪南德·格林（鲜为人知的"格林兄弟"之兄长——译者注）有版权纠纷，由于后者其实没有能力来做校对工作，所以等于 19 年来费迪南德一直在吃空饷。1823 年，忍无可忍的赖默尔告诉"格林兄弟"要解决掉他们兄长的问题，然而"格林兄弟"对此也无动于衷。直到 1834 年，"烫手的山芋"费迪南德才退出。此事件也导致了赖默尔对"格林兄弟"之一的威廉·格林非常不满并影响了后续合作。——原文注

② 同上，第二册的"报纸"一节。——原文注

不久,赖默尔加入了预备队,成了库马特第四预备营的上尉[①]。1813年8月23日和27日,他参加了"大贝伦会战"(Großbeeren)和"哈格尔山会战"(Hagelberg),并最终阻止了拿破仑重新夺取柏林。赖默尔在回忆当时的情况时曾说道:"1813年爆发战争时我就志愿入伍了,尽管这时我36岁了,还是5个孩子的父亲,最大的孩子也11岁了,还有个孩子马上要出生。在普法战争的前后7年间,我的生意受到了很大冲击,只能是勉强糊口。"他的妻子薇赫敏·赖默尔在普法战争期间接管了出版生意,并在莱比锡书展上替赖默尔站台。一年后的1814年6月,赖默尔才从战场上返回柏林。对此他仰天长叹道:"我回来后发现出版生意已经几乎被彻底毁了,经过难以想象的努力和上帝保佑,才避免了全部毁灭。"[②]此后赖默尔把生意恢复得很成功,但是最初期待的打败拿破仑后德国变成一个民主国家的目标却没实现。

## 社会地位的上升

普法战争结束后的几年里赖默尔很成功,这通过柏林这一时期的经济与思想发展进步程度就能发现。德国新的自由贸易理念在这一时期开始出现,而1809年新成立的弗里德里希·威廉大学(Friedrich Wilhelm University)[③]和重组的德国科学院就是这种思

---

① 同上,1819年8月23日,赖默尔对如此的充公行为写了申诉信,"燃起世界大火的新思想火花"一节。以及《书籍历史档案第29册,1987》的"赖默尔与普鲁士复辟时期的审查制度"一节,第1—150页。原始档案保存在柏林的普鲁士国家机密档案馆。——原文注

② 同上。——原文注

③ 即著名的柏林洪堡大学(Humboldt Unversity of Berlin)前身,培养了哲学家费希特、神学家施莱尔马赫、黑格尔、叔本华、爱因斯坦、普朗克、马克思和恩格斯等人,在20世纪20年代为世界的学术中心,纳粹上台后衰落。——译者注

想发展进步的表现之一。到了 1818 年,这种思想潮流几乎不受任何阻碍地成为全社会风尚。赖默尔一直负有远大抱负,当然是全身心拥护并希望新思潮持续下去。

赖默尔知道如何借助这一有利的发展形势,出版社的年度出书品种数量也有了可观的增长。1814 年出版了 11 种新书,第二年是 25 种,1817 年达到了 34 种。很快赖默尔旗下就聚集了柏林最有名的作家群。① 但在成功的表面下仍旧隐藏着赖默尔跟"学校书店"之间关于租约的矛盾冲突。所以从 1816 年起,赖默尔就开始用自己的名字出版图书,把"G. Reimer"和"Realschulbuchhandlung"并列在一起。过了 7 年,他才终于从这令人身心疲惫的租约中解放出来。1823 年 7 月 18 日,出版社的独家所有权掌握在赖默尔手里了,并累计有 4000 种图书的收益,而出版社名字也就此脱胎换骨地变成了"赖默尔出版社"(G. Reimer Verlag)②。

此时赖默尔的自信也开始爆棚。他购买了威廉大街 73 号名为"Palais Schwerin"的豪宅,此乃柏林最好的位置。1816 年 10 月 4 日他用自己的名字签订了购房贷款合同,总金额为 43000 泰勒,附加 500 泰勒的业务费。之后赖默尔又花了 1400 泰勒购买了斯佩内施泰因·杜克瑞出版社(Spenerschine Druckerei),并将自己的办公室与库房放在豪宅的左侧,豪宅的右侧是赖默尔自己家和客房。客房提供给有"现代神学诠释之父"称号的弗里德里希·施莱尔马赫一家居住,还有古典语言学者以马列·贝克(Immanuel Bekker)和奥古斯特·博克(August Boeckh),以及后来成为德国

---

　　① 《激情与计算缜密:出版人乔治·赖默尔的一生 1776—1842》第三册。——原文注

　　② 同上,第二册的"租赁关系"一节和《德古意特出版社档案汇编》的"学校书店"一节的"因取消租约而产生的合同"名目,附录 A/Ⅱ。——原文注

外交部长的弗里德里希·艾希霍恩（Friedrich Eichhorn）[1]等作者居住。

图 3　赖默尔的庄园

在此时期，赖默尔的豪宅成为德国毕德麦雅时期（Biedermeier）柏林沙龙生活的中心。文学圈、学术圈以及德国政客，每周四都会在这里举行音乐会或进行学术演讲。但是这里最吸引人的是赖默尔收藏的图书，包括艺术绘画与图书馆藏书。赖默尔喜欢荷兰和早期德国画，以及当代画作，并经常从建筑学家卡尔·弗里德里希·申克尔（Karl Friedrich Schinkel）那得到建议。截至赖默尔 1842 年去世，他收藏了著名作家卡斯帕·弗里德里希（Caspar David Friedrich）的 31 幅画作。而他们在格赖夫斯瓦尔德（Greifswald）认识的时候还是少年，可以说是发小。

---

① 同上，第二册的"宫殿"一节，"赖默尔官邸"于 1734 年至 1737 年建造，模仿之前建造的柏林"什末林官邸"（Palais Schwerin，1690 年建造，二战后当法国与西德的"爱丽舍友好条约"签订后，此地变成了第一个成立的机构："法德青年人办公室"，即 FGYO 的办公楼——译者注）。1858 年赖默尔出版社的后人把楼卖给了普鲁士皇室。后来德国魏玛时期成为总理的办公室，二战期间受损后在 1961 年被拆除。而该别墅的图片资料则来自劳伦斯·邓普斯（Laurenz Demps）的《柏林的威廉大街》介绍和《普鲁士德国地形图 1994 年》，第 34—41 页。——原文注

　　赖默尔对艺术的热爱不仅是出于爱好，还有投资的目的，但有时这种行为陷入走火入魔的地步[1]。1836 年，他的儿子佐治·恩斯特（Georg Ernst）在写给莱比锡朋友的信中提到："周六我在符兹堡（Würzburg）给父亲和齐格弗里德写信，因为后者发现父亲在哈特曼艺术拍卖中心用荷兰盾买了几幅的房间挂画。过了几天，父亲就做了个活灵活现的梦：母亲拿了手杖冲过来并把他藏了起来。"[2]

　　赖默尔还加入了五花八门的俱乐部，除了加入政治组织"无法律社会"（Lawless Society）[3]外，也加入了音乐领域的合唱团协会"Zeltersche Lideertafel"。同时他还与民族主义者的"特纳运动"[4]、"德国学生同盟运动"[5]有紧密联系，并出版了"德国体育之父"弗里德里希·路德维格·扬（Friedrich Ludwig Jahn）和恩斯特·埃塞伦（Ernst Eiselen）所写的《德国体育人》（1816 年），又出版了后者的《体育表》（1837 年）、《体育初学者手册》（1839 年）等图书。从书名就可发现赖默尔与其联系的密切程度。当时的一位作家这样记录道："今早我从宅邸回来时，妻子告诉我，来自柏林的画家威特夫妇和一个多年未见但名声很好的学生想见我。我出来一看，原来这个学生就是出版商赖默尔，而他那穿着老式的夹克，头

　　[1]　《德古意特出版社档案汇编》的"赖默尔的画集"一节和《柏林人年报，1996 年》的"19 世纪上半叶柏林大型画集的历史"一节，第 77—100 页。当赖默尔在 1842 年去世后，他的收藏在一年内就流散光了，其中很多都被子孙拍卖，但另外一些被柏林皇家博物馆收藏。同上，第 106—110 页。——原文注

　　[2]　1836 年 8 月 10 日，恩斯特·赖默尔写给卡尔·赖默尔的信件，《激情与计算缜密：出版人乔治·赖默尔的一生 1776—1842》，第 81 页。——原文注

　　[3]　德文为"Gesetzlose Gesellschaft zu Berlin"，1806 年，拿破仑打败普鲁士的耶拿会战后，1809 年该组织就成立了，意图强迫普鲁士政府改革。——译者注

　　[4]　美国内战期间德裔侨民所推广的民族文化运动，1848 年在美国俄亥俄州的辛辛那提成立，原为移民组织的爱国体育协会。——原文注

　　[5]　由宣传自由和国家主义的大学生成立，影响延至 20 世纪 70 年代。——译者注

发散开垂下来的样子反而更像是诗人。"①而此时的赖默尔，在 18
世纪 20 年代至 30 年代停滞不前的德国文化管控时期，正遭受着来
自保守派的批判。

## 德国的"雅各宾"

打败拿破仑后的兴奋没多久就消失了，1815 年维也纳议会强
制实行了非战时状态的管控，"特纳运动"与"德国学生同盟运动"
等国家自由主义活动一律被打压，一时间德国社会出现了全面倒
退的现象。很显然，当政者不希望有政治觉悟的人出现，而是青睐
对政治不积极且百依百顺的普通群众。在当局看来，赖默尔等人
高调的自由主义观点，加上其在战前就与一些具有潜在危险的人
物有过接触，让赖默尔看起来就像是个德国"雅各宾"，自然就成为
"具有重要嫌疑"名单上的人物之一。

1818 年 7 月 11 日，赖默尔家被搜查，两个住在那的学生也被
逮捕。赖默尔遭受了警察接连不断的询问，但都因证据不足没有
起诉他。然而当局并没有放过他，而是换了方式。卡尔·冯·坎
普茨是国土部警察局的主任，他对所谓的"颠覆势力"进行"十字军
东征"式的打击。为了解决赖默尔这个代表自由中产阶级的"刺
头"，他挥舞起了审查大棒。除了利用违反审查法律的伎俩外，还
想尽办法取消赖默尔的营业执照以便终结其出版事业。②

审查冲突首先从两本书爆发出来。一本是乌尔里奇·冯·胡

---

①　1821 年 2 月 18 日，诗人卡尔·福斯特(Karl Förster)写的信，《德古意特出版社
档案汇编》，第 85 页，其他资料取自《激情与计算缜密：出版人乔治·赖默尔的一生
1776—1842》第二册。——原文注

②　同上，第 81—87 页。同上，第二册的"追捕煽动者"一节，可以看到对赖默尔和
他朋友的审判情况。——原文注

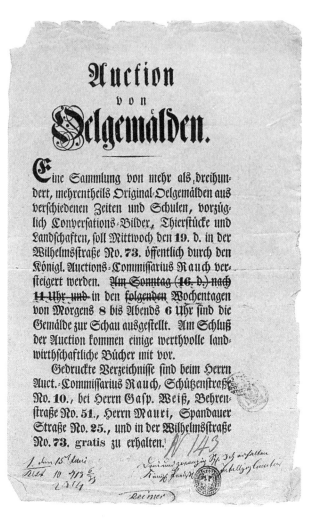

图 4　1833 年 6 月，在赖默尔别墅拍卖油画的告示

腾(Ulrich von Hutten)①的作品：审查者拒绝出版该图书，声称只
有出版该书的拉丁文版才可以发行。赖默尔干脆用魏德曼书店

---

① 文艺复兴时期德意志人文主义者。——译者注

（Weidmannsche Buchhandlung）的名义出版该书。魏德曼书店是他在 1822 年买下的另外一个出版社。德国普鲁士审查当局把这视为胆大包天的逆天行为，旋即在 1823 年 7 月 22 日发布命令把这书查封了，并威胁赖默尔只要是在莱比锡出版的书籍，都需要撒克逊和普鲁士当局审查同意才能够出版发行。①

另外一本是《拿破仑回忆录》。赖默尔之前满怀期待地认为，这本书包含了历史上从没有的极为难得的第一手记录资料，肯定能成为畅销书！所以赖默尔动员了包含德国在内的整个欧洲北部的发行商，希望独家垄断该书的发行收入和版权收入。然而第一册的有条件发行许可证刚批下来不久，却忽然被收回了。当书被查封后，德国警察局卡尔·冯·坎普茨组织听证会，以便指控赖默尔违反了审查规定，从而进一步取消他的贸易经营证。但是 1823 年 11 月 29 日，柏林市政厅做出了支持赖默尔的听证决定。②

第二年年初，赖默尔便趁机出版了费希特撰写的有争议的《告德意志民族书》。出版后的版本中的敏感内容比出版前减少了很多。虽然早在 1808 年普鲁士当局就已经允许该书出版，但是该书仍然被拒绝出版，当局还告诉赖默尔，已经允许出版的 1819 年版本也需要重新审定才能出版。③

与之同时，坎普茨使出浑身解数迫使柏林法庭收回之前对赖默尔做出的有利的判决书。德国普鲁士法庭以司法独立为名顶住了压力，最终司法诉讼在 1825 年全部结束。赖默尔最终胜诉了，

---

① 《德古意特出版社档案汇编》的"燃起世界大火的新思想火花"一节，第 23—33 页和第 73—81 页。——原文注
② 同上，第 35—64 页。——原文注
③ 同上，"乔治·赖默尔与费希特"章节。还有，赫博特·格普菲特（Herbert G. Göpfert）与艾德曼·韦洛克（Erdmann Weyrauch）所著的《你非良民：1800 年代至 1900 年代的德国审查》中的"沃尔芬布特勒·巴特勒关于簿记历史的著作 13"一节，威斯巴登，1988 年。——原文注

但他还得自行承担这期间的销售损失,而且也没得到合理的名誉补偿。[1]

最后,德国警察局当局对付赖默尔的手段都没有成功,他的营业执照仍旧有效,没有失去。赖默尔面对不断的威胁也没被吓倒。赖默尔直言不讳地说道:"我对某些事做出了直率的评论,因此引发了某些机构的不满。这不是犯罪,因为能自由表达观点的公民存在会更加有利于政府执政,而非违背公民意志所做的虚假陈述则相反。"[2]

此后在 1826 年,赖默尔为希腊争取自由的战士筹备了展览会和音乐会,4 年后还为波兰的革命者医治伤病,又过了 3 年还公开支持"哥廷根七君子"活动[3]。因为参加"哥廷根七君子"的教授们此时被学校开除,生活陷入穷困潦倒受到赖默尔的接济。总之柏林当局一直没有给赖默尔恢复社会名誉,但其声誉在民间却丝毫没受到影响。1825 年至 1828 年的几年间,赖默尔连续被选上柏林市代表,并在 1837 年至 1851 年间担任柏林市议员。[4]

## 出版王国的扩大

当 1800 年赖默尔跟"学校书店"达成租约时,全柏林总共有 28 个出版社,其中的 10 家赖默尔或多或少都持有股份。而在 1822 年

---

① 同上,"燃起世界大火的新思想火花"章节,第 64—81 页。——原文注

② 同上,1824 年 3 月初,"BA"和"R1"分类中的"王储、煽动家的迫害和翻译审查"一节和《激情与计算缜密:出版人乔治·赖默尔的一生 1776—1842》的"燃起世界大火的新思想火花"一节,第 133—135 页。——原文注

③ "哥廷根七君子"活动即 7 名推崇自由主义精神的教授,因反对新皇帝恩斯特·奥古斯特一世废除前任威廉四世的 1833 年之宪法而被驱逐之事件。——译者注

④ 赖默尔在柏林的政治活动可参考《激情与计算缜密:出版人乔治·赖默尔的一生 1776—1842》第二册的"批判"一节。——原文注

花了 6 万泰勒购买了莱比锡的魏德曼书店之后,赖默尔就把精力用在了两个不同城市的出版业务发展上。1828 年他购买了在格里马的印刷厂。对于其他出版同行来说,赖默尔这种激进的扩展业务方式有些太鲁莽。但实际上是因为他的儿子们也对出版有了兴趣,所以赖默尔才忙着给他们购置独立的出版社,以便扩展出版业务领域。①

1829 年,赖默尔获得了一个条件不错的出版社收购请求,但他一直没拿定主意。在当年的 3 月 3 日他给对方回信道:"亲爱的朋友,你给我的收购出版社的条件太优厚了,简直是天上突然掉下来的馅饼。虽然我很希望孩子们能子承父业,并因此才有意购买你的出版社,但还是建议你少安毋躁。"②而这个朋友,就是堪称"图书贸易中的波拿巴"的巨头约翰·弗里德里希·冯·考特(Johann Friedrich von Cotta)。考特此前一直担心自己的儿子没有能力管理出版业务,于是打算把庞大的出版帝国转交到更合适的人手里。最终赖默尔与考特的收购协议没有达成,考特在 1832 年去世后,他的儿子还是继承了出版产业。如今见证这一事件的历史印迹只有一份合约草稿,但上面没有任何购买价格和签字。③

---

① 同上,第二册的"收购其他出版商"一节,列出了赖默尔所购买的出版社名目:柏林的出版社有兰格出版社、欧格书店、舍内尔出版社、桑德书店等。而购买的莱比锡出版社为布赖特科普夫与黑特尔音乐出版社公司和魏德曼书店。——原文注

② 1829 年 3 月 3 日,赖默尔写给考特的信,《德古意特出版社档案汇编》的"赖默尔与考特"一节和莫妮卡·艾斯特曼(Monika Estermann)和迈克·诺奇(Michael Knoche)所著的《从戈申到罗沃赫尔特:德国出版的贡献历史》,威斯巴登,1990 年,第 88—102 页。——原文注

③ 这些合同草稿被收入《德古意特出版社档案汇编》,"BA、R1"分类。——原文注

# 在进步的前列

赖默尔刚接手"学校书店"的时候，最为重要的客户来自刚成立的柏林大学，因为许多签约作者都是柏林大学的讲座教授，再加上医学是这所高校最大的部门，所以医学主题图书出版就水到渠成地占据了赖默尔所出版图书品种的 18.5%。① 举例来说，克里斯托弗·威廉·哈福兰（Christoph Wilhelm Hufeland）是当时德国最著名的历史学家，同时还是社会责任感强烈的医学专家，之前跟赖默尔合作了几十年。除了几个独立的期刊外，赖默尔还出版了《实用药理学和手术期刊》（93 卷，1975—1841 年，1805 年之后以"学校书店"名义出版）、《实用医学图书馆》（85 卷，1799—1841 年，1809年以"学校书店"名义出版），哈福兰的著作《抗生素和延长寿命的艺术》的第三版（1797 年首版）也交给了赖默尔，1805 年出版。整形手术的创始人卡尔·费迪南德·冯·格雷夫（Karl Ferdinand von Graefe）的《手术和眼科学期刊》（30 卷，1820—1840 年）也在1822 年由赖默尔出版。1831 年，新一轮的世界性传染病登革热传遍欧洲之际，赖默尔就在当年一口气出版了 5 本关于此病的医学图书。从这可发现，赖默尔的医学图书出版体现了当时德国医学领域的最新发展状况。②

从留存至今最古老的 1843 年图书目录发现，赖默尔当时的出版领域就已经全面覆盖了科学和学术书籍。这一医学领域的业绩却被赖默尔同期出版的克莱斯特、蒂克、纳瓦利斯和格林等作家的

---

① 《激情与计算缜密：出版人乔治·赖默尔的一生 1776—1842》第一、二和三册，以及附录 A/III。——原文注

② 同上，第二册，可发现赖默尔出版的关于登革热的书籍。——原文注

C. W. Hufeland

kleine

medizinische Schriften.

Erster Band.

Mit zwei Kupfertafeln.

Berlin, 1822.
Gedruckt und verlegt
bei G. Reimer.

图 5 《简明医学》(1822 年,第 1 卷)

带有插图的文学作品所带来的巨大社会盛誉遮蔽和掩盖住了。

赖默尔的文学图书只占全部出版图书的 13.2%,其次为 8.2%的自然科学图书。但令人瞩目的科学图书《葡萄牙植物》(22 卷,1809—1833 年)就包含有植物解剖的突破性内容,此书作者为德国植物学家约翰·百特鲁斯·冯·霍夫曼赛格(Johann Centaurius von Hoffmannsegg)和海因里希·弗里德里希·林克(Heinrich Friedrich Link)等人。赖默尔还出版了德国著名化学家西格斯蒙德·弗里德里希·赫姆斯塔特(Sigismund Friedrich Hermbstädt)

的作品，如《漂白原理》（1804 年）、《甜菜变糖指南》（1814 年第二版由"学校书店"出版）、《科技概况》（3 卷，1830 年第二版）。赫姆斯塔特的化学研究业绩最终帮助德国普鲁士建立了有世界竞争力的化学工业。此后赫姆斯塔特还对上述专业书籍接连修订和更新了好几个版本。除此之外，不要忘了德国化学分析家弗里德里布·费迪南德·龙格（Friedlieb Ferdinand Runge）的巨大贡献，是费迪南德·龙格发现了苯胺（Aniline）的存在。他的《建设植物化学之学科的最新发现》和 2 年后的《氧化铟色素的制备》都由赖默尔出版。

虽然赖默尔的神学领域的图书出版只占总数的 7.4％，但依旧可发现赖默尔与德国"现代神学诠释之父"弗里德里希·施莱尔马赫之间的深厚友谊。而维尔姆·马丁·列博瑞格·德·威特（Wilhelm M. L. de Wette）所著的《基督教伦理学》（3 卷，1819—1823 年）和《旧约和新约圣经之历史批判手册》（2 卷，1817—1826 年），在他与柏林大学解除雇佣关系后仍旧由赖默尔出版。

古典研究图书则占总数的 5.8％，代表图书为弗里德里希·奥古斯特·沃尔夫（Friedrich August Wolf）和弗里德里希·巴特曼（Friedrich Buttmann）编辑的《古老科学博物馆》（2 卷，1807—1809 年，第二卷由"学校书店"出版）以及奥古斯特·博克的著作。

历史和传记的图书品种与前者不相上下，占总数的 5.6％。代表图书为巴特霍尔德·格奥尔格·尼布尔（Barthold Georg Niebuhr）的《罗马历史》（3 册，1811—1832 年）、利奥波德·冯·兰克（Leopold von Ranke）的早期作品和卡尔·奥古斯特·瓦恩哈根·冯·恩瑟（Karl August Varnhagen von Ense）的《名人传记》（5 册，1824—1830 年）。

数学类图书仅占总数的 4.9％。代表图书是奥古斯特·利奥波德·克里尔（August Leopold Crelle，1780—1855 年）的《算数

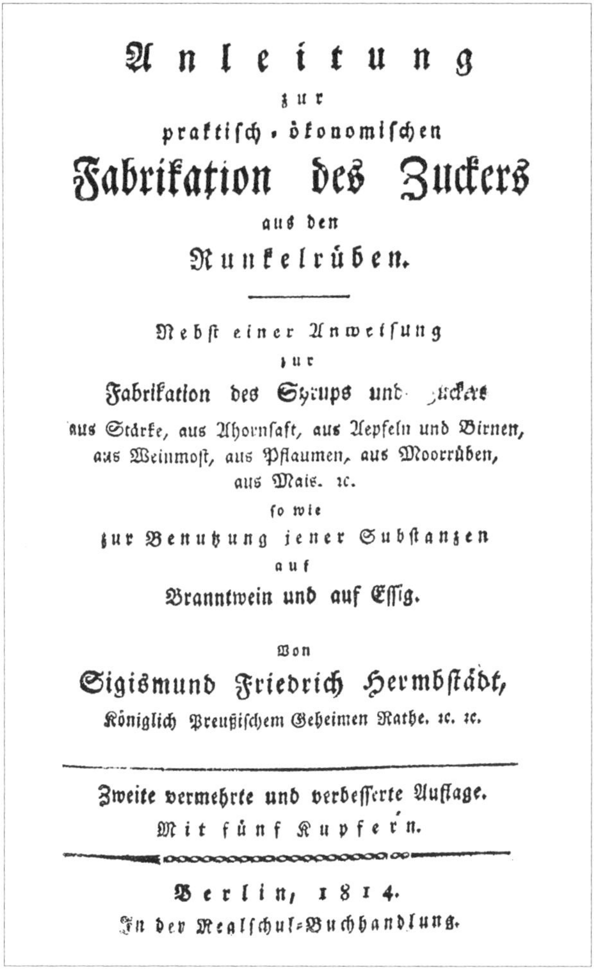
Anleitung
zur
praktisch-ökonomischen
Fabrikation des Zuckers
aus den
Runkelrüben.

Nebst einer Anweisung
zur
Fabrikation des Syrups und Zuckers
aus Stärke, aus Ahornsaft, aus Aepfeln und Birnen,
aus Weinmost, aus Pflaumen, aus Moorrüben,
aus Mais. ꝛc.
so wie
zur Benutzung jener Substanzen
auf
Branntwein und auf Essig.

Von
Sigismund Friedrich Hermbstädt,
Königlich Preußischem Geheimen Rathe. ꝛc. ꝛc.

Zweite vermehrte und verbesserte Auflage.
Mit fünf Kupfern.

Berlin, 1814.
In der Realschul-Buchhandlung.

图 6　《甜菜变糖指南》(1814 年,第 2 版)

表》(1820 年)、《算数和代数教材》(1815 年)、《几何学和三角学》(2 卷,1826—1827 年),他还翻译了意大利天才数学家约瑟夫·路易·拉格朗日(Joseph Louis Lagrange)的《数学世界》(3 册,1823—1824 年)。自 1827 年以后,克里尔的《理论应用数学》一直由赖默尔出版社和其继任者不间断地出版。

　　跟数学有紧密联系的工程领域图书出版品种占总数的 2.8％，赖默尔的图书出版书目也体现了当时该领域的发展情况。巧合的是，克里尔的《建筑学刊》(30 卷，1828—1851 年)的一位编辑正好负责柏林的公共铁路开发，因此这位编辑就顺便刊发了几篇铁路研究文章。而著名的发明家阿尔伯特·约翰纳·艾特尔文(Albert Johann Eytelwein)也在此学刊上发表了内陆航运道的文章，从而进一步揭开了 19 世纪工业革命的序幕。值得一提的是，对创新感兴趣的赖默尔也通过航运通道的开发降低了图书物流成本。而随着铁路的发展，赖默尔还为德国普鲁士第一条铁路开发，即柏林到波茨坦之间的路线开展了融资，这条铁路也是由克里尔规划并在 1838 年开始运行的。[①]

　　地理图书品种占赖默尔出版图书全部品种的 4.7％。其中的代表作是卡尔·李特尔(Carl Ritter)的《地学通论》，第一版只有两卷(1817—1818 年)，但第二版(1822—1832 年)后，就扩展到 19 卷(1833—1859 年)。该书被称为"当今世界地理学的里程碑作品"，也是赖默尔出版社的最大项目。[②]

　　政治科学与法律图书占了全部品种的 4.4％，代表作则是《普鲁士的常设法庭程序》。

---

　　① 赖默尔所出版的铁路书籍书目，可参考威廉·金德芬德·多瑞斯·赖默尔的《1802 年至 1837 年：书商乔治·赖默尔的出版历史》的"一切都有科学……包括旅行"段落，沃尔夫拉姆·莫拉特(Wolfram Morath)所写的《1900 年代的萨尔茨堡的夏季旅途》的"赖默尔出版社的旅行文学"一节和奥地利的"萨尔茨堡博物馆之 43/44 年的年度出版物"(*Salzburg Museum Carolino Augusteum*, *Jahresschrift 43/44*)系列中的《1994 年 10 月 27—29 日，柏林开展的交叉学科研究的成果论坛论文集》，萨尔茨堡，1998 年，第 61—87 页，而关于阿尔伯特·约翰纳·艾特尔文的情况见论坛文集的"印刷必须从合同的执行开始……"段落，第 178—181 页。——原文注
　　② 《1845 年至 1985 年：出版业的"大门守护者"：赖默尔出版社之历史》，柏林，1986 年，第 17—24 页。——原文注

　　艺术历史图书占了全部品种的 2.5％，代表作是阿洛依·赫特（Aloys Hirt）的《古代建筑原理》（1809 年），包括 50 幅版画。该书的出版体现了赖默尔敢于承担出版风险的能力，即使在大环境十分困难时期也敢于出版投入较高的图书出版项目。

　　哲学类图书占了全部品种的 3.3％，代表作品有威廉·冯·洪堡（Wilhelm von Humboldt）的《洪堡著作文集》（7 卷，1841—1852 年出版）。

　　地质学占了全部品种的 2.3％，代表作有约翰纳·伯纳德·卡斯特（Johann Bernhard Karsten）的《采矿和冶金工程》（20 卷，1818—1831 年出版）、《矿物学文献：地质、采矿与冶金》（26 卷，1829—1855 年）、《铁冶金手册》（5 卷，1841 年）。

　　农业和林业领域品种占全部品种的 2.1％，代表作是阿尔布雷克特·泰尔（Albrecht Thaer）的《农业年报》（8 卷，1805—1812 年），以及他的开创性著作《理性农业法则》（4 卷，1809—1812 年），这些著作直接推动了"阿加里安革命"（Agrarian Revolution，即英国农业革命）的发生，也间接促进了欧洲工业革命的发展。

　　最后，对赖默尔出版社而言，有两家重要的学术机构需要回顾一下。第一个是普鲁士科学院。两者合作的开端是从出版学院会议册开始的。自 1804 年起，学院会议册每年以"学校书店"的名义出版。跟学院合作的另外一个项目是《亚里士多德学术著作全集》（5 卷，1831—1870 年）。赖默尔最初与德国考古研究所（German Archaeological Institute）的合作，为赖默尔的继任者打下了重要基础。自 1829 年德国考古研究所成立以来，他就出版了《编年体》（57 卷，1829—1865 年）、《考古公报》（55 册，1829—1885 年）、《纪念碑》（12 册，1829—1885 年）。下面就这些合作进行一下深入探索。

　　在这一时期，铅版印刷（stereotyping）、平版印刷（lithography）

和彩色印刷(process colour printing)工艺刚刚发明出来,赖默尔为了与对手乔治·约奇姆·戈申(George Joachim Goschen)竞争,曾尝试使用新印刷技术。但他第一次用新排版印刷技术来印刷经典图书时,效果似乎并不尽如人意。为此德国作家阿希姆·冯·阿尔尼姆曾打趣地说:"英勇的作者李特尔把自己的地理学和人类学最为精心的作品拱手交了出去,但却被赖默尔的吸水纸给吸得一文不值。"①

赖默尔不仅在莱比锡运营魏德曼书店,还经常周游欧洲多地与作者、合作伙伴保持密切联系。1825 年,赖默尔就表态强烈支持建立关系紧密的图书贸易组织,但却不赞同过度限制,同时在与盗版书的斗争中一直坚持不懈。随后他在出版社、批发商和零售商都云集的德国图书贸易协会(Association of the German Book Trade)担任委员,直到去世。②

## 《理论应用数学》

在 175 年的时间里,此期刊一直是德国乃至全世界的数学研究领域的顶级刊物。令人惊讶的是,该刊创始人奥古斯特·利奥波德·克里尔是自学成才的,并有着精确计算数学和其他科学发现的天赋。作为工程师的他还在柏林的普鲁士建设办公室负责公共交通工作。在 1826 年该期刊创办不久,就刊登了一系列体现其科学巨匠天赋的早期研究成果。例如提出"阿贝尔方

---

① 《德古意特出版社档案汇编》的"燃起世界大火的新思想火花"一节,第 47 页和《柏林历史上的协会声明》,1929 年。弗里茨·约翰森(Fritz Johannesson)《柏林书店的历史文章》的"柏林的图书贸易功绩以及历史"一节,第 131 页。——原文注
② 取自《博森布拉特德国图书贸易杂志》的历史中的"弗里德里希·约翰内斯·弗罗曼"章节,莱比锡,1875 年,第 48 页。——原文注

程式"的挪威数学家尼尔斯·亨利克·阿贝尔(Niels Henrik Abel),创立"现代函数的正式定义"的彼得·古斯塔夫·勒热纳·狄利克雷(Peter Gustav Lejeune Dirichlet),提出"哈密顿-雅可比方程"的卡尔·古斯塔夫·杰克伯·雅可比(Carl Gustav Jacob Jacobi),发现"莫比乌斯带"的奥古斯特·费迪南德·莫比乌斯(August Ferdinand Mobius),被称为"现代分析之父"的卡尔·魏尔施特拉斯(Karl Weierstrass),他们都与克里尔创办的学刊有紧密联系。

克里尔本人在运营该期刊的30年里也获得了巨大荣誉。在他的编辑策划下,该刊被称为"欧洲数学的中心",没有任何一个学校研究机构和思想家头衔比得上这一称号。此后该刊物逐渐把理论数学变成了关注重点,并在每年第 10 期号后,就给之前所发表的文章再次刊登一些目录索引。而这一传统在之后就一直保留下来,并成为今天全世界学术期刊约定俗成的惯例。从 1827 年起,赖默尔出版社和其继任者就一直是该刊物的出版者。

## "赖默尔去世了!"

1842 年 4 月 29 日,《博森布拉特德国图书贸易杂志》的头条赫然印着上述大标题。在三天之前的 4 月 26 日,乔治·安德瑞·赖默尔在柏林去世,讣告中写着:"他白手起家,披荆斩棘,终于把自己的出版社变成了在全德意志独树一帜的机构。"赖默尔的去世对德国出版业造成了很大影响①，他的主要出版机构由三个儿子和一个女婿分别继承下来。

莱比锡的魏德曼书店由大儿子卡尔·奥古斯特（Karl August，1801—1858 年）和女婿萨鲁曼·赫泽尔（Salomon Hirzel）继承，这两人都受过大学教育，而他们从 1830 年开始就参与公司运营了。有意思的是，由于大儿子卡尔的第二任妻子是出版商约翰纳·温特的女儿，所以赖默尔家又跟海德堡的温特出版社（Heidelberg Winter Verlag）建立了裙带关系。至于第二个儿子乔治·恩斯特（Georg Ernst，1804—1885 年），则托管了在柏林的主要出版业务。赖默尔的小儿子，师从德国出版商卡尔·巴德克（Karl Baedeker）的迪特里希·阿诺德（Dietrich Arnold，1818—1899 年）则接管了父亲的制图学、地理学和艺术版块，并于 1845 年在柏林成立了迪特里希·赖默尔出版社（Dietrich Reimer Verlag），并发展至今。②

# 巅峰已过

赖默尔的第二个儿子恩斯特在 1826 年加入家族出版社之前，曾在柏林和波恩接受哲学教育。1837 年，赖默尔收购的桑德书店（Sander sche Buchhandlung），就是用来锻炼恩斯特，让他熟悉出版业务的平台。赖默尔去世后，恩斯特已经做好了充分的准备。此后恩斯特主管出版业务 42 年，在此过程中还舍弃了文学出版业务，并在 1851 年把出版社名字改为乔治·赖默尔出版社（George

---

① 《博森布拉特德国图书贸易杂志 41》，1842 年，由书商西奥多·克瑞斯坦·弗里德里希·恩斯林（Theodor Christian Friedrich Enslin），卡尔·弗里德里希·恩斯特·弗罗曼（Carl Friedrich Ernst Frommann）和罗斯（A. Rost）所写的讣告。——原文注

② 《激情与计算缜密：出版人乔治·赖默尔的一生 1776—1842》第二册的"家庭政治与出版社分部"一节。——原文注

Reimer Verlag）。但恩斯特的商业运营计划是保守的，这位新掌门人缺乏从前那种在赖默尔时期的创新、开拓、多样化和冒险精神，出版社由此进入了波澜不惊的发展时期。而卖掉享有盛名的威廉大街豪宅就是一个明证：恩斯特以 2 万泰勒的价格将宅子卖给了普鲁士皇族后裔，出版社的办公室、印刷厂和住所都搬到了更低调的阿哈尔特大街（Anhalter Straße），此后 40 年都在此地经营①。

但恩斯特的经营策略依然有出彩的地方，那就是在 1847 年与两位年轻的生理学家鲁道夫·菲尔绍（Rudolf Virchow）和布鲁诺·莱希哈特（Benno Reichhardt）达成了合作。经历了合作初期的磨合后，《临床医学之病理学解剖和生理学档案》（227 卷，1847—1920 年）出版了，随后不久就成为行业权威。这学刊之后成了菲尔绍的个人领地，自 1852 年起他就是唯一的作者与编者，不管是定主题，还是学刊使用材料、语言质量把关方面，他都把个人风格融入了该学刊，由此带来的学术争议也从没停止过。1903 年，由于来自不同作者的反应，菲尔绍干脆在学刊标题前加上了自己的名字。他还说服恩斯特进行另外的学术期刊项目的出版：《医学改革》（1848—1949 年）②，在德国革命时期（1848—1849 年），恩斯特还和鲁道夫一起做编辑。创办学刊的目的是让医学从业人员提供科学进展和推动社会改革，但市场反响比预期要低。尽管有菲尔绍大

---

① 取自乔纳斯（E. Jonas）所著《德意志人物志 1888 年》，再版于 1970 年（译者注：此书为德语书籍中最重要和全面的人物传记之一）的"乔治·恩斯特·赖默尔"一节，第712 页。赖默尔宫殿的销售事宜可参考《激情与计算缜密：出版人乔治·赖默尔的一生1776—1842》第二册的"宫殿"一节。——原文注

② 关于 1847 年 4 月份对改名后的《菲尔绍临床医学之病理学解剖和生理学档案》的回忆，可参考《学术科学历史研究之手稿系列：柏林-勃兰登堡科学历史期刊》，1997年，第 1—7 页。而第 11—48 页则是恩斯特·赖默尔和菲尔绍的信件筛选，在 1920 年菲尔绍换了新编辑，因为他认为德古意特对扩大医学出版不感兴趣，资料可参考《施普林格出版社历史》上册。——原文注

力支持,但该项目仅维持一年就停止了[1]。由于恩斯特还是柏林医疗协会(Berlin Society for Scientific Medicine)会员,所以又出版了两种医学期刊。1870 年,恩斯特还购买了《精神病学和法医学杂志》(第 27—106 卷由赖默尔出版社出版,1870—1937 年),1875 年又购买了《德国医学周刊》(12 卷,1875—1886 年)。

乔治·赖默尔出版社还跟三位年轻的自然科学界代表进行了合作,其中就有后来发明"亥姆霍兹方程"的赫尔曼·冯·亥姆霍兹（Hermann con Helmholtz)[2],"实验电生理学"(Electrophysiology)的开创者埃米尔·杜波依思·雷蒙德(Emil du Bois Reymond)[3],"人类进化理论"的倡导者,也是臭名昭著的"社会达尔文主义"的支持者恩斯特·海克尔(Ernst Hackel)。而亥姆霍兹为了出版他的早期作品《力量的保存》(1847 年),没要任何稿费。雷蒙德的《动物神经研究》(2 卷,1848—1884 年)由乔治·赖默尔出版社出版后不久,他担任普鲁士科学院的秘书一职,这对于乔治·赖默尔出版社也很重要。这三位中合作时间最长的则是恩斯特的好友兼动物学家海克尔,直到海克尔 1919 年去世前,他们一直保持着合作关系。海克尔的代表作还有:《放射虫》(4 卷,1862—1888 年)、《有机体的形态学》(2 卷,1866 年)、《创造的自然历史》(1868 年)。

乔治·赖默尔出版社还跟柏林物理协会(Physics Society of Berlin)合作了很多年,出版了《物理学进展》(43 卷,1845—1887 年)。这种合作模式成为《数学进展年鉴》(68 册,1869—1942 年)

---

[1] 《国王光荣柏林报》,第 317 期,1898 年 7 月 10 日和鲁道夫·维埃瑙(Rolf Wienau)的《德国的医学》,1987 年,第 163—172 页。——原文注

[2] 1847 年 8 月 14 日,赫尔曼·冯·亥姆霍兹写给恩斯特·赖默尔的信,《德古意特出版社档案汇编》,"BA、R1"分类,第 77 页。——原文注

[3] 又译为杜布瓦-雷蒙·埃米尔。——译者注

的模板,后者成为赖默尔出版社的另一个里程碑之作。包含了卡尔·古斯塔夫·杰克伯·雅可比的作品(7卷,含附录1881—1891年)和杰克伯·斯坦纳(Jacob Steiner)的作品(2卷,1881—1882年)。在历史传记图书方面的代表作,则是约翰·海因里希·佩兹(Georg Heinrich Pertz)所著的传记《首相施泰因男爵①的生平》(6卷,1850—1855年)和《陆军元帅冯·格奈森瑙生平》(5册,1864—1881年),最新的一本由现代军事史奠基人汉斯·戴布流克(Hans Delbruck)执笔。此外考古领域的图书有《柏林考古协会之温克尔曼诞辰纪念》②和《考古学刊》(43册,1843—1885年)。

乔治·赖默尔出版社与普鲁士科学院的合作还产生了几个新的项目,如《月报》(1856—1881年),《拉丁铭文》(4册,1873—1897年),《备忘录》(1822年)和《亚里士多德评论》(1882年)。其中《拉丁铭文》是德国古典学者特奥尔多·蒙森(Theodor Mommsen)多年的心血。如今这些著作都掌握在柏林-勃兰登堡社会科学院和德古意特出版社的手里。

赖默尔出版社的自由主义传统还使其出版了两个期刊:《新教教堂新闻》(43册,1854—1896年,后改名《新教月刊》)和《普鲁士年鉴》。这两个期刊把社会和政治结合在一起,这种类似"蓝皮书"的出版物的出现,表明赖默尔出版社开始重视当代社会发展热点问题了。③

恩斯特除了精通出版生意,在管理方面也体现了专业的技巧。他成立了审查委员会,把有潜力的出版商和印刷厂都拉拢过来。

① 普鲁士王国民族主义和民主主义改革家。——译者注
② 约翰·约阿希姆·温克尔曼(Johann Joachim Winckeimann)为德国考古学家,科学考古法奠基人。——译者注
③ 《威廉皇帝时期的德国之科学,政治和观点:1890—1914》,胡苏姆,1980年。——原文注

由于他十分精通版权领域,还参与了德国的国际法法典编纂工作。同时,作为文学专家委员会(Literary Experts Commission)成员,恩斯特还参与了普鲁士与英、法间的版权贸易。1848 年至 1851 年,他担任新组建的柏林出版集团(Berlin Corporation of Publishers)①第一任主席,1851 年后又马不停蹄地跟以马利·古腾塔格和出版商莫里茨·维特进行了出版合作。1869 年,恩斯特就针对德国北部联盟(North German Confedereration)②的版权法案提供咨询建议,1871 年 1 月 1 日,"帝国版权保护法案"生效。1848 年至 1875 年,经过了初始的搁置后,恩斯特成了德国图书贸易者联盟(Börsenverein der Deutschen Buchhandler)③的成员。1852 年至 1861 年,他担任柏林的普鲁士众议院议员。1846 年至 1872 年,继续在柏林议会任职。

1885 年 1 月 2 日,恩斯特以 80 岁的高龄去世了,而他 9 个月前才刚刚退休。《普鲁士年鉴》的主编海因里希·冯·特莱奇特(Heinrich von Treitschke)这样评价道:"恩斯特·赖默尔先生虽然不是特别有闯荡精神的出版人,但依旧非常受人尊敬。"④在他的职业生涯后期,世界发生了翻天覆地的变化:19 世纪 70 年代开始,世界逐渐步入"现代信息社会",更需要出版人勇敢地面对技术革

---

① 德语名为 Korporation Berliner Buchhändler,可参考恩斯特·付勒特(Ernst Vollert)的《柏林的书店企业》,1898 年。——译者注
② 1867 年至 1870 年为普鲁士掌控的组织,其影响为后者统一各邦国并成立德意志帝国打下了基础。——译者注
③ 1825 年在莱比锡成立,二战后在 1955 年的西德的法兰克福又成立同名机构,并每年举办法兰克福书展。——译者注
④ 内容取自《历史年报》,1967 年,汉斯·施莱尔(Hans Schleier)、特莱奇特和戴布流克的口述,包括 1880 年 10 月 15 日,海因里希·冯·特莱奇特给朱丽叶斯·捷利(Julius Jelly)写的信,第 134—179 页,此为第 140 页。1876 年 5 月 28 日,戴布流克也写了内容相似的信给萨鲁曼·赫泽尔。而作为《普鲁士年报》的新任编辑,戴布流克对赖默尔出版社的广告政策做了批判。——原文注

新所带来的挑战。不仅新的信息技术，连图书渠道和销售市场也在快速发生变化。总而言之，恩斯特去世之后，图书出版信息工业化的时代就大规模降临了。[①] 赖默尔出版社 19 世纪前能够独领风骚，但此后就开始逐步走了下坡路，就是一个很好的印证。

## 《普鲁士年鉴》介绍

历史学家马克思·楞次(Max Lenz)曾就他第一篇文章的稿费事宜，给主编汉斯·戴布流克(Hans Delbruck)写信道："亲爱的汉斯，你之前给的稿费太刻薄了，书还是用薄如蝉翼的吸水纸印刷的。但我还是很荣幸文章能够刊发！"[②]这事即指文章被恩斯特出版社的"蓝皮书"《普鲁士年鉴》接纳了，虽然出版社以如"葛朗台"般吝啬闻名，但还是能够让作者有一丝心理安慰。因为"蓝皮书"是学术研究与政治的重要学术平台，从 1858 年一直出版到 1935 年，而恩斯特是从 1892 年后接手的。

该年鉴在 1858 年的创刊标志着德国自由主义思潮的崛起。威廉王子的上台则开启了普鲁士的新时代，燃起了对自由宪章改革和普鲁士统一德国的希望。这些期望不仅反映在年鉴的标题上，也成为该学刊的特征。随后年鉴在英格兰和法国也走红，受教育的群体对高质量的学术文章和政治话题特别感兴趣。因为年鉴既非专业刊物，也非某政治派别的喉舌，只是一个供来自政府和高校的精英讨论的学术平台。该刊的创办人布雷斯劳(Breslau)和哈雷(Halle)，德国历史学家马克思·邓克(Max

① 内容取自汉斯·乌里尔奇·韦勒(Hans Ulrich Wehler)的《德国社会历史》，第三册，慕尼黑，1995 年，第 429—445 页。——原文注
② 1889 年 10 月 7 日，马克斯·棱茨给汉斯·戴布流克的信。见《戴布流克与〈普鲁士年鉴〉》，刊登在《历史年报》，1967 年，第 1 期，第 142 页。

Duncker)领导的哥达出版协会(Gotha Press Association),甚至一些属于德国古典学者特奥尔多·蒙森圈子的学者,都给这份学刊提供过发展目标和建议。恩斯特找到的支持者蒙森值得一提(恩斯特的兄长跟蒙森在莱比锡的时候正好就认识)。蒙森不仅提议年鉴加上"普鲁士"几个字,也建议保持供稿人的匿名的做法,因为只有这样才能确保年鉴是学术讨论平台,而不受外在的地位、声望的影响。但是撰稿人匿名的做法只持续了5年就结束了。同样,本身就参投入政治仕途的蒙森,不仅帮恩斯特开辟了新的合作关系网,甚至还屈尊帮助该学刊进军商业领域。

与此同时,历史学家在该刊中占据主导地位不是偶然的。因为此时普鲁士越来越成为历史标杆来影响当下德国的发展方向,但这也形成了德国受争议的地方。第一任主编哲学家鲁道夫·海姆(Rudolf Haym)就表明了这个趋势:他的书《黑格尔与他的时代》(1857年)提出了"历史争论"的说法。在与哲学家阿道夫·威廉·韦伦普芬尼希(Adolf Wilhelm Wehrenpfennig)发生了争议后,经过反交涉,最终,海姆的继任者是历史学家海因里希·冯·特莱奇特和军事学家汉斯·戴布流克,前者从1866年起担任主编,后者是从1899年后独立承担主编工作。

海姆认为学刊的风格应采取中庸路线,即"融合文学能力与民族精神来传播智慧"。跟特奥尔多·蒙森来比,海姆的自由主义宪法太保守了,所以在第一期后他就没有再刊登此类文章。1863年,海姆小心翼翼地批判了普鲁士当局在7月1日颁发的"媒体管制条例",因此引发了其重要合作者的不满。1866年特莱奇特强烈反对该刊不温不火的风格。但等1871年德意志帝国成立后,特莱奇特忽然就安静了,因为此时他也变成了学刊编辑,还跟铁血宰相俾斯麦走得很近,不出意外地与自由主义拉开了距离，尤其是他随后刊登的反犹主义文章，给年鉴带来了不可抹去的污点。编辑们此时看着刊物订阅量数字也是提不起精神，受众群体和收入太有限了。在 19 世纪 80 年代的订阅量一直在 1200 册至 1500 册徘徊。最后还是在主编戴布流克的推广下，读者数量和收入开始一步步回升。然而到了 1892 年，乔治·赖默尔出版社和期刊主编们还是分道扬镳了，恩斯特如此评论道："年鉴的影响确实很大，不仅政府高官和议员阅读，每所高等学府的书架上都有其身影。但是对出版者遗憾的是，年鉴并不是给小学老师等看的，所以只是高级读者的期刊……"

安德瑞·特威依

## 逐渐衰退的时期

在如此令人生畏的环境变化下，恩斯特的二儿子恩斯特·海因里希·赖默尔（Ernst Heinrich Reimer，1833—1897 年）接手了赖默尔出版社。海因里希·赖默尔最初丝毫没有展现出对出版的兴趣，1850 年他加入了航海商队。10 年后，当他在驶向东印度和中国时，接到了他的哥哥去世的消息，而他的哥哥是计划接管赖默尔出版社业务的。海因里希·赖默尔在向船长通报了家庭状况之后，就风尘仆仆地返回了柏林。1860 年开始在莱比锡的弗罗曼出版社①进行出版培训，后转到波恩的阿道夫·马库斯出版社（Adolf Marcus）和阿瑟·菲利克斯·斯奈尔出版社（Arthur Felix Steiner）接受训练。1863 年，他回到家族出版社并担任助理，2 年后成为授

---

①　Frommann Holzboog，此出版社属于耶拿的书商和出版人卡尔·弗里德里希·恩斯特·弗罗曼。——译者注

权签字代表，1876 年 5 月 5 日正式成为合伙人，1884 年 4 月 4 日正式成为出版社的法人。[①]

海因里希·赖默尔用排他性的手段保证了自己才是唯一的高级管理者，而此时出版社业务开始更加依赖传统合作伙伴。例如他策划的最成功的两本书就是这样发展起来的。而很早就名声在外的《临床医学之病理学解剖和生理学档案》以及克里尔所主编的期刊业务则构成了出版社的生存命脉。1886 年，普鲁士科学院也毫无悬念地把自己的出版物交给了赖默尔出版社经营。[②] 与此同时，出版社还接手了德国考古研究所的《考古年报》，并从 1887 年起负责该机构的全部出版物事宜。值得一提的是，通过 1887 年的图书目录就可发现：仅仅这两个机构的出版项目目录，就占了 31 页，数量之多让人瞠目结舌。

海因里希·赖默尔很少主动上马新项目，除了几个特例。例如：《哲学史档案》(7 卷，1887—1894 年)、《哲学史》(1894 年)和《柏林东方语言研究院教材》(18 卷，1890—1898 年)，赖默尔出版社也是该机构创始人之一。然而在此时期，一些跟出版社长期合作的书刊作者已投靠其他出版社了，包括《物理学进展》《德国医学周刊》和支撑出版社半壁江山的《普鲁士年鉴》。但是说实话，有一点容易被人忽略，即海因里希·赖默尔其实业务经营很谨慎，而与他合作的学术机构也对合作表示满意。

恩斯特·海因里希·赖默尔也追随着父亲的脚印，在文学专委会(Literary Experts Commission)和柏林市议会任职，但在当选

---

① 《德古意特出版社档案汇编》的"赖默尔出版社商业记录及其持有人通告 1872—1876 处"一节，关于海因里希·赖默尔的讣告可以参考《菲尔绍临床医学之病理学解剖和生理学档案》，1897 年，第 150 页。以及期刊编辑们的记载。——原文注

② 1886 年 4 月 8 日，埃米尔·杜波依思·雷蒙德写给海因里希·赖默尔的信，《德古意特出版社档案汇编》，"BA、R1"分类。——原文注

5 年后，即 1875 年，他就从议会辞职了，可他依旧保持着与议会的关系，直到他去世。但 1887—1893 年他一直是德国图书贸易协会审计委员会的成员。

　　自从恩斯特·海因里希·赖默尔知道自己的儿子不打算接手祖传的出版社而另有选择时，恩斯特·海因里希·赖默尔就决定结束出版业务并卖掉家族的出版社。他自 1875 年就开始寻找买家。恰在此时，德国煤矿批发商和学者沃尔特·德古意特（Walter de Gruyter）出现了。他之前曾经在赖默尔出版社做过实习生。经过一番谨慎的考察后，沃尔特·德古意特在 1897 年 1 月 1 日以 506873.62 马克购买了乔治·赖默尔出版社①，而新的继任者如此称赞海因里希·赖默尔："他是出版领域精明和专注的代表，尽管放弃了自己的爱好而经营祖传出版社，但他依旧选择靠情怀出书，并对批评建议从善如流，还保持着与作者紧密联系的习惯。而赖默尔家族的传统就是不仅当作是满足出版业务的成就，还当作是社会发展与时俱进的工具，这一点恩斯特做得很好。"②但是在出版社内部文件中，德古意特却留下了这样的记载："当我在 1897 年 1 月 1 日正式接手赖默尔出版社时，其经营状况早已江河日下，销售和年度盈利额度大幅下降，除了传统图书项目，新的项目几乎停滞不前。"③沃尔特·德古意特作为新掌门人，第一步是买下出版社股票，第二步是立刻开始扩展出版业务。

---

①《德古意特出版社档案汇编》的"书店的财务表备忘录"章节，见《乔治·赖默尔公司在 1897 年至 1913 年财务表备忘录》（"Demkschriften zu den Bilanzen meiner Firma Georg Reimer Berlin in den Jahren 1897 bis 1913"）的复制品。——原文注
②《德国人传记年报》，1898 年，柏林，第二册，"德古意特"与"海因里希·赖默尔"条目。——原文注
③《乔治·赖默尔公司在 1897 年至 1913 年财务表备忘录》。——原文注

# 巩固和扩展

沃尔特·德古意特购买了赖默尔出版社后，紧接着在 1898 年，还成了古腾塔格出版社（Verlagsbuckhandlung I Guttentag）的创始人之一，而后者的法律领域业务在蒸蒸日上。一年后，德古意特就把古腾塔格出版社与赖默尔出版社一起搬到了卢日佐夫大街（Lützowstaße）107—108 号。随后他就加大了对赖默尔印刷厂的投入，效果很明显，以至于在 1904 年就到了必须要扩大厂房才能满足业务发展的地步。于是德古意特在柏林郊区的特雷宾（Trebbin）又添置了新厂房，并在 1899 年又新建了两栋住宅。

1906 年，德古意特又成为斯特拉斯堡（Strasbourg）的卡尔·特鲁布纳出版社（Karl Trubner Verlag）的合伙人，随后在柏林就设置其分社。而另外五家发展迅速的出版社也被他收入囊中（其成立年份都在 1870—1887 年之间），为满足合并后的生产需求，他新添置了六台新式排字机和铸造机。截至 1913 年，德古意特购买的出版社中有两家结束营业，但取而代之的是出现了另外六家规模更大的出版社。①

1912 年，德古意特购买了戈申出版社（G. J. Göschen'sche Verlagshandlung）后，业务扩张的规模达到了顶峰。而接下来他需要把旗下还各自为政的出版社业务统筹组合在一起。于是，统筹各自出版业务、广告业务、媒体公共关系和共同推广销售的协议就

---

① 同上。关于古腾塔格出版社、特鲁布纳出版社和戈申出版社的信息见本书其他章节。——原文注

水到渠成地形成了。① 当德古意特还想进一步成立统一的出版联合体时,第一次世界大战爆发了,同时自己家庭的变故也导致该计划搁浅。直到 1919 年,具有现代化特征的学术出版社联合体,即"德古意特科学出版人联盟"(Vereinigung Wissenschaftliher Verleger Waler de Gruyeter & Co,缩写 VwV)终于形成了②。同年,德古意特自掏腰包,在位于柏林著名大蒂尔加腾区的根辛钠大街 38 号(Tiergarten District of Berlin,at 38 Genthiner Straße)③的古腾塔格出版社旧址上建设新楼,以给发展中的出版业务提供足够的空间与设施。当然,这些巨额花费也主要是为了保管和储藏德古意特一直情有独钟的赖默尔出版社历史史料。

在出版社史料中,有份文件记录着从 1897 年至 1912 年,德古意特所采取的业务扩张政策,并解释了他是如何获得资金支持的:虽然从 1899 年至 1914 年,赖默尔出版社逐渐开始盈利(除了 1910 年的利润率突然下跌外),但出版业务的收入尚且不足以支持德古意特的业务扩张需求,所以他的资金很可能是来自个人在莱茵兰(Rhineland)④的其他收入。而根据已知的资料,他是通过某些协会的关系取得了资金支持渠道,其中就包括:杜伊斯堡电缆厂(Kabelwerk Duisburg)、奥伯豪森 GHH 公司(Gutehoffungschutte Oberhausen)⑤、鲁尔-萨尔煤提炼公司(Zunderfabrik Mulheim Rhur-Sarren Gmbh)。同时,他在霍亨索伦机车有限公司

---

① 1912 年 5 月 11 日赖默尔出版社、古腾塔格出版社、特鲁布纳出版社和戈申出版社的合伙人与授权签字人的会议备忘录之复制品,《德古意特出版社档案汇编》。——原文注
② 关于维特出版社与德古意特出版人联盟的信息见本书其他章节。——原文注
③ 原为城市内的皇家狩猎场并有围栏,后被改为公园。——原文注
④ 德国西部莱茵河两岸的土地。——译者注
⑤ 简称 GHH,至今存在的德国基建巨头。——译者注

(Hohenzollern Aktiengesellschaft fur Lokomtivbau)<sup>①</sup>的股票收入
也是资金来源之一。<sup>②</sup>

# 在传统和重组间

德古意特管理下的乔治·赖默尔出版社，有三个发展特点：第
一，继续保持了与普鲁士科学院和德国考古研究所（后为柏林博物
馆）长期以来的合作关系；第二，抛弃了自老赖默尔时代以来的不
合时宜的传统，即标榜的自由理论和政治文学；第三，除了学术界
感兴趣的哲学、伦理学主题外，还扩展到了其他领域来吸引更多
读者。<sup>③</sup>

而德古意特时期，出版社与普鲁士科学院的合作又增加了新
项目：《罗马帝国人物传记》（3 卷，1897 年），还有蒙森和康德推荐
的自选性质的《蒙森和康德文集》，后者收录在《学术大典》（1902
年）里。

出版社与德国考古研究所的关系也维持得很好。除了机构的
《年鉴》外，自 1896 年起还出版发行了该机构的《考古公报》。与柏
林大学东方语言研究所的合作也是锦上添花：自 1898 年起该所的
《公报》也由德古意特出版发行。除此之外，还有个值得一提的项
目是《德国南极探险》（16 卷，2 卷地图集，1905—1930 年），为德意
志帝国内政部编辑出版，主编是德国探险领队艾瑞克·冯·德里

---

① 德国有名的火车头生产厂，于 1872 年成立，1929 年倒闭。——译者注
② 《德古意特出版社档案汇编》，A-Z 文件夹。以及《德古意特的人生图册》的"卢
德克"条目，柏林，莱比锡，1929 年。——原文注
③ 在此感谢海伦·穆勒（Helen Müler）允许我引用其博士论文《世纪之交的德古
意特出版社在文学领域的情况：1900 年代的学术出版社的机构改变》中的资料。——原
文注

加尔斯基(Erich von Drygalski)①。

　　通过兼并其他出版社的方法,德古意特得以不断出版新的社会科学和哲学领域的主题图书。② 例如 1902 年,德古意特购买了斯图加特(Stuttgart)的施佩曼出版社(Spemann Verlag)的柏林分社,因此获得了柏林博物馆的出版权:代表作品包括《帕加马古迹》《博物馆手册》《贝宁湾古迹》《基督教时期的雕塑》等。德古意特还购买了内容丰富的《阿提卡坟墓浮雕》(5 卷,1890—1906 年)版权,外加已经铜版印刷出的 450 册图书,而这批作品之前是由德国考古学家亚历山大·康泽(Alexander Conze)为维也纳的帝国科学院制作的。经过如此一番运作,德古意特拥有了一个发展良好的考古业务出版部门。③

　　至于出版社对自由主义传统的抛弃,乃源于德古意特与赖默尔不同的政治观点。德古意特此前也是自由主义思想的积极倡导者,早期和西奥多·豪斯(Theodor Heuss)④等人共同涉足了西柏林的选举事务,他也加入了防务协会(Association of Denfense)来反抗反犹主义思潮。⑤ 然而 1903 年《新教月刊》的出版,对德古意特的政治观造成了很大影响。2 年后,奥托·菲德尔(Otto Pfleidierer)成为新教徒协会(Protestant Association)主席,这也让

------

① 1901 年,甘加拉斯负责指挥了德国第一次南极探险。——译者注

② 1911 年,德古意特出版社购买了莱比锡的格鲁诺·贝尔出版社(Grunow und Behr),1913 年购买了费迪南德·杜牧勒尔出版社(Ferdinand Dümmler),参见《德古意特出版社档案汇编》的"赖默尔出版社的资产负债表"。——原文注

③ 《德古意特出版社档案汇编》的"赖默尔出版社的计划"一节,1919 年 1 月中旬。——原文注

④ 德国政治家,二战后成为西德总统。——译者注

⑤ 1915 年 10 月 9 日,西奥多·豪斯写给德古意特的信,附带劝说后者加入"泰尔托-泰罗腾堡'自由主义'选区协会的委员",见《德古意特出版社档案汇编》,与同书的"自我修正"和"联合反抗反犹太主义"两节。——原文注

图 7　赖默尔家族画像（恩格巴赫绘制）

德古意特对自由主义产生了失望情绪①，并因此影响了出版社的政
治取向。

　　德古意特在早年从事出版事业时，就决定涉及政治科学领域
的出版业务。他购买了朱利叶斯·沃尔夫（Julius Wolf）主编的《社

---

　　① 海伦·穆勒所写的《文学市场中的理想主义》（"Idealismus als literarischer
Markt"），刊登在康斯坦丁·戈施勒（Konstantin Goschler）所著的《1900 年至 1933 年的
柏林：科学与公共形象》，斯图尔特，1999 年。——原文注

会科学》(9 册,1898—1907 年)版权,但朱利叶斯·沃尔夫表达的反对"经济历史学院"(historical school of economics, Kathedersozialistische)的社会主义改革的观点①,却让德古意特感到很不安。在担心出版社的发展前途越来越受到政治因素影响的情况下,德古意特就直接写信给沃尔夫,明确道:"你我分别来自迥异的政治派别,虽然你觉得作为出版商可忽略书刊的政治倾向性而置身事外,但这对于我而言就等同于背叛自己。在个人政治信仰和出版社发展前途的选择上,我自然明白该选择哪一个。"德古意特还担心一点,即未来的潜在合作学者,会因为政治观点不同而避免与德古意特合作。为此德古意特解释道:"我现在要避免让外人以为,赖默尔出版社想举起政治意识形态的旗帜。不然会引起很多政治观点保守人的猜忌,从而导致出版社的业务发展受阻。"②这样一来,就导致 1906 年,德古意特与沃尔夫的合作走到了尽头。③ 此时,自由主义期刊《国家》的融资遇到了很大困难,导致德古意特对此类文学书刊的市场不抱希望,遂放弃了该领域的出版业务。以后的德古意特,彻底把利润放在首位而隐藏自己的政治观点。④

1907 年,德古意特拒绝了历史学家汉斯·戴布流克把《普鲁士年鉴》带回赖默尔出版社的建议。⑤ 然而在 1913 年,德古意特却破

---

① 卢德克的语录,第 24 页。——原文注

② 甘高夫·胡宾格尔(Gangolf Hübinger)所著的《1900 年代的文化与科学:第二册:理想主义与积极态度》中的"社会道德亦社会科技? 1900 年代的德国社会科学再定位"一节,第二册,斯图尔特,1997 年,第 260—276 页。——原文注

③ 海伦·穆勒所著的《文学市场中的理想主义》。——原文注

④ 1907 年,德古意特写给戴布流克的信。——原文注

⑤ 海伦·穆勒所写的《弗里德里希的〈德国国家词典〉(1914)》和吕迪格·布鲁赫(Rüdiger vom Bruch)所著的《弗里德里希·瑙曼的一生》的"弗里德里希·瑙曼基金会成立四十周年研讨会"一节,柏林,纽约,1999 年。——原文注

天荒地出版了自由主义政治家弗里德里希·瑙曼（Friedrich Naumann）的图书。这么做的主要目的是吸引更多读者，而并不是德古意特同意其政治立场。但之后几年，他也被说服加入了瑙曼的《德国国家词典》出版项目，本来多个作者计划贡献 600 至 700 篇关于自由主义的文章，并由莫尔出版社（I. C. B. Mohr）①和赖默尔出版社共同出版。但突如其来的第一次世界大战打乱了该项目的出版计划。②

1918 年 11 月，德国革命发生前不久，德古意特"拥抱"了民族保守主义，他还解释离开自由主义派的原因："在国家利益面前我也曾积极参加爱国运动，但当我的两个儿子在战争中牺牲后，民主党派的政治观点就在我身上烟消云散了。"③1919 年 8 月他甚至还愿意提供自己的"出版人委员联合会"（Vereinigung Wissenschaftlicher Verleger）来帮助极端民族主义者卡尔·墨尔费里希（Karl Helfferich）④。而这个帮助来得正是时候：因为墨尔费里希与"魏玛同盟的化身"财政部大臣马蒂亚斯·埃茨贝格尔⑤（Matthias Erzberger）正进行着一场白热化且冷酷无情的政治斗争。⑥

---

① 1801 年由奥古斯特·赫尔曼（August Hermann）在法兰克福成立，多次易手，今日依旧存在。——译者注

② 1922 年 4 月 26 日，德古意特写给玛格丽特·胡特曼（Margarete Hüttemann）的信，《德古意特出版社档案汇编》的"概述"一节。——原文注

③ 同上，1919 年 8 月 23 日，德古意特写给卡尔·墨尔费里希的信，"BA Gr"分类。——原文注

④ 1920 年国会竞选时，他积极反对德国履行凡尔赛条约。——译者注

⑤ 吕迪格·克拉姆（Rüdiger Kramme）所著的《齐美尔新闻》中的"齐美尔《哲学的主要问题》出版史"栏目，1995 年，第 155—173 页，而关于图书的销售介绍在第 160—172 页。——原文注

⑥ 他作为授权代表签署了德国与同盟国之间的停战条约，所以受到德国的右翼恐怖组织暗杀。——译者注

　　被德古意特收购后的戈申出版社，在此值得多描述几笔。该出版社代表着德古意特所采取的保守的、以学者中心为主导的经营特点。德古意特还聘请教育学家阿图尔·布赫瑙（Arthur Buchenau，1879—1946 年）为文学顾问，当时担任初中高级教师的布赫瑙通过与哲学圈子的良好人际关系，为德古意特开拓了新的出版领域。1889 年，戈申出版社创建了新的"戈申图书馆系列"（*Sammlung Goschen*），以便提供给学者们各领域的书刊信息。1910 年，该系列的第 500 种图书——德国著名哲学家乔治·齐美尔（Georg Simmel[①]）的《哲学的主要问题》出版后大受欢迎，这再次证明了具有教育普及性质的哲学图书也可成为畅销书。有意思的是，从德古意特聘请布赫瑙的薪水就可体现出他对这个人的重视。当时布赫瑙光是作为兼职文学顾问的年薪，就已达到了 3000 马克！这个薪水远远超过了当时的普通标准。但是随着第一次世界大战的爆发，德古意特系统性地开拓新出版领域的步伐被打断了。当战争结束后，布赫瑙成为德国教育部的负责人，赖默尔出版社的发展机遇也越来越多。1919 年 1 月 1 日，赖默尔出版社并入了"德古意特科学出版人联盟"[②]。

---

　　①　也有"乔治·齐美尔协会"（Georg Simmel Geselschaft），基于德国的比勒费尔德（Bielefeld）而推广德国社会学研究的国际组织。——译者注

　　②　海伦·穆勒所著的《文学市场中的理想主义》。——原文注

# 第二章 "赖默尔式的传统"和"戈申式的流行科学"

如何才能成为称职的出版人？用乔治·约奇姆·戈申的话说那就是："首先，你得有资金。其次，你得懂这行，意思是对文学和语言的艺术有很高的鉴赏力，并有商业敏感力。但仅有这些还不够，专业的出版人还需要接受足够的教育和拥有坚定的信念。这样你才能与受教育的人打交道。最后，出版人还要致力于推广和传承科学以便推动整个人类的发展，不然你就是纯粹的市场销售工具而已。"[1]然而，要真按他的说法，戈申自己本身可能就永远不会进入出版领域了，因为他自己其实没有启动资金。

---

[1] 《我对图书贸易及其缺点的思考——供主席和出版界同仁参考(扩充版)》，1802年，1925年莱比锡重印，第6—8页。——原文注

# 教育和做生意的基础

戈申生于 1752 年 12 月 22 日①,是不来梅商人的儿子。他早年就失去了父母,后来成为当地烟草生产商弗里德里希·拉夫斯(Friedrich Rulffs)的养子。承蒙天主教牧师海因里希·艾哈德·希伦(Heinrich Erhard Heeren)的家庭教育,戈申受到了广泛的语言和历史教育,使他能把拉丁语资料翻译成英语。

1767 年至 1700 年,他成了当地出版商约翰·海因里希·克雷莫(Johann Heinrich Cramer)的学徒,之后在如日中天的莱比锡出版商齐格弗里德·里布瑞希特·克卢修斯(Siegfried Leberecht Crusius)手下当书记员。后来的发展证明,这段经历以及期间所结交的朋友,对于戈申而言是相当宝贵的。②

1783 年后,他去了位于德绍(Dessau)的格利尔腾出版社(Verlagscasse der Gelehrten)下属的格利尔腾书店(Buchhandlung Der Gelehrten)工作,负责图书销售拓展。不久戈申对自己的发展方向有了新想法:"如果我留在这里,就会一直到死都要喘不过气

---

① 斯蒂芬·佛瑟(Stephan Füssel)所著的《乔治·约奇姆·戈申:启蒙晚期的出版人和德国古典出版——对歌德时期的凸版印刷术与德国早期的出版历史研究》,总共 3 册,柏林,纽约,1996—1999 年。其中第一册:《乔治·约奇姆·戈申 1752—1828 年》,1999 年;第二册,《戈申出版社的书目:1785—1838 年》,1998 年;第三册《戈申出版社的信件索引》,1996 年。在本书的第一册作者指出:以往关于戈申的出版资料是错误的,而错误的资料可能来源于其孙子文森特·乔治·戈申所写的书,即《乔治·约奇姆·戈申的一生》,2 卷,伦敦,纽约,1903 年,而本书的德文版于 1905 年在莱比锡出版,并由费希尔(Fischer)翻译。总而言之,通过分析 1805 年后被忽视的历史,作者重新审视了戈申出版社的"古典文学"标签。——原文注

② 《乔治·约奇姆·戈申 1752—1828 年》,第 44 页,即后文介绍的克里斯蒂安·戈特弗里德·科纳(Christian Gottfried Körner),作家路德维格·费迪南德·休伯(Ludwig Ferdinand Huber)和弗里德里希·贾斯丁·伯图其(Friedrich Justin Bertuch)。——原文注

图 8　戈申油画像

般地工作,彻底成了个螺丝钉,最终还会被当成迟钝的老狗或废物一样看待。"[1]于是他就选择自己创立公司。最终在 1785 年的德国莱比锡图书贸易博览会上,他用图书销售所赚到的资金成立了戈申出版社。而此前结识的朋友克卢修斯则给其提供了资金支持,加上戈申自己的作者资源,公司成立不久,就出版了德国著名诗人作家歌德、席勒,以及克里斯多夫·马丁·维兰德(Christoph

---

① 同上,第 55 页,1784 年 11 月 15 日,戈申写给弗里德里希·贾斯丁·伯图其的信。《戈申出版社的信件索引》,第 55 页。而戈申在格利尔腾书店出版社(Verlagscasse der Gelehrten)的工作经历,也在第三册第 55 页中。——原文注

Martin Weiland)①等人的作品。

## "对你来说,我不是商人"

戈申开始出版事业时自己并没有充足的启动资金,是他朋友克里斯蒂安·戈特弗里德·科纳给了 3000 泰勒的启动资金,此举表明两人关系远超普通友谊。(但科纳主要是对项目盈利感兴趣,当盈利没有预想的那么快的时候,他在 1787 年又把投资收回了。科纳后来回忆道:"当时我对出版生意有一个错误的印象,以为投资会很快结出果实。"②)总而言之,他之前乐意帮戈申的原因很复杂。其中又牵扯到科纳与戈申的另一个朋友德国作家路德维格·费迪南德·休伯。由于这两人都是诗人席勒的疯狂粉丝,他们一直劝说郁郁寡欢并负债累累的席勒搬去莱比锡居住。而席勒就提出,只要他俩帮忙把自己的作品《塔利亚》先出了,并提前预支给他一笔钱了结债务困扰,他就照做。而两位粉丝自然很乐意遵旨执行。而恰好席勒跟戈申私交甚好,于是戈申就顺理成章地获得了出版的启动资金,席勒也满足了粉丝们的愿望搬去了莱比锡。③

1785 年的夏天,戈申就和席勒共同工作。戈申后来回忆道:"席勒在我的房间里完成了戏剧《唐·卡洛》,而该剧最后一章是席勒在科纳的洛施维茨(Loscehwitz)的住所里完成的。"尽管经常被书稿后期进度所困扰,但此时两人的友谊依旧逐渐加强。与此同

---

① 克里斯多夫·马丁·维兰德(1733—1813),德国 18 世纪上半叶洛可可文学的主要代表,启蒙运动的著名作家。是德国启蒙运动时期一个影响最大的文学杂志《德意志信使》的主编,写出了德语文学史上第一部长篇启蒙教育小说和第一个不押韵的诗剧,在德国第一个用德语大量翻译莎士比亚的作品。——译者注

② 语录来自《乔治·约奇姆·戈申 1752—1828 年》,第 84 页。同上,2.1.3 章节:戈申与科纳的生意关系介绍。——原文注

③ 同上,2.1.3 章节。——原文注

时,戈申经常在花销上谨小慎微,但席勒却大方地享受着专家级别的待遇。为此戈申曾对席勒说:"我想你应该明白,对你而言,我不是商人身份,当你有需求的时候我会尽力满足。"①戈申果然一一做到了他对席勒的承诺。②

1768 年至 1795 年,戈申出版社出版了文学期刊《塔利亚》(1792 年开始改为《新塔利亚》)③。1787 年,《唐·卡洛》也出版了,第二年还有了修订版④。然而无数闹心的印刷错误和排版瑕疵却引来了歌德的批判,但后来有意思的是,批判又被后者撤销了。在这插曲后不久,戈申和席勒出版了《历史上的女性日志》(1790—1794 年),终于迎来了巨大的成功。在 18 世纪德国日历很流行的大背景下,该书以其丰富的设计和所附带的当代诗歌韵律与叙事散文遭到了读者的追捧。

戈申曾参考过流行日志《奢侈与流行的潘多拉》的经验,为此他有了一个更吸引读者的创意。他回忆道:"做一个时尚的日历其实是荒谬的点子,因为这无法紧跟时尚的潮流,且没人在乎时尚中的科学。但历史主题的日志书则不同,在庄重的印刷装潢下则会透露出很好的感染力。因此父亲就会选此送女儿,丈夫会用来送妻子,年轻人会用来送给心上人,还会受到绅士们的青睐。"⑤事实证明他是对的,日历出版后就销售了 1 万多册。

---

① 同上,2.1.1 章节。——原文注
② 同上,第 72 页。1786 年 2 月 25 日和 26 日,戈申写给席勒的信。——原文注
③ 同上,2.1.2 章节。席勒作为戈申的签约作者情况。——原文注
④ 第二册,《戈申出版社的书目:1785—1838 年》,第 80,81 页。——原文注
⑤ 即 1618—1648 年间的神圣罗马帝国内战,德国由此丧失了 20% 的人口。——译者注

图 9 1802 年版的《唐·卡洛》封面

除此之外,1791 年至 1793 年,席勒的《三十年战争故事》[①]也取得了成功，销售册数也是 1 万多，在 1793 年，戈申又再版了该书①。
终于，连续多年入不敷出的席勒，也迎来了时来运转之时。他给戈
申的信中充满了溢于言表的情感："连最自负的人都会对你的奖赐
感到震惊，而你简直就是我多年的恩人。"②的确，戈申给作者的报
酬一般都很高，甚至还让作者亲自参与封面设计等工作。他不仅
重视作者的成果，推广并保护其知识产权，还能发现作者的潜力并
发掘培养。从此，欧洲著名的艺术家和插画家都跟戈申合作了，其
中包括瑞士画家安洁莉卡·考夫曼（Angelica Kaufmann）、德国画
家丹尼尔·乔多维耶茨基（Daniel Chodowiecki）、画家约翰·海德
里希·拉姆贝格（Johann Heinrich Ramberg）。③

　　虽然销售数字不错，但席勒却认为，继续投入精力出版《历史
上的女性日志》是不明智的。他建议出版一个文学期刊，席勒给出
的理由是："这想法我其实考虑了很多年，而你将会从这个提议中
获利颇丰，虽然能让你的后半生忙于此事，但会让你成为最受尊敬
的出版商。当然第一年的利润可能不超过 1000 泰勒，但若好好打
理，以后利润会增加三倍或四倍。"④不知当时戈申是如何打算的，
但戈申最终没有采纳席勒的建议。最后，这个项目被出版商约
翰·弗里德里希·考特名下的考特书店⑤接手，以《荷赖》⑥的名义

　　①　《戈申出版社的书目：1785—1838 年》，第 305 页。
　　②　1790 年 10 月 27 日，席勒写给戈申的信。《乔治·约奇姆·戈申 1752—1828
年》，第 77 页。——原文注
　　③　《乔治·约奇姆·戈申 1752—1828 年》，第 203 页和《戈申出版社的书目：
1785—1838 年》，第 13 章。——原文注
　　④　1792 年，席勒写给戈申的信。《乔治·约奇姆·戈申 1752—1828 年》，第 79
页。——原文注
　　⑤　即"出版业中的拿破仑"——考特的产业。——译者注
　　⑥　"Die Horen"，英文 The Horae，荷赖为希腊神话中掌管气候变迁等的女神总
称。——译者注

图 10　1792 年的《历史上的女性日志》

出版文学期刊①,席勒也在 1794 年开始与考特书店签订合同。果然,该刊物没盈利多少,但出版商考特却由此认识了一大批重要的作家。与此同时,由于不为人知的原因戈申和席勒的关系曾短暂地疏远了,但不久又恢复了关系。

　　但戈申对考特书店把席勒新作品的利润赚去很不爽,所以他干脆又再版了席勒之前的老作品,1802 年出版的罗马风格字体的《唐·卡洛》②就是新版的主要成果。

---

①　该期刊从 1795 年至 1797 年出版,成了魏玛古典主义的奠基石。——译者注

②　《戈申出版社的书目:1785—1838 年》,第 567 页。——原文注

# 戈申和歌德:失去的机会

1786 年,戈申收到了德国著名诗人歌德的合作请求,歌德担心自己作品的重印优势会消失,计划把至今出版的作品重新再版成集,为此他精心地挑选了老朋友戈申的熟人,即作者兼企业家弗里德里希·贾斯丁·伯图其的办公室地址给戈申邮寄信。

信中歌德用轻松的口吻写道:"亲爱的朋友,我这有个宝贝协议,由于咱俩的关系只能让你得到。"①虽然歌德要求的版权费非常高,但戈申还是禁不住出版第一部被正式授权的歌德文集的诱惑,同意与歌德合作。戈申把降低经营风险的办法寄托在灵活的广告宣传策略上:刊登订阅者的名字。他认为:"虚荣的人性会让订阅者乐意见到自己的名字被公开列出来的。"②而他也准备出版相对便宜的一些版本,以此对付盗版,这个办法之前曾经屡试不爽。③

1790 年,八卷本的《歌德文集》终于面世了④,让歌德气馁的事也发生了:不仅歌德选择的纸张质量出了问题,编辑方面的错误也多如牛毛,甚至需要拿盗版来当校对模板。戈申则为此辩护道:"当作者无法满意时,出版商也竭力补救希望事情能反转。况且有谁愿意体会这事后追悔莫及的心情……仍要说明的是,没有一行字是直接拿来就敲上去印刷的,实际上每页文字都被三个人连续

---

① 1786 年 6 月 5 日,伯图其写给戈申的信。《乔治·约奇姆·戈申 1752—1828 年》,第 132 页。——原文注
② 1786 年 6 月 29 日,伯图其写给戈申的信。同上,第 138 页。——原文注
③ 歌德作为戈申签约作者的情况,同上,2.2.4 章节。戈申对抗盗版的情况,同上,第 7 章。——原文注
④ 《戈申出版社的书目:1785—1838 年》,第 54,58,117,151,197 页。——原文注

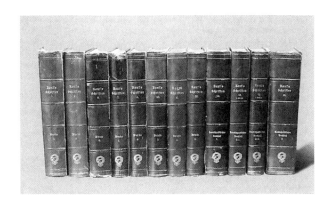

图 11　歌德文集

校对了四次。"①事实上也确实如此,连戈申自己都参与了编辑校对工作。

如今看来,是戈申和歌德遇到了沟通问题。因为两者从来没有见过面,都是通过信件或中间人联系的。尽管之前歌德提供了不同的复制版本,但他自己并没有做过校对,而只是把编辑工作留给了包括哲学家约翰·戈特弗里德·赫尔德(Johann Gottfried Herder)等人。而且,在 1786—1788 年期间,歌德住在意大利,很难被外界联系上,所以此后有误解和困惑发生一点也不奇怪。

但值得一提的是,歌德所制定的拼写与标点符号(punctuation)的标准对后来的德国影响很大,当《少年维特的烦恼》被出版前,手稿就根据此标准被纠正了至少 1300 处。而采取此标准的戈申出版社之作品,也很自然地被出版同仁考特作为了模板。②

①　1787 年 11 月 22 日,戈申写给菲利普·赛德尔(Philipp Seidel)的信。同上,第 404 页。——原文注

②　《乔治·约奇姆·戈申 1752—1828 年》,第 117—120 页,对诗人的批判见 5.1 章节。关于《少年维特的烦恼》之标准化,见 5.2 章节。——原文注

　　总而言之，当文集即将出版完毕时，歌德又打算往自然科学方面发展了。他又通过中间人联系了到戈申，讨论出版《植物变异解释》的事宜，但这次戈申拒绝了，于是戈申与歌德的合作关系就结束了。就此，歌德曾经反思被戈申拒绝的原因，可能是大众对他所转行的新领域不感兴趣。尽管意见相左，歌德还是给了戈申积极的评价："我对戈申先生出版的文集感到很满意，但很不幸的是，德国此时已经没人知道我了，所以销量没达到预期。"[①]事实表明，歌德最后一个判断是对的。[②]

## 德国版的"波多尼"[③]

　　戈申把图书的内容和外在装订视为同等重要的东西。在 1805 年，戈申在给作者卡尔·西蒙·摩根士特恩（Carl Simon Morgenstern）的信中就写道："从印刷出来的字体上，你就能看出我对你作品的重视程度。"[④]戈申使图书的印刷艺术性得到了最大限度的发挥，而使所出版的图书成为"凸版印刷的经典和珍宝"。

　　戈申的朋友兼合伙人伯图其经过不懈的努力，终于促成了戈申与德国启蒙诗人克里斯多夫·马丁·维兰德的出版合作。此前的 1786 年，在伯图其的帮助下，戈申出版了维兰德主编的文学期刊《德国的墨丘利》[⑤]。

---

　　① 　同上，第 125 页。——原文注
　　② 　同上，第 122 页。关于哥特全集的出版情况见第 114 页。——原文注
　　③ 　是一种脱离旧时罗马字体的现代字体，在 18 世纪古典时期由伟大的意大利字体设计师詹巴蒂斯塔·波多尼（Giambattista Bodoni）所创造，被誉为"印刷者之王"的现代罗马体——波多尼体（Bodoni）。——译者注
　　④ 　同上，1805 年 3 月 15 日，戈申写给摩根士特恩的信，第 2883 页。——原文注
　　⑤ 　本期刊的风格模仿了法国的文学期刊《法国信使》，墨丘利（Mercure）为罗马神话中传递信息的使者。——译者注

但如今的合作依旧面临一个问题：那就是维兰德的很多作品都已经被出版商菲利普·莱西（Philipp Reich）和莱比锡的魏德曼书店出版了。为此维兰德安慰戈申说："等我原来的出版商去世后，我的书就都由你出版。"①1788 年 2 月 19 日莱西去世后，维兰德兑现了承诺，给了戈申独家出版维兰德所有作品的权利。由此戈申在给维兰德的信中充满希望地写道："这样一来，德国每个普通的职员以及乐于进取的学生，甚至连薪水被压榨到很低的军官都会买您的书②。我还专门从英霍夫（Imhoff）那购买了瑞士作坊纸，专门用于印刷高质量图书的布纹纸（wove paper），而这一版本会制作成四开大小的版本（quadruple edition），定价是 250 泰勒。另外的八开纸版（octavo edition）会用二级布纹纸出版，定价为 150 泰勒，其次是口袋版本，定价为 112.5 泰勒。最后，廉价版本的定价为 27 泰勒，是采用廉价纸但也制作成八开大小。"③然而，这个被称作"整个 18 世纪德国最大的出版项目"实施前，维兰德和戈申就遭到了来自魏德曼书店的起诉④，由此陷入了一波三折的官司。

前文介绍过的魏德曼书店，此时有了新掌门人——恩斯特·马丁·格拉夫（Ernst Martin Graff），而他不认为维兰德有权自己更换出版社。1792 年，他就在莱比锡提起了诉讼。而双方都对法律有着的不同诠释：格拉夫认为自己有永久的独家出版威兰德作品之权利，因为书店之前早就买断了。而戈申则拿维兰德的备忘录《作者和出版社商业关系条例》做依据，声称版权一直在作者手里，每个出版商只拥有一定时期内的出版权。后来，法院做出了令

---

① 同上，第 92 页。——原文注
② 同上，第 94 页。——原文注
③ 同上，第 94 页。——原文注
④ 维兰德作为戈申签约作者的情况，见《乔治·约奇姆·戈申 1752—1828 年》，2.2.1 章节和 2.2.2 章节。——原文注

图 12 1787 年平价版《歌德文集》封面

人惊讶的判决:维兰德和戈申获得了出版文集的权利,但却不允许他们独家拥有作品版权。但这一结果让维兰德的信心大增。[1]

当涉及维兰德的作品如何具体呈现时,被称作"18 世纪古典主

---

① 同上,7.5 章节。——原文注

义设计的印刷大师"的詹蒂斯塔·波多尼(Giambattista Bodoni)给戈申提出了一些建议,包括需要注意的有:直线(straight lines)、法线(regular lines)、等间距(equal spacing)、页面对称(symmetrical facing pages)、深色印刷(deep print)、光滑纸张(smooth paper)等等。他还推荐采用著名的巴黎狄多(Didot)印刷家族所开创的古典罗马字体(Didot Roman typefaces)来印刷。因此 1793 年的春季,戈申新设立了一个印刷厂,并获得了使用狄多罗马字体印刷的许可。而维兰德文集作品的单独铸字设计,则由著名的铸字师父卡尔·路德维格·普利威茨(Karl Ludwig Prillwitz)在耶拿(Jena)用狄多模板(Didot Model)做成。此时的戈申仅在莱比锡就有三个印刷厂,并雇用了六位排字工人、六位印刷工、一位办事员和一位学徒。后来他去瑞士又买了铸字厂(iron press)和打磨机(smooth machine)。戈申对印刷上的完美追求,都为维兰德文集的豪华设计能够实现提供了基础条件。戈申希望这样一来,所出版的图书不仅能满足艺术审美的眼光要求,还可促进图书思想内容的流芳百世。在发起了投入高昂的广告攻势后,该文集终于在 1795 年至 1802 年间面世了。[1]

维兰德此后很热情地跟身边的人说:"戈申书的字体呈现让我无比满足,每张纸都好似维纳斯一样。"[2]评论家们也对该书所传承的"波多尼式黑色"赞扬不已,还称戈申"简直就是德国的波多尼"。

---

[1]　同上,第 93—97 页和 6.1 章节。莫妮卡·艾斯特曼(Monika Estermann)和麦克·诺奇(Michael Knoche)所著的《从戈申到罗沃尔特:德国出版史的文章合集——纪念汉斯·萨考斯基 65 周年生日》,威斯巴登,1990 年,第 33—63 页。(而汉斯·萨考斯基也是《施普林格出版社历史》的合著作者)迪特玛尔·迪贝斯(Dietmar Debes)所著的《乔治·约奇姆·戈申:推动凸版印刷的出版巨人》,莱比锡,1965 年。而戈申记录自己去瑞士的旅途见《乔治·约奇姆·戈申 1752—1828 年》,莱比锡,1793 年,第 292 页。他自己也写了喜剧和几个诗歌。——原文注

[2]　《乔治·约奇姆·戈申 1752—1828 年》,第 99 页。——原文注

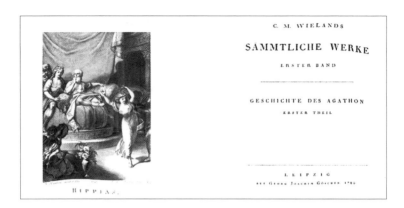

图 13    1994 年版维兰德全集

当然也有批判的声音：认为把当代作者抬举成"跟奥林匹斯山的神仙"一样，实在是有些不妥。①

戈申商业上的大获成功充实了戈申的财务。1796 年他在格里马（Grimma）附近的霍恩施塔特（Hohnstadt）买了个专门用来夏季避暑的住所，跟妻子约翰娜·亨莉艾特·肖恩（1765—1850,1788 年与戈申结婚）和 10 个孩子一起居住（其中 6 个孩子已经是成年）。而戈申一家人也能保持毕德麦雅式（Biedermeier）②的生活风格，他还能在此经常接待生意伙伴、作者和艺术家。后来戈申还顺水推舟地把印刷工作也转移到了格里马，因为这样可以远离莱比锡的行业限制，申请印刷许可证还不受限制。此时他的印刷厂规模继续扩大：从 6 个扩大到了 11 个，并雇用了 40 位工人。③

---

①    同上，第 97—99 页，浪漫派诗人弗里德里希·荷尔德林（Friedrich Hölderilin）和莎翁作品的德语译者奥古斯特·威廉·施莱格尔也对此豪华版持有批评态度。——原文注

②    Biedermeier，原意为 1815 年至 1848 年这一时期，现多用指 1815—1848 年中产阶级的艺术情调。——译者注

③    经营执照的副本可从《德古意特出版社档案汇编》的"信函文件"一节找到，第 19 页。

图 14 戈申在霍恩施塔特的别墅

戈申继续在莱比锡经营出版社,设在格里马的印刷厂的管理工作则交给了诗人约翰·戈特弗里德·索伊默(Johann Gottfried Seume)负责(他曾在 1798 年至 1801 年担任编辑和生产经理)。继《维兰德文集》出版成功之后,戈申还计划把德国诗人弗里德里希·戈特利布·克洛普斯托克(Friedrich Gottlieb Klopstock)的作品用罗马字体出版,期待创造下一个"里程碑式的排字本"。[①]

然而这次,戈申期望达到的最高出版标准只有其中的诗集《颂词》[②](2 卷,1798 年)和《弥撒亚》[③](4 卷,1799/1800 年)实现了。但仅仅是这两本高标准的诗集,也需要面对"赫拉克勒斯[④]式任务"的挑战,即要完成"标准化拼写和标点符号"的工作。最后戈申和经理苏姆都备受折磨。至于作者的其他作品,则只能以更简单的版

① 《乔治·约奇姆·戈申 1752—1828 年》,第 441 页。——原文注
② 同上,第 491—494 页。
③ 同上,3.2 章节。诗人约翰纳·戈特弗里德·苏姆对戈申出版社的重要性见 5.3 章节。——原文注
④ 古代希腊神话中的宙斯之子,由于力大无穷和进行一系列探险而闻名。——译者注

本在 1817 年出版面世。

戈申还计划出版各种版本的拉丁文、希腊文的经典作品。1796 年 3 月 4 日他写道："拉丁经典图书馆很值得再次重印出版，不光是只有语言学家才能欣赏这类书，还可给有品位的上层人士做室内装潢之用，以烘托出高雅的氛围。"①戈申对外宣布，将在 1804 年的莱比锡复活节博览会上，隆重推出《拉丁语作品全集》。然而该计划的实施却遭到了意外：古典语言学家的进度简直如蜗牛爬一样，哪怕是戈申着急得"火上房"，作者们的进度也没有半点加速，所以当项目中的第一本图书出版后，项目就不再被提起②：《拉丁语作品全集》与拉丁语版本的《伊利亚特》就这样中途夭折了。

与此同时，希腊语版本的出版却很顺利，总共出版了两本，包括：古典语言学家约翰·杰克波·格里斯巴赫（Johann Jakob Griesbach）编辑的豪华版本希腊语《新约圣经》③（1802—1807 年），弗里德里希·奥古斯特·沃尔夫编辑的《伊利亚特》④。当这两本书出版后戈申就与欧洲当时的艺术巨匠波多尼和狄多齐名，因此经常被评论者们挂在嘴边。⑤ 但实际上，戈申所出的出版物中，只有 15％是采用罗马或希腊字体印刷的。但这些却给戈申带来了荣誉，他被称为"凸版印刷物的改革先锋"和"印刷艺术先锋"。

戈申对出版教育领域也很重视，但这一点却经常被后世人忽

① 戈申写给考古学家卡尔·奥古斯特·伯特蒂格（Karl August Böttiger）的信，1796 年，《乔治·约奇姆·戈申 1752—1828 年》，第 138 页。《戈申出版社的书目：1785—1838 年》，第 1721 页。——原文注
② 《乔治·约奇姆·戈申 1752—1828 年》，3.3 章节。——原文注
③ 《戈申出版社的书目：1785—1838 年》，第 588,605,619,640,648 页。——原文注
④ 同上，第 598—601,631,646 页。——原文注
⑤ 《乔治·约奇姆·戈申 1752—1828 年》，6.2 章节。——原文注

视。例如戈申所出版的鲁道夫·扎卡赖亚斯·贝克①(Rudolph Zacharias Becker)撰写的《国人必看书籍》②,该书出版面世后就销售了 1.3 万多册,同时还推出了一系列适合大众的故事娱乐版。此书的市场需求一直到 1798 年依旧还很旺盛,前后总共出了 16 版。③

## 戈申对图书贸易的思考

在 18 世纪,图书"阅读革命"带来的快速变化不仅增加了图书产量,也让整个出版行业面貌焕然一新。然而德国的图书贸易体制在经历了几十年的发展后,埋藏在其中的隐患终于在 19 世纪初期浮出水面:时不时就会冒出来的出版社破产的新闻,同行间的不择手段的竞争不断引起世人争议。人们除了关心版权问题外,还要面对日积月累的管理弊端。很自然地,对成立专业协调组织的呼声就日益高涨。于是在 1808 年的莱比锡复活节博览会上,一份关于如何解决目前图书贸易问题的报告就出炉了。而在其中 46 篇关于此主题的报告中,就有戈申的《我对图书贸易和其缺点的思考》④。

在报告中,戈申除了仔细分析了图书贸易的情况,还指出最严重的问题就是盗版、浪费和过度折扣等。同时他认为出版业需要一个"能发声、有价值且永久存在"的组织。紧接着,他提交了一个

①　鲁道夫·扎卡赖亚斯·贝克为德国教育家和诗人,他所写的《互助小册子》当时就卖了 50 多万册。——译者注

②　《戈申出版社的书目:1785—1838 年》,第 111,147,189 页。——原文注

③　莱因哈特·西格特(Reinhart Siegert)所著的《教育和民众的阅读:鲁道夫·扎卡赖亚斯·贝克所著的"互助小册子"为案例分析》,第 565—1348 页。

④　参见:莱茵哈德·魏特曼(Reinhard Wittmann)所著的《德国书店历史》,慕尼黑,1991 年,第 111—134 页。——原文注

图 15    《我对图书贸易及其缺点的思考》（1802 年）

"现代图书贸易的宪章"般的且拥有强烈行业准则的《成立协会组织草稿》。他这样总结自己的这个设想："图书贸易其实就是纸质书的交易，但若只简单理解成销售所印刷出来的那几页纸，那书商的地位就比渔民的地位还低。而我们应该这样理解：促进人类进步的思想是由图书所承载的，因此书商所从事的行业是文明思想之间的碰撞，自然就得用专业组织来维护图书贸易在其他行业中的突出地位。"

但改革事宜在 1802 年无果而终，不久拿破仑战争的阴影也接踵而至。直到 1815 年的维也纳国会会议后，改革努力才得以继续推进。1825 年，"德国图书贸易者联盟"（注：前文提到的如今法兰克福图书展组织者的前身）终于成形了，此时戈申还在世。

# 畅销书和期刊

在人们的印象中,戈申出版社是专门出德国古典文学的出版社,但相关历史档案资料显示:在 19 世纪初期,戈申与魏玛古典主义的作者们①之间的合作其实在逐步减少,取而代之的是与当代畅销书的作者合作项目。

1791 年起,戈申开始与德国戏剧家奥古斯特·威廉·伊夫兰德(August Wilhelm Iffland)合作。伊夫兰德的图书作品经常在舞台演绎(后世的人多把他当作喜剧演员和戏剧导演),歌德在魏玛国家剧院也曾参与了伊夫兰德的剧作创作。戈申在 1796 年与伊夫兰德续签了合约,而该合约也让戈申与冤家对头魏德曼书店之间势不两立的关系貌似稍微平和起来。为了一劳永逸地解决版权问题,在合约中伊夫兰德把自己以前和未来作品的出版权,都一股脑地授权给了戈申(以及戈申的继承人)②。1798—1802 年,戈申出版发行了总计 16 卷的伊夫兰德的《戏剧作品集》③。

1811 年,德国作家奥古斯特·冯·图米尔(August von Thummel)也跟戈申签订了类似的出版协议,声明如下:"在此代表作者本人与子嗣,将过去以及未来的独家作品出版权,给予出版商

---

① "Weimar Classicism",指魏玛古典主义为启蒙时代中的德国文学运动。——译者注

② 伊夫兰德作为戈申的签约作者情况,见《乔治·约奇姆·戈申 1752—1828 年》,3.1 章节。——原文注

③ 1811 年 5 月 18 日,戈申与图米尔签约的合同,同上。1992 年 11 月,在莱比锡的德国图书与写作博物馆(Deutsches Buch und Schriftmuseum)所展览的"现存出版历史档案"(Dokummente zur Verlagsgeschichte aus den Beständen des Deutschen Buch und Schriftmuseums leipzig)。——原文注

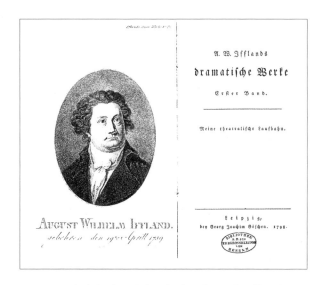

图 16　奥古斯特·威廉·伊夫兰德的《戏剧作品集》

戈申与其子嗣。"①随后他的《著作文集》②在 1811 年至 1812 年出版了 6 卷，之后的《法国南部游记》③取得了成功，在 1791 年至 1805 年成了畅销书。

　　1805 年之后，拿破仑战争的阴影接踵而至，德国被普鲁士法军占领。1805 年 12 月 8 日，戈申抱怨道："如今图书市场上销售非常难，毕竟当吃饭的钱都还不够时，谁还会买书呢？"④一年后他又写道："我的生意简直进入了死胡同，自从十月份的图书贸易停滞后。作为模范公民的我仍然按时付清债务，但其他人却不这么做。与此同时我无法从别人那借到钱，而且很多付款都拖延了。我不忍

--------

① 《戈申出版社的书目：1785—1838 年》，第 428—432，471—475，511，516，519，535，559，562 页。——原文注
② 同上，第 699—701，707 页。——原文注
③ 同上，第 250，320—322，498，530，573，589，620 页。——原文注
④ 同上，第 2948 页和 1805 年 12 月 8 日，戈申写给卡尔·奥古斯特·伯特蒂格的信，《乔治·约奇姆·戈申 1752—1828 年》，第 148 页。——原文注

心看着出版社的排字机和印刷机都被廉价处理掉,但如今我也陷入了困境,新的出版项目也不见踪影。"①1813年,在战争风雨中的德国萨克森王国摇摇欲坠,深陷经济危机的戈申出版社也几乎被毁掉。1812年,因为住在莱比锡的公寓开销太大了,他干脆离开莱比锡,搬到了霍恩施塔特(Hohenstadt)。②

为了维持出版社的正常运转,戈申把精力集中在了期刊出版上。此时戈申出版的期刊有《德国妇女,由德国妇女撰写:1805—1806年》(1807—1808年期刊更名为 Selene),并注明了主编为席勒,诗人克里斯多夫·马丁·维兰德,政论家约翰·戈特弗里德·索伊默等。然而,这些印上去的大名只是公关的宣传伎俩而已,他们并没有真正参与期刊的创作。戈申还不忘把这本期刊,送给当时最受社会欢迎的普鲁士王后路易斯(Duchess Louise of Mecklenburg Strelitz),并把她的头像也装饰在书上。女皇还为此回信感谢其善举,因为戈申出版的此书也满足了她的心愿。③

接着,戈申还出版了《各阶层受教育读者必看的战争日志》(1809—1811年),其涵盖了各类新闻头版的历史记录。出版发行的图书还有《罗马艺术家和造型艺术之友年鉴》(1809—1811年),此书为罗马神话、考古、当代美学和艺术的历史日志合集。为了满足准备移民美国的德国读者需求,一个已经在美国的海外合作者经常把美国报纸的摘录邮寄给戈申,然后戈申自己翻译,这样就出

---

① 同上,第2999页。1805年12月10日,戈申写给卡尔·奥古斯特·伯特蒂格的信,同上,第149页。——原文注
② 同上,关于戈申出版社的图书图片展示分类,见第11章。同上,3.4章节。——原文注
③ 1805年1月30日,普鲁士女皇路易斯写给戈申的信,《德古意特出版社档案汇编》,"BA、Gö"分类,第58页。——原文注

图 17    《德国妇女杂志》(1805 年，第 1 卷)

版了《亲历美国见闻》[①]。

　　1813 年，《格里马城镇每周新闻》也出版了第 1 期，内容涵盖娱乐和当地时事文章以及广告版块等，这是戈申旗下出版时间最长的期刊，一直到 1945 年才停刊。

---

　　① 《乔治·约奇姆·戈申 1752—1828 年》，8.2、8.3 和 8.4 节，而作者花了很大篇幅来介绍《罗马艺术家和造型艺术之友年鉴：1809—1811 年》，《格里马城镇新闻周刊》和《美利坚合众国见闻：1818—1820》。《各阶层受教育读者必看的战争日历：1809—1811 年》，同上，第 152 页。——原文注

# 戈申出版社的复兴

拿破仑战败的 1815 年,关于如何重组欧洲的会议在维也纳议会召开,戈申此时也计划重新振兴出版业务。虽然依旧有着盗版的麻烦,重建时期新的审查制度等因素造成出书很艰难。但总体来言,在千疮百孔的出版业中,出版商们的内心依然燃烧着新希望。1815 年至 1825 年,维兰德、克洛普斯托、伊夫兰德和图米尔的作品都由戈申重新再版,并受到了战后市场的强烈欢迎,虽然盗版也造成了一些损失,但拥有版权的戈申,其市场收入还是维持了戈申出版社的财政稳定。

1827 年,戈申在郁郁寡欢中将自己描述为"上个世纪的孩子"①,虽然他自己这么说,但其实在 30 年前,他曾经拒绝了新浪潮浪漫主义②作家们的出版合作请求,包括著名作家阿古斯特·威廉·冯·施莱格尔和海因里希·冯·克莱斯特等人。1815 年,戈申为了吸引读者,同时应付赖默尔出版社的竞争,不得不与新一代文学作家开始了文学出版合作。③

新加入的作家有阿道夫·穆勒(Adolph Müllner),恩斯特·冯·霍瓦尔德(Ernst von Houwald)和弗雷德里克·坎德(Friedrich Kind),这些作家虽然不是文学先驱,但他们都是畅销书的作者:在 19 世纪 20 至 30 年代,穆勒和霍瓦尔德所撰写的具有神秘色彩的戏剧"命运悲剧"(Tragedies of fate,德文:Schicksalsdramen)就很受读者欢迎。在 1816 年和 1817 年,戈申

---

① 同上,1827 年 1 月 19 日,戈申写给德国女诗人艾丽莎·冯·雷克(Elisa von Recke)的信,第 195—201 页。——原文注
② 1800—1890 年间的欧洲文化运动。——译者注
③ 戈申拒绝跟克莱斯特合作的记录。同上,第 157—168 页。——原文注

又出版了 3 卷版的穆勒作品《罪恶》①，并获得了作者的戏剧《尤格德国王》②的出版授权。然而到了 1820 年，戈申的竞争对手哥特书店给穆勒开出了更高的版权费，所以穆勒与戈申的合作就此结束了。为此戈申还曾郁郁寡欢地说："毕竟我也得计算得失的啊，总不能当慈善家。"③

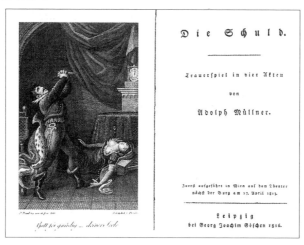

图 18　1816 年版《罪恶》

但与此相反的是，戈申与另外一些年轻作家的关系远超出了生意伙伴的关系，一些作家甚至称戈申为"敬爱的父亲"，可见作家们受到戈申的影响深远。在 1812 年霍瓦尔德的 4 卷版《命运悲剧》出版后，其他的戏剧作品也接连出版。除了戏剧之外，霍瓦尔德的儿童和教育图书也受到欢迎。

至于受公众爱戴，却备受评论家批评的诗人坎德，则参与主编

① 《戈申出版社的书目：1785—1838 年》，第 783,784,802 页。——原文注
② 同上，第 803,837 页。——原文注
③ 同上，第 3950 页，1821 年 1 月 31 日，戈申写给考古学家卡尔·奥古斯特·伯特蒂格的信。《乔治·约奇姆·戈申 1752—1828 年》，第 174 页。——原文注

了一些戈申出版的娱乐休闲类年历图书,包括《竖琴》(1815—1819年)和《缪斯》(1821—1822 年)。以及"德累斯顿音乐圈"(Dresdener Liederkreis)作家们①所著的《贝克社会消遣口袋书》。1822 年,戈申出版了坎德为卡尔·玛利亚·冯·韦伯(Carl Maria von Weber)的歌剧《魔弹射手》②而写的剧本,分 2 卷出版,最终此剧本成了坎德最广为人知的作品。③

图 19　1822 年版《贝克社会消遣口袋书》

此时戈申对自己出版的德国当代文学作品还不是很满意,他在 1816 年的 12 月 23 日给某位作者的信中写道:"你可能认为只要有销量,出版商就会出版任何一本书。但实际上我更关心热度过

---

① 文学界作者间的会议联盟。——译者注
② 同上,第 899 页。同上,第 1101 页。——原文注
③ 戈申与穆勒、霍瓦尔德和坎德的合作,《乔治·约奇姆·戈申 1752—1828 年》,4.3 章节。——原文注

后，所出版的图书在一年后是否还有人乐意买。"①确实，有段时间戈申出版的一些娱乐主题的书很无聊，但某种程度上却保证了出版社的生存。

1825 年，戈申准备上马两个野心勃勃的出版项目，分别是 19 卷的莎士比亚作品的德文翻译版②，还有《殖民地商人、报纸发行人以及会话词典必备欧洲地图集》③，并计划用最新的平板印刷术（lithography）来印刷出版。

但此时戈申的肩膀却患了痛风，右手也不听使唤。1826 年 11 月 18 日，戈申写道："我得拿着翻译家邦达（Benda）翻译的莎翁译文，逐字跟原文和市面上的已有译文进行对比。若看有改动的地方，我就返还给他，邦达同意后就正式进行翻译。这样经过 2 年后，不仅我劳累过度，其他的事都没法干。"④虽然戈申曾希望能够从莎士比亚的新译作上赢利，但他忽略了两个因素，从而导致判断失误，那就是：之前德国已有的阿古斯特·威廉·冯·施莱格尔的莎翁译文其实已经趋于完美，虽然译者威廉·奥拓·邦达有"初生牛犊不怕虎"的精神，但戈申却过高地估计了他的翻译水平。当莎士比亚新译作出版之后，先前版本的译者施莱格尔在给赖默尔的信中不无讽刺地写道："邦达其实不仅是戈申手底下的熟练工人，也是被无名出版社推荐的无名小卒。"最后邦达的译文在莎士比亚

---

　　① 戈申写给小说家舒尔策（Schulz）的信，同上，第 164 页和《戈申出版社的书目：1785—1838 年》，第 3364 页。

　　② 《戈申出版社的书目：1785—1838 年》，第 944—956，975—981 页。——原文注

　　③ 同上，第 943 页。——原文注

　　④ 1826 年 11 月 18 日，戈申写给诗人兼政府官员弗里德里希·豪格（Friedrich Haug）的信，同上，第 4211 页。《乔治·约奇姆·戈申 1752—1828 年》，第 186 页。——原文注

研究领域中完全被忽略了。①

至于第二个项目,虽然戈申有顶尖的制图专家威廉·恩斯特·奥古斯特·冯·施利本(Wilhelm Ernst August von Schlieben)参与项目,但未成熟的新印刷技术依然是"阿喀琉斯之踵":虽然戈申此前在格里马成立了首次采用平板印刷术的印刷厂,但后来发现还需要更多时间用于测试,使用新印刷技术只印出了大约 200 本满足质量的地图集。经过之后的持续印刷,其印刷质量才达到了戈申的预期。②

## "时运不济的创新家"

1822 年,戈申已经确定了出版社的继承人,他要把出版社交给最大的儿子卡尔·弗里德里希·戈申·拜耳(Carl Friedrich Göschen Beyer,1790—1881 年)来接手,而拜耳此前在格里马负责运营印刷厂,也出版了一些流行的文学作品。等拜耳接手出版业务 6 年后,已经 75 岁的戈申不得不再次接管出版社业务。原因是经营不善导致的财政困难十分严重,同时拜耳的健康状况也很不好。之后拜耳就转而负责在德国卢本(Lubben)的印刷厂(其实背后也是拜耳的妻子全权负责印刷厂的业务和产品销售事宜),从此拜耳从主要业务领域中退出。

1828 年的 4 月 5 日,戈申去世了,他被安葬在格里马。两个月后的 6 月 14 日,戈申的 11 家印刷厂和只投入使用 3 年的平板印刷厂都被赖默尔收购成为其旗下的机构,5 年后赖默尔出版社购买了

---

① 施莱格尔语录。《乔治·约奇姆·戈申 1752—1828 年》,第 185—188 页。——原文注

② 同上,9.2 章节。关于更早的继承事宜见 9.1 章节。——原文注

戈申出版社的明星产品《格里马周刊》。

　　而如今的格里马博物馆（Goschenhaus Grimma Hohnstadt）还保留着戈申的墓碑。圈内的朋友则如此评价戈申的一生："戈申是个时运不济的创新家。"而对被债务缠身的戈申大儿子拜耳来说，这句话也似乎成了他的墓志铭。但在戈申的孙子赫尔曼·朱利叶斯·戈申（Hermann Julius Göschen，1803—1846 年）的管理下[①]，出版社则表现更好些。

　　至于戈申的孙子赫尔曼，他之前在德累斯顿的阿诺迪斯书店（Arnoldische Buchhandlung）和父亲的出版社学习管理。后来他与出版圈的约翰·克里斯托夫·斯塔德勒（Johann Christoph Stadler）计划一起把戈申出版社转型：把小说出版数量大幅度降低，并着手准备转型成为技术类出版社。然而，改革并不成功，反而让曾经引以为豪的印刷质量如今大幅度降低，盈利额进一步下降。

　　但为了继续吸引新作者，赫尔曼在 1832 年把出版社重新搬到了莱比锡，然而还是无力回天。6 年后，曾经鼎鼎大名的戈申出版社宣告破产了，随后被匿名买家以 21610 泰勒的价格购得。虽然表面上是莱比锡书商路德维格·赫尔曼·博森伯格（Ludwig Hermann Bosenberg）买下的，但背后的推手则是宿敌——考特书店。由此，歌德、席勒、克洛普斯托克、戈特霍尔德·埃夫拉伊姆·莱辛（Gotthold Ephraim Lessing）和克里斯多夫·马丁·维兰德的版权均被考特书店收入囊中。

　　此时考特书店的掌门人为乔治·冯·考特（George von Cotta）和路易斯·罗斯（Louis Roth）。此次交易后，考特书店在莱比锡的中介商博森伯格被安排成为戈申出版社主任。而此前戈申

---

　　① 同上，9.3 章节。——原文注

出版社的签约作家们都十分震惊这个突如其来的交易和此后出版政策的改变。[①]

## 作为考特出版社的附属

在之后的 30 年,属于考特出版帝国的戈申出版社,依然由莱比锡的博森伯格经营着。而这期间,为了继续履行合约并保持与作者的关系,1839 年,维兰德的《作品合集》出版了 36 卷。紧接着,书店掌门人之一的罗斯还购买了戈申原来的签约作家莱辛的版权,由德国语言学家卡尔·拉赫曼(Karl Lachmann)编辑后,1838 年和 1840 年期间共出版了 13 卷《莱辛文集》。1843 年,罗斯终于完全接管了戈申出版社。[②] 一年后,伊夫兰德的《戏剧作品选集》出版了 10 卷的口袋书版本,同年图米尔的作品集也出版了 8 卷。紧接着克洛普斯托克的《作品合集》也在 1845 年出版了豪华版,同期上市的还有 10 卷的口袋书版本。

同时,为了迎合当时德国市场对中世纪图书的兴趣,一些历史图书的新版也终于面世了,包括《德国中世纪写作》,其内容为 14 世纪左右时期的神秘主义文学(此类作品大约在 1340 年涌现),还有收录作品丰富的《德国中世纪诗歌》,此书收录了高地德语叙事诗《尼伯龙根之歌》和 12 世纪歌剧《特里斯坦与伊索尔德》,以及德语瑞士寓言作家乌尔里奇·伯纳(Ulrich Boner)的《宝石》。值得注意的是,这些新作品的出版还得严格避免戈申出版社与母公司

---

① 博森伯格给考特书店的罗斯汇报,《德古意特出版社档案汇编》。——原文注
② 《乔治·约奇姆·戈申 1752—1828 年》,第 347,350 页。1828 年起的出版书目见以下图书:《戈申出版社在莱比锡的目录》(记载至 1845 年年底),莱比锡,1859 年。同上,斯图尔特,1881 年。《戈申出版社在斯图尔特的书目,1785—1893》,斯图尔特,1893 年。《戈申出版社在莱比锡的书目》,莱比锡,1902 年。——原文注

的产品产生竞争关系。

此时，原先戈申出版社签约作家的知名度也在逐渐扩大，所以在 1853 年，包含莱辛、维兰德、克洛普斯托克和图米尔作品的合集《德国流行文学经典大全》出版了。而此书的大众版本则取得了巨大成功。这又鼓励了罗斯上马了新图书项目《德国大众图书馆》，伊夫兰德、霍瓦尔德（Houwald）的作品也收录在此系列，最后一本作品集则收录了知名度较低的作家。

当书店的主要创始人考特在 1863 年去世后，此时戈申出版社的估值只占整个考特出版帝国的 7％（即 133654 盾），而考特出版帝国的总估值为 1838588 盾（其中考特书店的价值占了大部分，为 1486237 盾）。可以说，戈申出版社比考特书店价值的 10％ 还低。

一直以来，由于考特和罗斯把主要精力用来发展传统的旗舰出版社，即考特书店的业务上，导致所购买的其他出版社的业务发展长期被安排在次要位置。所以在 1868 年，当考特出版帝国发现自己也陷入了经济问题后，戈申出版社的歌德和席勒的出版权干脆就被转移走，其他拉丁语和希腊经典作品也不再继续出版。只有克洛普斯托克、莱辛、维兰德、伊夫兰、图米尔的作品得以继续再版。而这就是戈申出版社从 1838 年至 1868 年的简短历史。[1]

考特书店衰落的原因，也跟购买戈申出版社的考特书店出版业务形成垄断有关。因为几乎所有的德国古典作家的版权全都在考特书店手里了，连考特自己也曾说过："由于这方面的资源实在太多，反而让人觉得除了古典作家就没其他新作家了，而且书店也确实在坐吃山空。"[2]

1867 年，一成不变的出版权力垄断最终迎来改变：按照新规

---

① 《乔治·约奇姆·戈申 1752—1828 年》，第 352 页。——原文注
② 同上，第 220 页。——原文注

定,1837 年 11 月 9 日之前去世的作者作品都不会再受版权保护,因此之前跟作者签署的永久版权合同也成了废纸。考特书店与戈申出版社的地位随之下降。此时不仅竞争对手在虎视眈眈,连考特自身的隐患都一下子凸显出来:早先图书中的拼写错误和乏味的装帧设计,使考特此时无法应对突如其来的激烈市场竞争。[①]

不仅如此,1868 年,审计员还发现了考特书店账目上不同寻常的地方,由此揭露了作为创始人之一的罗斯参与的记账丑闻,导致同年的 7 月 1 日罗斯决定撤出业务并退休。而为了弥补所造成的损失,他不得不处理掉 3 个亏损的出版社。当年,罗斯就代表已经去世的考特,把戈申出版社卖给了前助理费迪南德·威伯特(Ferdinand Weibert,1841—1926 年)。而此时跟 5 年前戈申出版社并入考特出版帝国时 13.36 万盾的价值相比,戈申出版社的价值缩水到不足 6 万盾。

鉴于新买家威伯特也无法马上凑够足够的现金,于是 11 月 14 日,罗斯改变做法,即购买了考特出版社的一半股票后并与威伯特达成合约:双方将会各自得到 10% 的收益,但当出版社赢利时威伯特就需要买断罗斯的全部股票。后来证明,威伯特的出版社业务管理水平不错,他不仅成功地挽救了戈申出版社,还在 2 年后成了合伙人,并于 1873 年 6 月 30 日按规定从罗斯手里购买了全部股票。[②]

## 当代经典

费迪南德·威伯特早在 1855 年,就以学徒身份进入了戈申出

---

① 同上,10.2 章节。——原文注
② 同上,10.5 章节。——原文注

版社。1869 年,威伯特出版了 6 卷本的《克洛普斯托克文集》,接着 1870 年出版了《颂歌》。同样在 1869 年,他又再版了维兰德的《奥伯隆》[①],而此书的插图是 20 张大篇幅的木刻画,并由中国制造的纸印刷,还有 22 张更小的插图。威伯特成为戈申出版社的新掌门人后,就把出版社办公室搬到了斯图加特,因为很多签约作者都住在这里。

值得一提的是,由于威伯特自身也是有一定名望的斯瓦比亚方言诗人[②],因此能够顺理成章地与更多的当代经典名家进行出版合作[③]。而与他合作的第一个作家就是诗人费迪南德·弗雷里格拉斯(Ferdinand Freiligrath),弗雷里格拉斯此前也是考特出版社的签约作家。1870 年,弗雷里格拉斯的《可怜的欧米娜》[④]的 6 卷本出版后,销售量还不错,但第 2 版的销售却很不理想,导致威伯特和作者的友谊蒙上了短暂的阴影,弗雷里格拉斯因此还怀疑威伯特不信守承诺。直到弗雷里格拉斯在 1876 年去世后,他的作品才开始畅销起来。[⑤]

"革命诗人"乔治·赫尔韦赫(Georg Herwegh)的作品也吸引着威伯特。赫尔韦赫的《生者之诗》在 1841 年由威伯特出版后,立

---

① 根据法国中世纪史诗"Huon of Bordeaux"改编而成。——译者注

② Swabian,高地德语中的阿勒曼尼语方言,通行于德国西南部等。——译者注

③ 威伯特自己是以笔名威廉·斯坦(Wilhelm Stein)和莱茵菲尔斯(Rheinfels)发表诗歌的,德尔特夫·赫菲尔(Deltev Hellfaier)主编的《利柏县的历史与研究》,1980 年,第 194—218 页。(译者注:该期刊为 1903 年创立的学术期刊,至今仍在出版。)而戈申出版社晚期的情况见海因里希·克伦茨(Heinrich Klenz)所著的《戈申出版社历史》,此文原为出版社成立 125 周年之际写成,而克伦茨本人也搜集了很多戈申出版社的资料,见《德古意特出版社档案汇编》,第 512 页。——原文注

④ "Onnia"在拉丁语中为"所有"的意思。——译者注

⑤ 同上,第 202—218 页。同时威伯特写给作者弗雷里格拉斯的信之副本被保留下来,《德古意特出版社档案汇编》。另外,弗雷里格拉斯写给威伯特的 106 封信,本来在 1910 年还保存在德古意特出版社的档案里,如今这些资料却不见踪影。——原文注

马声名远播。此后威伯特在这个诗作出版 30 年后又再次出版了这部"革命诗人"的扬名之作。可惜那时诗人的名声已经大不如前,销量远没达到预期。①

1871 年,威伯特又购买了牧师兼诗人的爱德华·莫里克(Eduard Morike)的作品版权,因为莫里克也是他的崇拜对象。而他希望等到莫里克完成第 2 版的小说《画家诺尔顿》后(第 1 版早就绝版了),就马上出版他的作品集。然而,莫里克的写作进度严重消磨着威伯特的耐心。直到 1874 年,作家才宣布新版即将完成,但次年莫里克竟然去世了,导致威伯特手里只有小说第 2 版的第一卷。第 2 版的第二卷由朱利叶斯·克莱伯(Julius Klaiber)根据作者留下的笔记做成附录出版了。终于,在首版出版 45 年后,第 2 版《画家诺尔顿》终于在 1877 年再次出版面世了。果然,莫里克依旧宝刀不老,很受读者欢迎,直到 1905 年,威伯特还出版了第 22 版(其中的第 15 版由戈申出版社出版)。②

1871 年 8 月 2 日,威伯特给瑞士诗人戈特弗里德·凯勒(Gottfried Keller)写信,表达合作的想法。与此同时,凯勒也在考虑放弃在苏黎世做了 14 年的书记员工作,专心成为一个职业作家。后来的发展证明,威伯特的来信是凯勒的事业转折点。但不巧的是,凯勒此前已承诺把《塞尔德维拉的人民》的第二册授权给维威格出版社(Vieweg Verlag)③,但凯勒表示此前的作品可授权给威伯特出版。为此他还回信道:"您的出版社如此声名远扬,假

---

① 乔治·赫尔韦赫所著的《诗人的一生》的第一册于 1841 年出版,2 年后第二册出版。参见《德古意特出版社档案汇编》。——原文注

② 《从手稿等资料看德古意特出版社的历史:出版社架构和德古意特本人的一生》,柏林,1929 年,第 31 页,1978 年重印。威伯特与莫里克之间的通信见马巴赫德国文学档案博物馆之席勒纪念分馆(Schiller Nationalmuseum und Deutsches Literaturarchiv in Marbach)的收藏和《德古意特出版社档案汇编》。——原文注

③ 德国出版商弗雷德里希·维威格成立。——译者注

如我的旧作由您出版，我将会无比荣幸。"①几周后，威伯特收到了凯勒的手稿。1872 年，这本名字听上去十分怪异的《七大传奇》就这样出版了。

出人意料的是，该书出版后顿时"洛阳纸贵"，三个月后就再版。这本书成了戈申出版社在 19 世纪所出版的文学作品中最受欢迎的一部。凯勒也因此实现了成为职业作家的愿望。

自此之后，因维威格出版社不能满足凯勒的版税要求，凯勒就转而与威伯特进行全面合作了。在 1873 年和 1874 年，4 卷本的《塞尔德维拉的人民》出版了，1856 年之前出版的部分作品也由戈申出版社出版发行，1877 年还出版了《苏黎世中篇小说》。②

此外，威伯特还努力争取获得凯勒的小说《格林·亨利》的版权（首版在 1854—1855 年由维威格出版社出版）。拖延了许久的修订版完成后，有 7 家出版社争相表示要与凯勒签约，但作者最终还是选择与威伯特签订了出版合约。

1879—1890 年，《格林·亨利》的 4 卷本新书出版，销量很大，但双方的合作关系却在 3 年后中止了，原因似乎是个谜。起因或许是威伯特对凯勒的新书《讽刺诗》不感兴趣，导致诗人很不高兴。在 1882 年年初，以"难以打交道"闻名的凯勒都感到："威伯特先生没有故意粗鲁的言辞，但他可真是变幻无常啊。"③不久凯勒就跟作家兼出版商威廉·赫兹（Wilhelm Hertz）签订了出版合同。

---

① 凯勒给威伯特的信，见卡尔·海里宾（Carl Heilbling）所著的《戈特弗里德·凯勒：收集的通信》，伯尔尼，1953 年，第 223—318 页。而凯勒跟戈申出版社的关系见《威廉·赫兹的出版社：1900 年代的文学媒介之历史记录，由赫兹提供资料，海泽负责编写的出版史》，1981 年，第 1253—1590 页。——原文注

② 贝恩德·布莱特布鲁赫（Bernd Breitenbruch）所著的《戈特弗里德·凯勒》，赖恩拜可（Reinbek），1968 年。——原文注

③ 1882 年 1 月 20 日，凯勒写给弗里德里希·特奥里多尔·费肖尔（Friedrich Theodor Vischer）的信，同上，第 397,149 页。——原文注

1885 年,威伯特干脆也把凯勒的作品版权以 25000 马克的价格卖给了柏林出版商,原因更是莫名其妙。目前只能猜测,可能是威伯特对出版的兴趣已经消失了。而德国诗人费迪南德·弗里利格拉思的妻子艾达·弗里利格拉思,也给凯勒写信说明过:"威伯特有着斯瓦比亚式的敏感,(不管外人如何看)他可不做乏味(crashing bore)的事。"[①]

19 世纪 60 和 70 年代,此前戈申的签约作家莱辛,再次成为戈申出版业务的关键。当出版发行了无数个单册作品后,莱辛全集的首卷终于出版面世了。该系列由语言学家卡尔·拉赫曼主编,文史学家弗朗兹·蒙克克(Franz Muncker)负责修订。到了 1900年,总共有 15 卷出版。[②]

此后不久,戈申出版社的掌门人又换了。因为威伯特于 1889年 2 月 1 日把出版社卖给了阿道夫·耐斯特(Adolf Nast),同年威伯特也正式从整个出版业金盆洗手。阿道夫·耐斯特就把出版社搬到了巴西的阿雷格里港地区(Porte Alegre),由此戈申出版社又步入了新的发展轨道。

## 进军流行科学领域

阿道夫·耐斯特是雅典出版商的儿子,在接手戈申出版社前,

---

① 1885 年 8 月 27 日,费迪南德·弗雷里格拉斯写给凯勒的信,同上,第 369 页。戈申出版社与威廉·赫兹。同时,没有信件证明卢德克的说法,即作者威廉·赫兹单方面出于手稿的原因而与出版社断绝合作。——原文注

② 至于德古意特为何接手购买戈申出版社,威伯特认为是由于其拥有的莱辛作品版权起了重要作用。——原文注

图 20    1838 年版《莱辛文集》

他是斯图加特的梅茨勒出版社(Metzler Verlag)①的掌门人。早在
1887 年,他就计划开展"大众普及教育图书馆系列"图书项目,而创
意则来自其助手恩斯特·瓦宾林格(Ernst Waiblinger)。后者曾写
道:"该系列会有 40 册书,每册有大约 15 至 20 张页,而每本价格计
划不超过 40 芬尼,可能的话要印刷 1 万至 2 万册。同时,每册都能
单独涉及大众关注的教育等主题内容,应该能尽可能覆盖众多人
群。"②2 年后,"戈申图书馆系列"终于出版了,首本图书是德语教
科书的经典。到了最后,该系列成了最受欢迎的科学与技术领域

---

① 1879 年,耐斯特接管了梅茨勒出版社的零售生意,1882 年又接管了其出版业
务。莱茵哈德·魏特曼:《梅茨勒出版社的 300 年历史》,斯图尔特,1982 年,第 556 页。
(译者注:出版社是成立于 1682 年,至今还存在的自然科学出版社。)——原文注
② 见恩斯特·瓦实林格(Ernst Waiblinger):《成立公共图书馆的计划》,1887
年。——原文注

的简要普及读物,也成了戈申出版社的赢利支柱。

1890 年后,耐斯特还把"德国里程碑作品系列"(*Deutsche Litteraturdenkmale*)加入了图书馆系列之中,虽然时间很短。在 1893 年,他还购买了约瑟夫·康尔施纳(Joseph Kurschner)的《德国文学日志》。文学指南在 1928 年之前是每年出一版,后来中断很多年,才被戈申出版社接手继续出版。[①]

## "每本都是五脏俱全的原创作品"
### ——"戈申图书馆系列"的成功

1887 年春季,恩斯特·瓦宾林格(Ernst Waiblinger)公布了"大众普及图书馆系列",计划把从美学到育儿的主题都包含在最初的 40 册图书里。虽然后来初始计划被证明太保守了,但依旧构成了此后的发展规划蓝图。

当时设想的系列特点为:表面是学术化但要通俗易懂,能覆盖不同领域的知识并有亲民的价格。在大量的推广宣传下,预期能通过多版本的大批量销售来获得利润。

但直到 1889 年,第一册才出版,标题还是克洛普斯托克的《颂歌》,也不是大众科学主题(考虑到戈申出版社的传统,希望让大众先接受自己的文学作品也不奇怪)。紧随其后的是莱辛的作品,直到第十册还是《尼伯龙根之歌》和《库德论》[②]。但从这以后,副标题就变成了"各主题之学校版本",系列图书终于开始扩展到了天文、教育、地理、哲学和历史主题。每册的价格是 80 芬尼。

---

① 《德国文学日历》直到 1988 年德古意特出版社开始接手出版,作为出版社的《库什尼尔学者日历》之补充,后者自 1925 年开始出版。——原文注
② 中古高地德语史诗。——译者注

市场上对该系列的反响热烈,尤其是新入学的学生们有很大需求。至此,原来还在经典文学影子下徘徊的系列,这次彻底变成了各领域的简要(compendium)丛书。虽然销量不错,但也偏离了瓦宾林格最初制定的大众图书的出版方向,反而像是在扩展学术图书的市场。

而对参与撰稿的作家们来说,这也是介绍自己和所涉猎研究主题的绝佳机会。后来,参与撰稿的某作家还写信提议该系列所需坚持的准则:"任何矫揉造作的词、怪癖、妄自菲薄、粗俗、过分夸张、多余的外国词都要避免出现。"该准则同时还提醒着作者,该系列需要不断更新写作形式。

由于系列图书的迅速成功,1910 年的秋季,第 500 种主题图书就面世了,即德国哲学家乔治·齐美尔的《哲学的主要问题》。连该著作的周年纪念品也成了畅销书,直到今天仍然还在出版。

1912 年,与戈申出版社合作时,德古意特出版社保证旗下的 3 家出版社不会对"戈申图书馆系列"造成任何竞争。1919 年,随着"出版人联合会"的成立,该系列也迎来了更多的作者。到了 1931 年,终于迎来了第 1000 种图书的出版,即德国哲学家、精神病学卡尔·雅斯贝尔斯(Karl Jasper)的《这个时代的人》。但其实第 1001 种的书更经典,即德国共产党人汉斯·莫德罗(Hans Freund)的《机器劳动时间成本核算》。这本书虽然覆盖的内容不多,但却代表着"戈申图书馆系列"逐渐明确的发展趋势:自然和工程科学之间的日益明显的分道扬镳。

1930 年左右,该系列图书一共卖出了超过 15 万册。1945 年二战结束后,随着出版社书目的扩大,该系列图书又再次复兴,迄今为止一些重要的图书仍能在市场上看到。

安德鲁·特威(Andreas Terwey)

# 从经典到科学

1896 年 1 月 1 日,戈申出版社又易主了,这次的买家则是威廉·冯·科瑞恩(Wilhelm von Crayen)。科瑞恩把出版社又搬回到了莱比锡。在科瑞恩的时代,"戈申图书馆系列"又增添了两个数学领域的分支:"舒伯特图书馆"(*Sammlung Schubert*,1899 年)和"戈申学习教材"(*Göschens Lehrbuchereri*)。这标志着原来的戈申出版社,此时彻底地成了一家纯粹的科学出版社。

1903 年,发生了一件让出版业矛盾白热化的事件:受"学术保护协会"(Academic Protection Association)的委托,经济学家卡尔·布赫(Karl Bücher)编写了《德国图书贸易与科学》备忘录,"布赫争论"(Bücher Dispute)就此发生。

布赫则在备忘录中描述了当今出版业存在的令人惋惜的现象,包括了出版垄断与待遇不平等等问题,他声称:"这种打压作者的行为,和对智力劳动的轻蔑简直让人无法容忍。""戈申图书馆系列"图书的作者所签订的协议,被他当成了待遇不公的例子。虽然文中没有指名道姓,但一望便知所批判的出版社是哪家。[①] 与此同时,如同打了鸡血一样的公共舆论,也齐声指控戈申出版社打压作者,并经常傲慢地大幅度修改作者的手稿。甚至斯特拉斯堡的德国出版商会(German Chamber of Publishers)会员卡尔·特纳(Karl Turbner)也出面支持和维护布赫的观点[②]。

---

① 关于戈申出版社,见卡尔·布赫所著的《德国出版业与德国学术界的博弈:学术保护协会、德国书店与自然科学发展》,莱比锡,1903 年,第 155—160 页。——原文注

② 卡尔·布赫所著的《出版业与学术界的博弈:主席古斯特夫·费希尔博士所主笔,关于"德国出版社商会"的自我辩护和目前与本机构合作的备忘录》,耶拿,1903 年,第 80 页。——原文注

此后随着戈申出版社从 1901 年开始修改与作者签订的出版合同条款,布赫的批判也开始缓和下来。尽管在 1905 年①,戈申出版社为了争取与马克斯·韦伯(Max Weber)的出版合作,为自己的行为进行了辩护,但总体看来,此次争论的结果对出版社的损害很小。最后,戈申出版社的合同还是偏向维护出版社的利益,布赫也承认:"为了尽可能地向更多人传播科学知识,以便达到更长远的社会目标,图书项目必须得继续下去。"②

1911 年,由于严重债务负担,刚刚购买了戈申出版社不到 10 年的科瑞恩,也开始寻找金主的支持。最终在 1912 年 1 月 1 日,戈申出版社转换成了德古意特入股的有限责任公司,由科瑞恩和德古意特共同负责经营。而依据此前四年的经营账目,戈申的股本定价被设定成了 65 万马克,其中科瑞恩占 32 万马克,德古意特占 33 万马克。之后,为了不让后者有二心,科瑞恩还把自己的 7 万马克股票又转给了德古意特,后者则保证,"等科瑞恩先生的财务状况稳定后,就会把这笔钱再给他转回去"③。戈申出版社再一次变动地址,办公室搬到了柏林,与德古意特购买的 3 家出版社一起办公。④ 遵照协议规定(articles of association)⑤,戈申出版社的日常的经营工作仍由科瑞恩负责。

---

① 与马克思·韦伯的通信。见《德古意特出版社档案汇编》。——原文注
② 对戈申出版社修订与作者的合同之评价,卡尔·布赫所著的《德国出版业与德国学术界的博弈:学术保护协会、德国书店与自然科学发展》,第三版,莱比锡,1904 年,第 171—177 页。——原文注
③ 1912 年 1 月 2 日,科瑞恩与德古意特签订了转让协议,后者以 7 万马克的价格购买了戈申出版社。而带签字的协议,与双方的通信都被收录在《德古意特出版社档案汇编》。——原文注
④ 除了前文介绍过的赖默尔出版社外,还有后续介绍的古腾塔格出版社和卡尔·特鲁布纳出版社。——译者注
⑤ 简称 AOA,公司内部规定主任等责任,设定运营范围和股东施加董事会影响条例的文件。——译者注

当德古意特购买的出版社达到了 5 家后,1918 年起,德古意特就计划整合旗下的出版社业务。虽然科瑞恩对此持怀疑态度,并担心"图书流水线"缺乏独特性和出版社业务整合后所面对的管理问题,都会让他失去熟悉的工作和生活环境,但最终科瑞恩还是被德古意特说服了。1919 年 1 月 1 日,戈申出版社并入了"德古意特科学出版人联盟"①。

---

① 同上,德古意特所写的《6 月 19 日、25 日和 26 日,我与科瑞恩讨论所计划的市场营销事宜》("Meine Unterredungen mit Herrn von Crayen vom 19. und 25. und 26. Juni über den geplanten Gemeinschaftsvertrieb")之副本,柏林,1918 年。同年 11 月 14 日,德古意特写给出版商奥托·冯·哈勒姆(Otto von Halem)的信之副本。两个复本都收录在"成立出版社联盟的周报"和"周一"的资料版块。——原文注

# 第三章　独树一帜的维特出版社

　　1858 年,《解剖、生理学和科学医药档案》的编辑在维特出版社创始人退休之时如此赞扬道:"我们都耳熟能详您对出版社的态度:社会荣耀大于销售数字。"①的确,莫里茨·维特(Moritz Veit)十分幸运地不需要为图书销量而伤脑筋,因为他的个人资产足能够保证可挑选自己所感兴趣的图书出版。该出版社不仅是"德国图书贸易协会"(注:见第一章介绍)的早期成员,维特自己还经常参与政治事务以及柏林犹太社区的管理事务。

---

　　① 1858 年 12 月 13 日,发展"电生理学"的物理学家埃米尔·杜波依思·雷蒙德写给维特的未公开信件,收藏于柏林国家图书馆(Staatsbibliothek zu Berlin-Pk)的"手稿收藏部"(Handschriftenabteilung),13 档案盒,47 文件夹,第 7—8 页。——原文注

图 21　莫里茨·维特油画像

# 初出茅庐的出版商

维特于 1808 年 9 月 12 日出生在柏林①,他父亲通过经商获得了惊人的财富,从 1730 年起他们家就已经在普鲁士的首都居住了,是当时的第一个犹太人。维特孩童时期在马尔格拉夫私立学校(Marggraff Private School)读书,此后就读于希姆斯塔尔中学(Joachimsthal Gymnasium)②,最后进入柏林大学。1825 年至 1829 年,他师从弗里德里希·冯·拉莫(Friedrich von Raumer)学习历史,而地理学的导师为卡尔·李特尔,哲学的导师是奥古斯特·博克。在学生时代,维特还成了格奥尔格·威廉·弗里德里希·黑格尔(Georg Wilhelm Friedrich Hegel)的终身信徒,黑格尔的理论和人格深深吸引了他③。

自 1829 年起,维特成了自由作者和新闻记者,供稿的报纸有《柏林聆听者》《良友》《普鲁士大众政府报》《奥格斯堡大众报》和《莱比锡大众报》。

1830 年至 1831 年,他首次投身出版业,自己掏钱出版了《柏林

① 威廉·韦伦普芬尼希的《莫里茨·维特回忆录》,柏林,1864 年。路德维格·盖革(Ludwig Geiger)的《见证友谊的手稿》,莱比锡,1895 年,第 535—546 页。《书籍和图书馆年鉴》收录的艾瑞克·林德纳(Erik Lindner)所写的文章《在彼德迈与巴洛克风格之间的莫里茨·维特:战斗的出版人,德国犹太政治家和应景诗的诗人》("Zwischen biedermeier und Barock, Moritz Veit, ein engagierter Verleger, deutsch jüdischer Politiker und Gelegenheitsdichter")(译者注:Gelegenheitsdichtung 为应景诗,英文:occasional poetry)。而至于维特其他未发表的文件收藏于以色列的耶路撒冷犹太人中央档案馆(Centural Archives for the History of the Jewish people in Jerusalem)和临近法兰克福的奥施斯特拉(Außenstelle Frankfurt)的德国联邦档案馆(Bundesarchive)。——原文注
② "Joachimsthal Gymnasium",1607 年成立,专招天才学生。——译者注
③ 在 1827 年和 1828 年,在黑格尔出生日时,维特还写了两首诗送给他。收藏于柏林国家图书馆的"手稿收藏部",文件夹:"黑格尔的资产",5—8 档案盒。——原文注

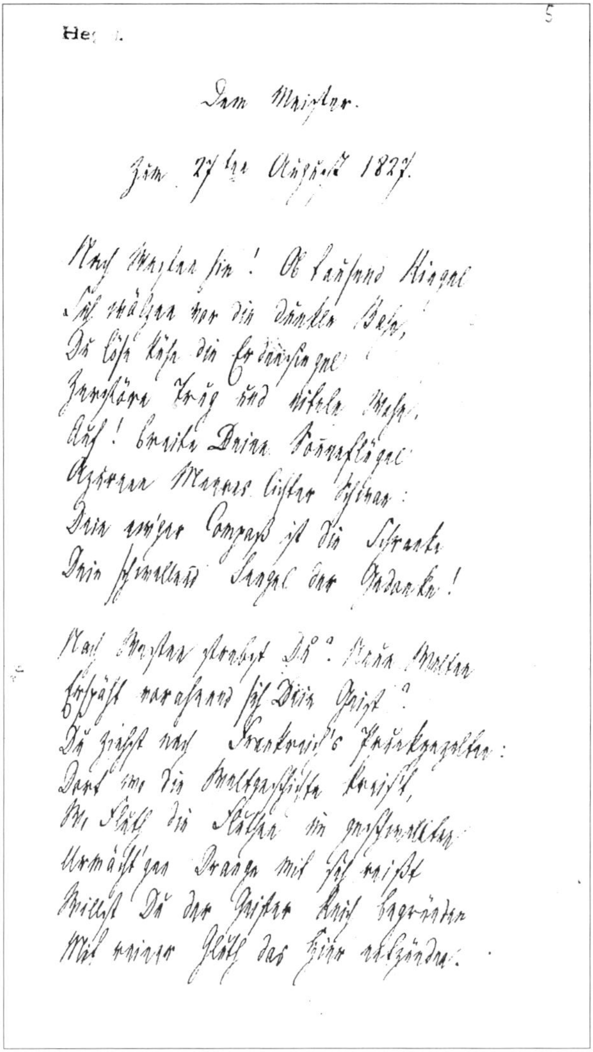
5

Dem Meister.

Zum 27ten August 1827.

图 22　莫里茨·维特在黑格尔生日上写的诗,1827 年 8 月 27 日

缪斯年鉴》(以作者的身份在上面刊登了大部分自己撰写的文章。维特比较有名的文章是配合波兰国家自由运动的《波兰之歌》

（1832 年）<sup>①</sup>。同时他还写了《科林斯湾的毁灭》(并未出版)。

至于维特写的诗歌,历史学家路德维格·盖格曾评论道,维特的诗歌能让人联想起海涅(Heine)的风格:"他并非在诗歌上一无所成,只不过诗体有些奇怪。"值得一提的是,海涅曾拒绝了维特《柏林缪斯年鉴》的约稿,因为他的《旅行速写》从前者的编辑那里得到了差评。总而言之,虽然有出版家戈申、诗人阿德贝尔特·冯·查米索(Adelbert von Chamisso)和作家莫特·福凯(Motte Fouque)的大名做支撑,但维特首次尝试的出版物《柏林缪斯年鉴》,在出版两期后就停刊了。

1833 年,为了给学业画上圆满句号,他以法国哲学家克劳德·昂列·圣西门(Claude Henri de Saint-Simon)为主题做研究,提交了耶拿大学(University of Jena)的毕业论文,论文不久在莱比锡出版。<sup>②</sup> 然而,他进入高校的愿望依旧落空,因为身为犹太人是不被允许担任公职的。所以对维特来讲,剩下的路就只有进入出版业了,这样至少可以拓展他所感兴趣的文学与学术视野。

## 维特出版社的成立

维特开始与同学约瑟夫·莱维(Joseph Levy,1804—1858 年)<sup>③</sup>合伙创业,约瑟夫·莱维此前在新施特雷利茨(Alt Strelitz)的犹太学校担任负责人。1833 年 11 月 18 日他们获得了相关执

---

① 莫里茨·维特:《波兰之歌:牺牲,切尔克希亚人之歌》(译者注:Tscherkessen,英文:Circassians,切尔克希亚人,其国家之前位于俄罗斯北高加索。当 1763 年至 1864 年与俄国的战争失败后,当地人被流放异地),汉堡,1832 年。——原文注

② 维特所写的论文为《圣西门和圣西门主义:联盟和国家持久和平》("Saint Simon und der Saintsimonismus. Allgemeiner Völkerbund und ewiger Friede")(英文:"Saint Simon and Sint Simonianism. General League of Nations and Eternal Peace"),1834 年。

③ 1839 年后改名叫莱菲尔特(1804—1858 年)。——原文注

照,一个月后就以 22000 泰勒的价格购买了博伊克谢什出版社
(Boikesche Verlagsbuchhandlung),并改名为维特出版社,并在
1834 年 1 月 1 日正式开张。

博伊克谢什出版社早在 1820 年左右成立,截至今天一些业务
早就被卖给了卡尔·弗里德里希·柯奈赫(Carl Friedrich
Knecht)[1],所以目前仅剩下两个重要作品的版权留了下来,即《柏
林黄页》和《医学大百科》,后者则是由柏林医学院的退休专家卡
尔·费迪南德·冯·格雷夫与克里斯托弗·威廉·哈弗兰共同编
辑的。

出人意料的是,在两人的经营下,改名后的维特出版社在短短
的 10 年内就赢来了"与时俱进的科学出版社"的称号。在 1838 年,
维特出版社还购买了著名生理学家约翰·穆勒(Johannes Muller)
编著的《解剖、生理学和科学医学档案》的版权,10 年后总共出版了
37 卷,并逐渐成为行业研究的领军图书。而其他里程碑的作品还
有约瑟夫·弗里德里希·索伯恩海姆(Joseph Friedrich
Sobernheim)所著的《医学实践》(5 册,1838—1839 年),威廉·德
弗(Wilhelm Dove)与路德维格·莫泽(Ludwig Moser)编著的《物
理新编手册》(8 册,1837—1849 年)[2]。

从 1844 年至 1848 年期间,耶拿的历史学家威廉·阿道夫·施
密特(Wilhelm Adolf Schmidt)也为维特出版社主编了《历史科学》

① 柯奈赫(1838—1903 年)是药剂师,以收藏品种众多的植物为名。——译者注。
② 《1834 年至 1890 年的维特出版社书目》,莱比锡,1891 年。和《20 世纪的维特
出版社之书目》。《1834 年至 1890 年出版社书目的附加信息》,莱比锡,1912 年,以及
《维特出版社的文学报告》,莱比锡,1914 年。而维特出版社的医学书目见曼弗雷德·司
徒贝赫(Manfred Stürzbecher)所写的"柏林引人注目的医学出版社"一节("Medizinische
Verlage mit besonderer Berücksichtigung Berlins"),刊登在莫妮卡·艾斯特曼和麦克·
诺奇所著的《从戈申到罗沃尔特:德国出版史的文章合集——纪念汉斯·萨考斯基 65
周年生日》,威斯巴登,1990 年,第 140—149 页。——原文注

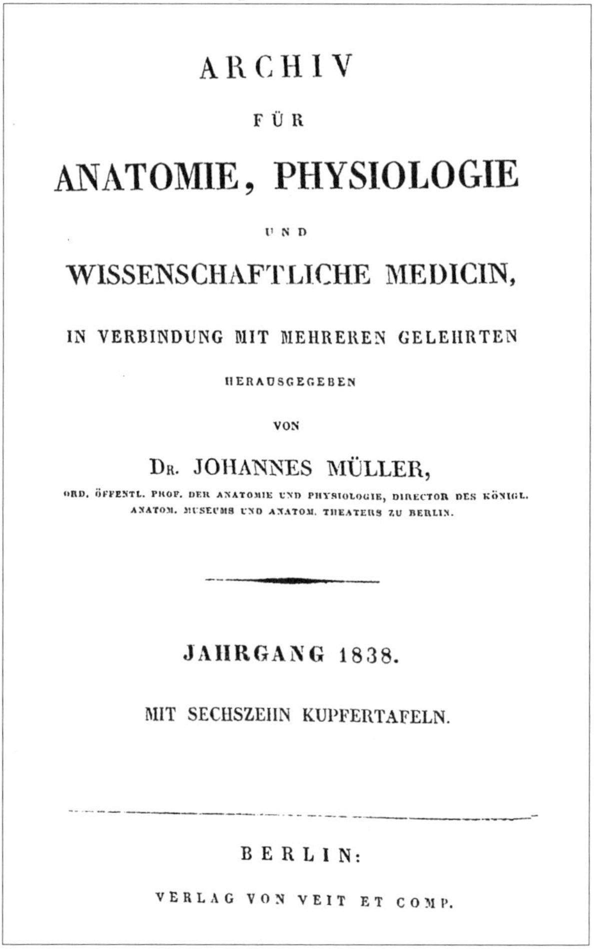

ARCHIV

FÜR

ANATOMIE, PHYSIOLOGIE

UND

WISSENSCHAFTLICHE MEDICIN,

IN VERBINDUNG MIT MEHREREN GELEHRTEN

HERAUSGEGEBEN

VON

DR. JOHANNES MÜLLER,

ORD. ÖFFENTL. PROF. DER ANATOMIE UND PHYSIOLOGIE, DIRECTOR DES KÖNIGL.
ANATOM. MUSEUMS UND ANATOM. THEATERS ZU BERLIN.

JAHRGANG 1838.

MIT SECHSZEHN KUPFERTAFELN.

BERLIN:

VERLAG VON VEIT ET COMP.

图 23 《解剖、生理学和科学医学档案》

杂志①。之后,古典研究学者奥古斯特・博克、格林兄弟,历史学家
利奥波德・冯・兰克和乔治・海因里希・佩兹也成了该期刊的编
辑,为该杂志发展成为经典权威的刊物起到了重要作用。例如,加

---

① 1846 年后其改名叫《历史总览》。——原文注

入编辑部的兰克,为了满足德国大众对国家的发展和普鲁士的崛起历史的兴趣,就推出了 3 卷本的《17 至 18 世纪之勃兰登堡家族的回忆与普鲁士历史》(3 卷,1847—1848 年)。

　　有意思的是,有个作者,即约翰·古斯塔夫·罗森(Johann Gustav Droysen)与维特的政治观念一致。所以顺理成章,罗森所写的 3 卷《普鲁士陆军元帅康特·约克·沃腾堡的人生》(1851—1852 年)就被维特出版社出版了,并再版了多次。但总而言之,与科学主题的图书相比,维特出版社涉猎的历史题材的图书并不多。

图 24　《普鲁士陆军元帅康特·约克·沃腾堡的人生》

　　至于哲学类的书籍,1838 年至 1840 年,戈特弗里德·威廉·莱布尼兹(Gottfried Wilhelm Leibnitz)的《德国写作》,经由戈特沙尔特·爱德华·格劳尔(Gottschalk Eduard Guhrauer)编辑后出版。之后的 1845 年至 1846 年,约翰·戈特利布·费希特的 8 册版《费希特文集》被儿子赫尔曼·以马利·费希特(Hermann Immanuel Fichte)编辑后由维特出版社出版了。值得一提的是:维特本身就是费希特的崇拜者,虽然费希特有反犹主义立场,但维特还是视其为德国思想界先驱。根据德国史学家路德维格·盖革的说法，维特出版这一类哲学图书是不赚钱的，带来的是社会声望。①

在法律出版方面，维特的出版书目就单薄多了：只有普鲁士法理学家弗里德里希·卡尔（Friedrich Karl）的备忘录《罗马法系统》（8 册，1840—1849 年）。

此时，文学类的图书出版已经过了歌德所在的"黄金时期"，在柏林的很多出版商眼里，文学作品就好比"穷亲戚"一样不受待见，但维特还是进军了该出版领域。通过个人关系，海德堡的浪漫派作家阿希姆·冯·阿尔尼姆的 8 册版《作品合集》出版了。1837年，阿尔尼姆的妻子贝蒂娜·冯·阿尔尼姆（Bettine von Arnim）的《歌德与一个孩子的通信集》也由维特出版面世了。《格林童话》的作者雅各布·格林②在评价该通信集时说道："就语言和思想方面来说，没有任何一部作品能与该通信集相比肩。"③

1847 年，维特自己编辑的 4 册版《席勒与科纳的通信集》初版出版面世了，由"毕德麦雅式的诗人"（Biedermeier writer）利奥波德·谢弗（Leopold Schefer）所著。后来，谢弗的诗集《莱·布莱弗瑞》成了维特出版社最畅销的作品。而该诗集的内容就是每年每日的教诲诗，并一直出版到 1884 年，而第 18 版则是由朱利叶斯·伯利亚（Julius Bolia）编辑。谢弗也由此吸引了一大批被称为"寓教于乐"（Edutainment）式的读者，维特也赞扬谢弗为"诗人中的诗

---

① 艾瑞克·林德纳所写的《在彼德迈风格与俾斯麦之间》。
② 雅各布·格林，《格林童话》作者之一。——译者注
③ 德文：Goethes Briefwechsel mit einem Kinde。第一版由沃尔德马·欧赫珂（Waldemar Oehke）编著后在 1835 年的柏林面世，由文献学（philology）的专家费迪南德·杜牧勒尔出版。第二版在 1985 年的法兰克福出版。而维特与贝蒂娜·阿尔尼姆的关系，见艾瑞克·林德纳所写的《在彼德迈风格与俾斯麦之间》。——原文注

图 25　利奥波德·谢弗文集的各种版本

人,开宗立派之人"(Poet of poets, founder of a new religion)。然而在 1845 年,当维特出版了谢弗的 12 册版《作品集》之后,市场却出乎意料地反应冷淡。这严重打击了维特的信心。[①]　之后文学图书出版在维特这里也成了"烫手的山芋",更不巧的是,审查的麻烦也接踵而至。

　　1835 年起至"革命前的日子里"[②],"德意志的年轻人"组织[③]所

---

①　路德维格·盖革的《见证友谊的手稿》,莱比锡,1895 年,第 540 页。——原文注

②　德文:Vormarz,英文:pre-March era,特指神圣罗马帝国解体后,发生在 1848 年的"三月革命"前的时期,这时期"德意志邦联"下的普鲁士和奥地利形成了"警察国家"(police state),并力图让其他德意志邦国仿效其制度来扩大影响,但直到"三月革命"后普鲁士才在各邦国中形成举足轻重的影响,为统一德国打下了基础。——译者注

③　Young Germany,1830—1850 年存在的德国作家组织,主张民主、社会主义和理性主义,具体包括教堂与国家分离,犹太解放运动,提高妇女的政治和社会地位等,被很多国家视为极端势力。——译者注

发表的言论，就一直被"德意志邦联"①打压着。而与维特合作的西奥多·蒙特也在该组织里。所以，蒙特在维特出版社出版的《德国散文的艺术》（1836 年）自然被审查格外"关照"着，其中有几段内容被迫删去。维特刚刚购买的蒙特主编的《狄俄斯库里》期刊②，此时也遭遇了审查的麻烦，导致期刊间隔的出版被延长达数个月。具有讽刺意味的是，此前维特购买这期刊的目的，就是要替代被查封的《佐迪亚库斯文学》。

事已至此，维特就向当局投诉：阐明在审查期间，出版商和印刷厂所遭到的经济损失，但投诉石沉大海。而此时已经十分沮丧的蒙特，决定在普鲁士之外出版发行《狄俄斯库里》，但维特却坚持要独立出版。为此，1837 年 7 月 25 日，蒙特在给传记作者瓦恩哈根·恩瑟（Varnhagen Ense）的信中回忆道："我感觉维特太急于想获得《狄俄斯库里》了，他还想通过自己担任主编的办法，来获取期刊的出版许可，但我不喜欢这样，未经我允许这么做是非法的，而且对他来说也有损失。"此后，维特只好放弃自己的计划，但他禁止与其同名的期刊在其他地方出版。后来蒙特的期刊就采用新的名字《自由港》，并由阿尔托纳（Altona）的出版商约翰·弗里德里希·哈默里奇（Johann Friedrich Hammerich）出版③。

维特还出版了一些以象棋为主题的期刊，例如 1846 年创刊了《德国象棋杂志》。在 1834—1890 年的书目上，这类图书不超过 39 种。

维特的出版业务发展堪称"逆袭"。1834 年 6 月，维特娶了魏

---

① German Confederation，即神圣罗马帝国解体后根据维也纳会议成立的松散组织，普奥战争结束后就被解散。——译者注

② Dioskuren，希腊神话中的斯巴达王后的一对孪生兄弟。——译者注

③ 海因里希·休伯特·洪奔（Heinrich Hubert Houben）：《重见天日的古代禁书》，第一册，不来梅，1928 年，第 449—457 页。——原文注

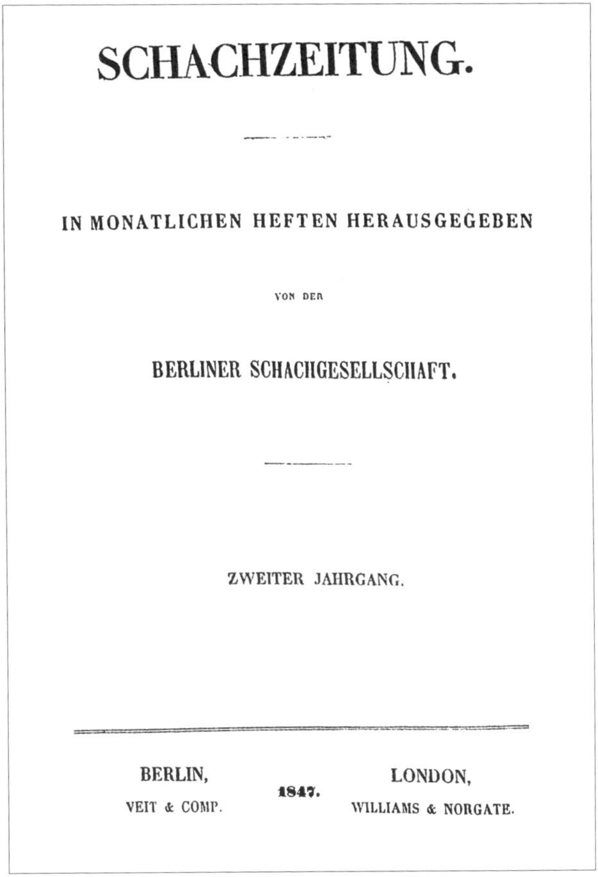
SCHACHZEITUNG.

IN MONATLICHEN HEFTEN HERAUSGEGEBEN

VON DER

BERLINER SCHACHGESELLSCHAFT.

ZWEITER JAHRGANG.

BERLIN, VEIT & COMP.

1847.

LONDON, WILLIAMS & NORGATE.

图 27 《德国象棋杂志》

玛银行家艾尔肯(Elkan)家族的女儿约翰娜(1807—1891 年),连歌德也称约翰娜为"艾尔肯家族的掌上明珠"。通过这层关系,维特结识了歌德。之后新婚夫妇就在莱比锡广场接待各类同事、学者、文学家和政客等。通过 1859 年的《柏林夏洛滕堡指南》中的记载,也可看出维特出版社的规模:其办公室靠近著名的柏林御林广场(Gendarmenmarkt),即猎人大街 25 号(Jägerstraße 25)。

史学家路德维格·盖革做出这样的总结:"维特出版社虽然不算很大,但确实很受尊敬和独特。维特也是勤勉和聪明的生意人,每个作品他都坚持自己认真校对,还能给作者提供有价值的建议,并能跟许多作者成为真心的朋友。"①

然而当影响欧洲未来的一场政治运动来临后,政治就成为维特出版社的主要关注点了。

# 革命期间和应对措施

1846 年起,维特在普鲁士的首都担任市议员,短短 2 年后的 1848 年的 3 月 18 日②,影响整个欧洲局势的革命就发生了。当时的柏林街头都设置了路障并发生了战斗。无从得知维特对革命的态度,只知道当时他正忙着建立委员会,以便改善工人阶级的工作环境。而当时的战争海报还把维特列为"三月沦陷哀悼委员会"(Committee for the Interment of the Fallen of March)成员③。革命后,维特加入了"宪法俱乐部"(Constitutional Club),同年 5 月以 58 票(总投票数为 113 票)当选为首届国民议会,即法兰克福议会的柏林第 6 选举区之代表。

---

① 路德维格·盖革的《见证友谊的手稿》,莱比锡,1895 年,第 541 页。——原文注
② 也称"三月革命",是拿破仑战争导致神圣罗马帝国解体后,在 1848 年 3 月起源于法国巴黎的一场影响欧洲的运动。运动中的中产阶级宣言自由主义,工人阶级等则要求改善生活境遇,后来各团体的利益无法调节就被军队镇压下去。——译者注
③ 该海报收藏在柏林的德国历史博物馆(German Historical Museum),"1848 年 3 月的普鲁士"文件夹,第 69 页。——原文注

在革命后成立的法兰克福议会（Frankfurt National Assembly）①里，维特属于政治思想上中间偏右的卡西诺俱乐部成员（Right of centre Casino Group），并对恢复传统普鲁士元素的民族主义主张很热衷。他不仅相信普鲁士应该统一德国，同时也是坚定的君主制主义者。1848 年 11 月，他甚至还为普鲁士军队镇压柏林的革命做辩护，并认为自由主义被滥用了，该由国王来重建社会秩序，并为此出版了《致普鲁士公民同胞们！》，呼吁人们相信皇权并保持镇定。然而，他不是议会的领军人物，他主要在经济委员会那里来拥护工业法的修改。

1848 年 12 月至 1849 年 5 月，维特出面负责《国民议会之中间主义路线通信集》的编辑工作。当其他两位编辑加入后，他又进一步筹备建设自己出资的"中间主义路线"的图书馆。但此时政治上的动荡依旧十分激烈，发展也出乎人的意料：1848 年 5 月，腓特烈·威廉四世拒绝了议会所授予的皇位，声称"自己不能接受臭沟渠上的皇冠"。卡西诺成员出于对普鲁士不能统一德国的失望，纷纷从议员位置上辞职，议会就此解散。维特撤出议会后转而热心本地政治发展。在当时的革命时期，1848 年 11 月的维特，可以被称为反动派，但是现在则是柏林的一个自由主义者。1859 年，当"德国国家协会"（German National Association）②名下的"哥特人"

---

① 革命后成立的第一个在全德意志邦国内，通过自由选举而成立的议会，并产生了基本满足人权要求的"法兰克福宪法"，还提议君主立宪。但议会所授予的皇位被普鲁士国王腓特烈·威廉四世（Friederick William IV）拒绝，导致才成立一年的议会在 1849 年解散。但后来该议会模式成了一战后的魏玛共和国，以及二战后的西德与东德的模板。——译者注

② 1859 年至 1867 年间存在的中产阶级自由主义政党，旨在推动由普鲁士统一德意志各邦。——译者注

(Gothaer)①组织成立后，维特在这里找到了政治上的安身之所，而此时的他在革命的多年后，从保守派成了柏林的自由派。1850 年至 1851 年，他帮助被流放的作者鲁道夫·海姆（Rudolf Haym）②继续编辑《宪法新闻》，维特自己也在此撰稿刊登了一些文章。他还以法兰克福议会成员的名义，把记载以往经历的图书《致支持我的投票者》出版面世③，同时也在政治圈内出版一些小册子④。

总而言之，维特在革命后的政治生涯可总结如下：1849 年至 1853 年他担任柏林市的议员（无薪）。1851 年至 1853 年担任普鲁士州议会（Prussian Landtag）的议员，同时担任法兰克福议会的成员。1853 年至 1864 年又被选为柏林市的议员。1863 年至 1864 年在柏林议会中担任副主席。而之后在柯尼斯堡的威廉·腓特烈·路德维希（William I，威廉一世）的加冕礼上，维特还作为普鲁士议会的代表参加。值得一提的是，在他的一生中有两个思想主张是始终如一的，即第一是始终拥护和提倡新闻和出版自由主义精神，第二就是支持犹太解放主义⑤。

然而革命多年后，政治风波依旧还没平息。历史学家马克西米利安·沃尔夫冈·邓克（Maximilian Wolfgang Duncker）和法学

---

① 该组织演变成"国家自由党"（National Liberal Party），并在普鲁士统一德意志各邦后成为帝国议会中的主要党派，在 1918 年一战结束后解体。——译者注

② 德国哲学家，也是法兰克福议会的曾经成员。——译者注

③ 小册子的德文：*Sendschreiben an meine Wähler*，第四册，柏林，1849 年，第 60 页。——原文注

④ 维特在革命中的角色，见路德维格·盖革（Ludwig Geiger）的《见证友谊的手稿》，莱比锡，第 541 页。——原文注

⑤ 威廉·韦伦普芬尼希的《莫里茨·维特回忆录》，柏林，1864 年，第 36—42 页。路德维格·盖革的《见证友谊的手稿》，第 544 页，莱比锡，1895 年。艾瑞克·林德纳所写的《在彼德迈风格与俾斯麦之间》，第 73 页。——原文注

家卡尔·弗里德里希·萨姆沃（Karl Friedrich Samwer）对曼陀菲尔①政府领导下的普鲁士做了一系列的分析，并出版了具有批判性的《德累斯顿会议》后②，维特也遭到了官方的控诉，理由是书中的资料是从外交部的档案里偷来的。这也导致了获利颇丰的官方出版物《柏林黄页》跟维特停止了出版合作。其他的官方干扰也接踵而至：1853 年，维特被告知所出版的《德国象棋杂志》也需要征税，尽管根据法令是不需要的。当维特质问理由时，官方的答复则是：象棋是社交游戏（德文：Gesellschaftsspiel），出版杂志乃是"项庄舞剑，意在沛公"，意思是杂志是通过出版象棋做幌子来讨论社会问题。③

## 犹太人解放运动的先驱

　　30 多年里，维特一直在柏林的犹太社区大力宣传犹太解放运动，以便为犹太同胞争取法律和民事权利。④ 除了发表不计其数的演讲，出版请愿书与小册子外，1839 年至 1848 年他还担任社区的主席，1849 年起为委员会的代表，并担任犹太教师培训学院（Jews Teachers's Training College）的教学事务工作。他还在奥拉宁堡

---

　　①　Otto Theodor Manteuffel，1850 年被选为普鲁士的终身总理和外交部长，所制定的政策包括：减少政府对经济的管控，同时严格审查对政府言论不利的出版物。——译者注

　　②　当神圣罗马帝国解体后，是由奥地利占主导的"德意志邦联"，但 1848 年的"三月革命"后其地位失去，普鲁士于是趁机成立了"爱尔福特联盟"（Erfurt Union）想取而代之，但在俄国的支持下，奥地利卷土重来。普鲁士只好与奥地利签订了屈辱的《奥穆茨条约》（Agreement of Olmütz），之后在 1850 年年底就产生了普鲁士确认奥地利占主导地位的"德累斯顿会议"。——译者注

　　③　威廉·韦伦普芬尼希：《莫里茨·维特回忆录》，柏林，1864 年，第 35 页。——原文注

　　④　维特在普鲁士议会上的讲话，同上，第 149—151 页。——原文注

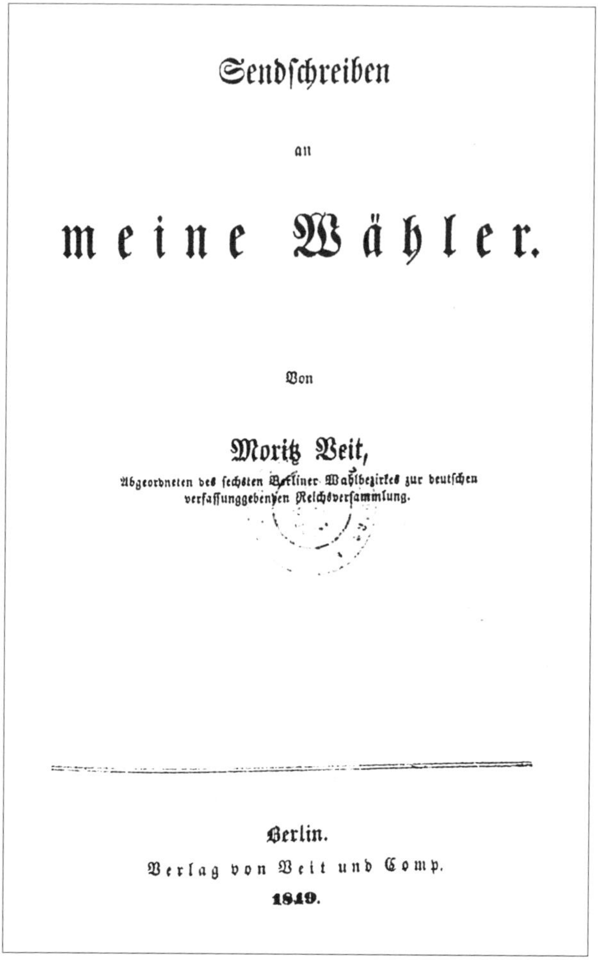

Sendschreiben

an

meine Wähler.

Von

Moritz Veit,

Abgeordneten des sechsten Berliner Wahlbezirkes zur deutschen
verfassunggebenden Reichsversammlung.

Berlin.

Verlag von Veit und Comp.

1849.

图 27　《致支持我的投票者》

(Oranienburger)建设了新的犹太教堂(但直到他去世后的 1866 年才建成并对外开放)①。1842 年,他还成功地阻止了把犹太人从大学和军事职位里驱逐出去的决议,同时出版了《关于普鲁士犹太人的规章草案和 1812 年 3 月 11 日的法令》以便继续声援犹太解放运动。他声称隔离犹太人的法案忽视了"权利与义务相等"的法律准则,并认为这种令人迷惑的法案与教堂规则让人类社会倒退到 1812 年之前。值得一提的是,义务兵制度早在 1814 年就制定了,并被犹太社区的人视为"光荣职责"和民权平等的体现,因此德国的犹太人积极参军。

　　然而出版物的发行却没有带来预期的社会反响。② 1847 年,犹太教不能享有法律地位的改革法案于同年通过了③,因此对普鲁士的犹太人的压力有增无减。而犹太社区的结构规划需要彻底变革才能适应新法律。因此 1860 年,维特参与修订的柏林犹太社区的内部新规章(Bye law)就通过了④。

　　总之,除了宣传犹太解放运动的小册子,维特还出版了被称为

---

　　①　路德维格·盖革所写的《莫里茨·维特:犹太解放运动的斗士》("Moritz Veit als Kämpfer für die Emanziation der Juden")刊登在《犹太历史和文学年报》,13 册,1910 年,第 134—137 页。——原文注

　　②　参见《关于犹太人状况的条例草案和法令》,第 11 条,莱比锡,1812 年。

　　③　1847 年 7 月 23 日颁发的法令,即普鲁士虽然容忍犹太教(Judaism)继续在境内活动,但在新教徒(protestant)和天主教会的影响下,犹太教不能享有法律规定的优待地位,而在这之后反犹活动愈演愈烈。——译者注

　　④　威廉·韦伦普芬尼希:《莫里茨·维特回忆录》,柏林,1864 年,第 18—23 页。路德维格·盖革:《莫里茨·维特:犹太解放运动的斗士》,第 137—148,544 页。恩斯特·洛温塔尔(Ernst G. Lowenthal)所写的文章《从莫里茨·维特到海因里希·斯塔尔:1845—1943 年间犹太人在柏林的教区历史》("von Mortiz Veit bis Heinrich Stahl. Gemeindevorsteher 1845—1943. Ein beitrag zur Geschichte der Juden in Berlin")(译者注:海因里希·斯塔尔为柏林犹太教区团体的主席),刊登在《柏林的酒吧:1979 年的本地社会历史年报》,柏林,1979 年,第 79—92 页。艾瑞克·林德纳所写的《俾斯麦执政时期对德国中产阶级的生活影响:彼德迈风格》。——原文注

"流芳百世"的犹太著作。例如德国犹太政治家加百利·里瑟尔
(Gabriel Riesser)的《关于犹太人的自卫和谅解》(1840—1842 年)。
出乎意料的是,在不知销量如何就乐意承担出版损失的情况下,维
特资助出版此书的行为是破例的。①

图 28　《关于普鲁士犹太人的规章草案和 1812 年 3 月 11 日的法令》

---

　　① 鲁道夫·施密特(Rudolf Schmidt):《德国的书商与印刷商:一个出版社所反映
的德国图书贸易历史》,希尔德斯海姆,1979 年,第 973 页。而维特与加百利·里瑟尔的
友谊见路德维格·盖革所写的《维特的房产》,刊登在《1895 年犹太教新闻汇览》,第
165,177,188,201,211—213,236—238,271—273,283—285 页。——原文注

# 担任首任协会的主席

1837 年，为了解决作者去世后 30 年所产生的版权纠纷，普鲁士采纳了 30 年版权保护的新规章，这样作者与出版社的权益终于受到了保护。1845 年，德意志联邦也接受了这一新法律。1854年，普鲁士议会又推出个新提案，计划设立"法律保护的版权期限"，这样当作者去世后，继承人将在一定时期内享有图书版权保护，而不允许出版社重印其相关作品。对此，维特在议会中表示坚决反对，声称这样会破坏法律的一致性，同时他还支持出版社所拥有的出版垄断权利，并出版印刷小册子来广而告之，后来这个新提案就没有通过。①

尽管如此，在版权协会成立后的 1856 年，各成员还是继续达成了如下协议：协议规定在 1837 年 11 月 9 日前去世的所有作者的版权，都会在 1867 年 11 月失效。在此基础上，1871 年的版权法案也水到渠成地被通过并在全德国推广实施。②

至于维特，1839 年他加入了很多委员会，例如"文学专家委员会"（Literary Experts Commission），并负责普鲁士与法国之间的版权交易。他还不忘与人合著相关备忘录，反对莱比锡警察对货运公司和委托业务公司的干扰，并呼吁取消官方对出版与媒体的

---

① 莫里茨·维特：《论延长版权之优势：要保护以微薄工资为生的作者》，分类"8vo"，柏林，1855 年，第 19 页。——原文注

② 弗里德里希·约翰纳·福尔曼（Friedrich Johannes Fromman）：《德国书商的贸易协会历史》，莱比锡，1875 年，第 33—45，41—43 页。雅各布·图里（Jacob Toury）所写的文章《1860 年代的德国犹太书店与出版人》（"Jüdische Buchhändler und Verleger in Deutschland vor 1860"）刊登在《里奥贝克研究所简报 9》，1960 年，第 58—69 页。——原文注

所有权限制。① 也许为了弥补政治生涯上的失落，在反犹运动的阴影下，维特依旧在法律所允许的最长期限内，即 1853 年至 1861 年间，担任了"德国图书贸易协会"（Borsenverein der Detuschen Buchhandler）第一任主席。

　　总体来看，维特的科学教育背景、商业敏锐性、丰富的政治经验和法律上远超常人的知识积累等各种因素，吸引着很多人跟着他一起工作②。1861 年，在协会的莱比锡图书公馆（Buchhändlerbörse）的落成仪式上，维特在致辞中说道："在德国法律分裂的时局下，只有图书贸易能够起到平衡的杠杆作用，甚至还能突出协会所担负的国家职能。想当初，我们披荆斩棘、排除困难才成立了这个行业机构，今天可问心无愧地说，协会是无可替代的。"③

## 维特出版社进军莱比锡

　　至于维特的合伙人约瑟夫·莱菲尔特（Joseph Lehfeidt），1842 年至 1852 年，除了管理出版社外，他同时还在"柏林书店公司"（Berliner Korporation der Buchhandler）担任董事会秘书，也深得那里同事的信赖。而维特深知，仅靠他自己是无法管理出版社的全部业务的，莱菲尔特在幕后起到了关键作用。以至于在 1859 年 5 月 22 日的大会上，维特公开赞扬莱菲尔特的丰富知识。而当莱

---

　　① 维特在图书贸易协会的活动介绍，见威廉·韦伦普芬尼希的《莫里茨·维特回忆录》，第 15—18 页，柏林，1864 年。路德维格·盖革所写的《莫里茨·维特：犹太解放运动的斗士》，第 541 页，艾瑞克·林德纳所写的《在彼德迈风格与俾斯麦之间》，第 75 页。——原文注
　　② 路德维格·盖革：《莫里茨·维特：犹太解放运动的斗士》，第 541 页。——原文注
　　③ 弗里德里希·约翰纳·福尔曼：《德国书商的贸易协会历史》，第 152—163 页。——原文注

菲尔特去世后，维特感到力不从心，就卖掉了出版社①。

这样一来，维特出版社的掌门人就换成了西奥多·艾因霍恩（Theodor Einhorn）。1859 年 1 月 2 日，艾因霍恩把出版社搬到了莱比锡，但由于信息管理方面出了问题，维特出版社差点失去了旗舰出版物《解剖、生理学和科学医学档案》的合作。

事情的原委是，德国医学家杜波依思·雷蒙德（Emil du Bois Reymond）和解剖学家卡尔·博格利劳斯·里切特（Carl Bogislaus Riechert）都在不知道出版社易主的情况下，在 11 月 10 日与维特出版社签订了出版合作合同②，然而等待签字回复两周后，他们才得知出版社早就被出售的消息③。于是雷蒙德的反应很激烈，他威胁维特出版社要承担严重后果："若是知道你要找机会就卖掉这期刊，留下我们来跟不熟悉期刊的陌生人打交道，我们就另谋高就了。你连轻微的暗示都没给。主编不能像奴隶一样，随着期刊的买卖被轻易交易。若你忽视这一点，期刊的声誉就会一败涂地。如此这样像人身买卖的行为，在德国出版历史上是闻所未闻的。"④

雷蒙德还对出版业界存在的问题一直得不到处理感到不满，他声称，编者与出版社之间的地理距离问题早就该解决了，更为重要的是要建立工作流程。总而言之，他提出维特应该允许他们与

① 同上，第 77 页。合伙人约瑟夫·莱菲尔特的生平见雅各布·雅布格森（Jacob Jacobson）：《柏林的犹太公民手册 1809—1851 年》，柏林，1962 年。恩斯特·付勒特（Ernst Vollert）：《1898 年 11 月 1 日，50 周年的柏林书店之纪念刊》，柏林，1858 年，第 52，67，79，148 页。——原文注
② 1858 年 11 月 10 日，维特出版社与卡尔·博格利劳斯·里切特和杜波依斯·雷蒙德签订的合同，见收藏于柏林国家图书馆的"手稿收藏部"，13 档案盒，47 文件夹，"B1.2—3"分类。——原文注
③ 1858 年 12 月 3 日，维特写给杜波依斯·雷蒙德的信，同上，13 档案盒，47 文件夹，"B1.5"分类。——原文注
④ 1858 年 12 月 13 日，杜波依斯·雷蒙德给维特的回信草稿，同上，13 档案盒，47 文件夹，"B1.7—8"分类。——原文注

DR. CARL SACHS

UNTERSUCHUNGEN AM ZITTERAAL

GYMNOTUS ELECTRICUS

NACH SEINEM TODE BEARBEITET

VON

EMIL DU BOIS-REYMOND

MIT ZWEI ABHANDLUNGEN VON GUSTAV FRITSCH

49 ABBILDUNGEN IM TEXT UND VIII TAFELN

LEIPZIG

VERLAG VON VEIT & COMP.

1881

图 29　杜波依思・雷蒙德修订的《电鳗研究》

维特的新掌门人西奥多・艾因霍恩解除合同，不然他就另起门户。由于二人都是生理学、心理学的创始人——约翰内斯・穆勒的学生，如此大动肝火也许有其理由。此时的维特不得不出来救场，在施展了他优异的社交本领后，这团烈火竟然被浇灭了，由此确保了维特出版社保留了最重要的作者合作关系①。

1864 年 2 月 5 日，等维特去世后，图书贸易协会授予了维特最崇高的荣誉，而标准是与出版业的模范乔治·赖默尔一致的。在纪念仪式上，当维特的朋友朱利叶斯·施普林格（Julius Springer）发表了致辞后，维特的画像也被挂在了德古意特的纪念墙上。②

## 走向科学和医学专业化方向

新掌门人西奥多·艾因霍恩让维特出版社的业务发展方向发生了大幅变化：把出版社搬到莱比锡后，他就卖掉了犹太文学的出版部。

至于之前闹得不可开交的雷蒙德，则又产生了大量的合作成果，他也成为 19 世纪 70 至 80 年代间维特出版社最重要的作者。他的作品《认识自然的限制》（1872 年）和《七大奇迹》（1880 年）出版后，引起了很大轰动，而这也跟他平时通过演讲来与公众保持交流很有关系。后来出版的 2 册《肌肉和神经物理学论文集》（1875—1877 年），则是他在 1850 年至 1875 年间最重要的著作文集。

然而跟走马灯似的，维特出版社又易手了。1873 年，艾因霍恩对莱比锡的斯坦纳克出版社（E. F. Steinacker）情有独钟，就把维特出版社卖给了保罗·索恩（Paul Thon）。但保罗·索恩接管出版

①　1858 年 12 月 25 日，杜波依斯·雷蒙德给西奥多·艾因霍恩的信，同上，13 档案盒，47 文件夹，"B1.9 —10"分类。值得注意的是，该档案盒还有维特出版社的新掌门人跟杜波依斯·雷蒙德合作的更多资料没被发掘，时间跨度到 1898 年。——原文注

②　海因茨·萨考斯基（Heinz Sarkowski）所著的《施普林格自然科学出版社的历史》的"纪念舞台的历史"一节，柏林，1992 年。——原文注

社两年后，维特出版社就准备宣告破产了①。

## 克莱纳时期

1876 年 1 月 1 日，出版社终于迎来了它的伯乐——赫尔曼·克莱纳（Hermann Credner，1842—1942 年）。② 在他所领导的 35 年时间里，虽然还继续出版历史和法学类的图书，但却逐渐倾向自然科学和医学领域的图书出版方向发展。

1877 年起，《解剖、生理学和科学医学档案》被拆分出版，即变为《解剖和生理学档案》、《解剖学和胚胎学档案》和《生理学档案》，但只有后者是由杜波依思·雷蒙德负责编辑。此时，德国医学类的出版物也迎来了爆发期。同年，《实用眼科学》首册出版了。1882 年，《实用神经学》也出版了。1886 年起，罗伯特·科赫（Robert Koch）和卡尔·弗吕格（Karl Flugge）编辑的《卫生学》杂志出版，后改名叫《卫生学和感染》。其他出版面世的还有《斯堪的纳维亚生理学档案》和《皮肤学》。

除了医学主题图书外，其他出版主题的书包括：罗伯特·蒂格尔施泰特（Robert Tigerstedt）的《循环生理学教科书》（1883 年），卡尔·弗吕格的《卫生学概览》（1889 年），卡尔·辛兹（Karl

---

① 1875 年 9 月 28 日，维特出版社的财产管理人赫希（A. H Hirsch）写给杜波依斯·雷蒙德的信，收藏于柏林国家图书馆的"手稿收藏部"，13 档案盒，47 文件夹，"B1.63"分类。——原文注

② 克莱纳的传记见威利鲍尔德·凯勒（Willibald Keller）所著的《赫尔曼·克莱纳：一位图书贸易的"元老"》，为 1925 年的《莱比锡月历》的选刊。1924 年 4 月 28 日，前管理层安东·基彭贝格（Anton Kippenberg）、奥斯卡·莱阿尔（Oscar de Liarge）、西奥多·施泰因科普夫（Theodor Steinkopff）和威廉·艾迪特（Wilhelm Eydt）的回忆，以"Credmeroama"为标题刊登在《博森布拉特德国图书贸易杂志》，第 5877 页和 1924 年 7 月 9 日的《博森布拉特德国图书贸易杂志 149》，第 9335—9337 页。——原文注

Hintze)的《矿物学手册》(1898年),威廉·奥斯特瓦尔德(Wilhelm Ostwald)的《自然哲学课程》(1902年),奥托·内盖利(Otto Naegeli)的《血液疾病和血液诊断学》(1902年),弗里德里希·威廉·库斯特(Friedrich Wilhelm Kuster)的《为化学家,药剂师,内科学家和物理学家准备的对数表》(1912年)。而这些都是当时广为人知、耳熟能详的书,其中至少还有三本书至今仍在出版。

　　1894年,奥托·多恩布罗斯(Otto Dornbluth)的《医学术语词典》面世了。作者在序言中写道:"在如今的科学界,虽然使用很多的外国词汇是必要的,但也有似是而非的词汇存在,从而导致很难掌握并理解其所表达的含义,以至于造成了混乱。而当很多疾病、症状被新发现后,就会以发现人的名字命名,此举又使混乱的情况雪上加霜。因此,本书就汇集了经常所使用的外国名词,并附加导语和含义,同时还有重要的技术名词,以便给医生提供帮助。但要指明的是,一些当代语言并没有被收入本书。"

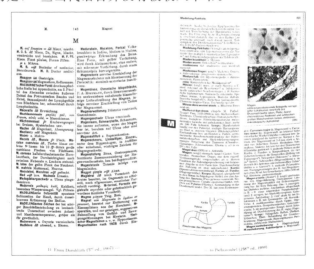

图30　《医学术语词典》

多恩布罗斯的"小册子"词典出版后取得了前所未有的成功，并成为今天医学界广泛使用的《医学字典》的鼻祖，《医学字典》则以新编辑的名字"Pschyrembel"在医学界被人所知。

## 从多恩布罗斯到赛克瑞姆博

1894年，奥托·多恩布罗斯的《医学术语词典》首版面世后，共有148页和5100个条目。大约100年后，《医学字典》的第258个版本出现了，此时已达到1800多页，早已不是普通意义上的词典。而多恩布罗斯所定的准则:"提供外国名词的集合"与"医学上最重要的技术名词"也一直贯彻至今。

进入20世纪以来，期刊由柏林内科医生威利鲍尔德·赛克瑞姆博(Willibald Pschyrembel,1901—1987年)负责。刚开始，赛克瑞姆博能或多或少地顺便负责新版本的编辑，后来就逐渐参与深度工作。以至于在1933年的第23至26版的序言中，他这样写道:"不管在病床，实验室和图书馆，我都干着版本编辑的活。"

1931年至1982年，赛克瑞姆博一直负责着期刊的部分内容编辑，他把期刊做成了畅销词典，成了医生们和健康专家们不可缺少的手册。而如今，德古意特出版社跟大约100名专家合作，每隔4年就出版更新和扩充内容。而赛克瑞姆博自己也明白此乃是永不终结的编辑出版事业，他说:"人世间永远不完美的事业就是词典!"

1892年7月15日，物理学家麦克斯·普朗克(Max Planck)给维特出版社的新掌门人克莱纳写信道:"亲爱的先生，非常感谢您邀请我来撰写热力学的教科书，但目前我不想动笔，也许再过几年能够可以。既然您对我的研究领域如此感兴趣,我保证会在合适的时机告诉您动笔撰写。"在耐心等待 5 年后,1897 年,维特出版社终于出版了《热力学课程》,这本书也成了行业经典。[①]

而维特所出版的第三本畅销书,是安特卫普大学(University of Antwerp)的化学教授阿诺德·弗雷德里克·霍利曼(Arnold Frederik Holleman)所著的《有机化学课本》(1896 年)和《无机化学课本》(1899 年)。当荷兰语原版出版面世后,第二年就出版了德语译本。虽然克莱纳最初并没指望销售会有多么好,但事实证明销量还可以。但他还是很难满足作者提出的版税要求,即"当新版出版后,都要增加一次费用的版税"。尽管如此,克雷纳和作者之间的关系还是能经受住挑战的,即使出版社改变后都能继续合作出版业务。后来该书的出版事宜就被德古意特出版社接手了。[②]

维特出版社也出了哲学家鲁道夫·欧肯(Rudolf Eucken)的作品,包括:《伟大思想家的生平》(1890 年)、《宗教的真相》(1901 年)和《新哲学生活的要素》(1907 年)。值得一提的是,后一本作品面世后很快被翻译成了瑞典语,为欧肯在 1908 年获得诺贝尔文学奖铺平了道路。至于其他哲学类作品则有:西奥多·冈帕斯

①　1892 年 7 月 16 日,麦克斯·普朗克写给克莱纳的信,见《德古意特出版社档案汇编》。而在"Ba Gr"分类下,还有普朗克跟维特出版社签订的合同。而《热力学课程》的四个版本的出版日期分别为:1896 年 9 月 14 日,1903 年 12 月 29 日,1910 年 11 月 12 日,1912 年 5 月 23 日。而在 1920 年 12 月 28 日,德古意特出版社给普兰克写信讨论出版图书的第 6 版和第 7 版事宜。在 1922 年 7 月 11 日,前者又来信讨论出版第 7 版和第 9 版事宜。——原文注

②　在 1995 年,第 101 版的《无机化学课本》面世了,是由接任霍利曼的埃贡·维伯格(Egon Wiberg)负责编辑。而《德古意特出版社档案汇编》的文件夹"霍利曼"则包含:1898 年 9 月和 10 月,两册《无机化学课本》的第二版合同。1897 年 10 月和 11 月,霍利曼的另一本教材《有机化学课本》(德语版)两册的首版合同,1902 年 3 月和 10 月,第二版两册的出版合同。另外在 1911 年 6 月 19 日,两种教材的新合同在同时期签订了。同时还有 1901—1905 年间,霍利曼写给克莱纳的信,以及 20 世纪 40 年代至 50 年代,德古意特出版社与克莱纳的通信。——原文注

(Theodor Gomperz)所著的 3 册《希腊思想家》(1896—1909 年),赫尔曼·艾宾诺斯(Hermann Ebbinghaus)所著的 2 册《心理学大纲》(1897—1913 年)。

由于优秀的谈判技巧,克莱纳还取得了 77 册的《帝国法院关于民事事项的决定》(1903—1912 年)和 44 册的《帝国法院关于刑事事项的决定》(1901—1944 年)的版权。然而一言以蔽之,医学出版物的成功遮盖了维特出版社其他作品的光芒。

在历史领域,出版的图书则有哈利·布莱斯劳(Harry Bresslau)的《外交人员手册》(1889 年)和卡尔·布兰迪(Karl Brandi)编辑的《外交研究档案》(1908 年)。

## 麦克斯·普朗克的《热力学课程》

1895 年,麦克斯·普朗克发现了辐射定律与相关的基本物理常量"h",即"普朗克常量"(Planck's constant)。2 年后出版的《热力学课程》用通俗易懂的语言来描述了热力学的奥秘。然而普朗克不认为自己的发现是终点,该领域还会有许多新的观点后来居上。

在此书中,除了自己的研究外,普朗克还加入了同时期的伟大科学家的事迹,例如化学家瓦尔特·赫尔曼·能斯特(Walther Nernst)、物理学家路德维希·玻尔兹曼(Ludwig Boltzmann)、彼得鲁斯·约瑟夫斯·威廉默斯·德拜(Petrus Wilhelmus Debije)等。

然而,作为当代科学的领军期刊,直到 1930 年,才不超过 9 种版本出版面世,20 多年后的 1954 年,第 10 种才姗姗来迟,以至于新版的编辑,即普朗克的学生马克·冯·劳尔(Mark von Laue)声称,此书在很长的一段时间内也不会过时。

果然，普朗克的热力学基础在如今仍然在使用，尤其是热力学三大法则的数学基础，则是理解自然和技术实施过程的关键。但由于"非平衡热力学"（nonequilibrium thermodynamics）和"统计力学"（statistical thermodynamics）当时不受重视，所以书中就没有收录。

19世纪末，维特出版社每年大约出版30种图书（除了期刊）。而此时出版社有两位正式助手、一位市场助理和两个走马灯似的学徒岗位，至于掌门人克莱纳，也只是在年龄大了后才有了助理威廉·艾迪（Wilhelm Edyt）。负责人的性格影响工作环境。例如出版社的传统广告渠道是在《博森布拉特德国图书贸易杂志》①和自己的期刊上，很多年后，克莱纳仍固执地拒绝开辟新的广告渠道。在关注重点和实践中也有矛盾之处：虽然出版社也聚焦于科技前沿主题，例如镭和无线电报，但克莱纳自己却拒绝在工作中采用新技术，以至于维特出版社的继任者上任后，电话和打字机才被应用到出版社办公工作中。至于与作者的合作形式上，克莱纳经常在没有作者同意的情况下，就擅自修改稿子，但他却坚持每年两次去拜访自己认识的作者，旅行地点包括法兰克福、慕尼黑、达姆施塔特、海德堡、斯特拉斯堡、弗里堡、巴塞尔、苏黎世等地。②

尽管克莱纳思想举止怪异，并有举止粗鲁的名声在外，但这并不妨碍他在"莱比锡图书协会"（Leipzig Verein der Buchhandler）

---

① 该杂志是至今仍在出版的图书贸易专业期刊。——译者注

② 克莱纳的传记见威利鲍尔德·凯勒所写的《赫尔曼·科瑞丹尔：一位图书贸易的"元老"》。1924年4月28日，前管理层安东·基彭贝格、奥斯卡·莱阿尔、西奥多·施泰因科普夫和威廉·艾迪特的回忆。以"Credmeroama"为标题刊登在《博森布拉特德国图书贸易杂志》，第5877页和1924年7月9日的《博森布拉特德国图书贸易杂志159》，第9335—9337页。——原文注

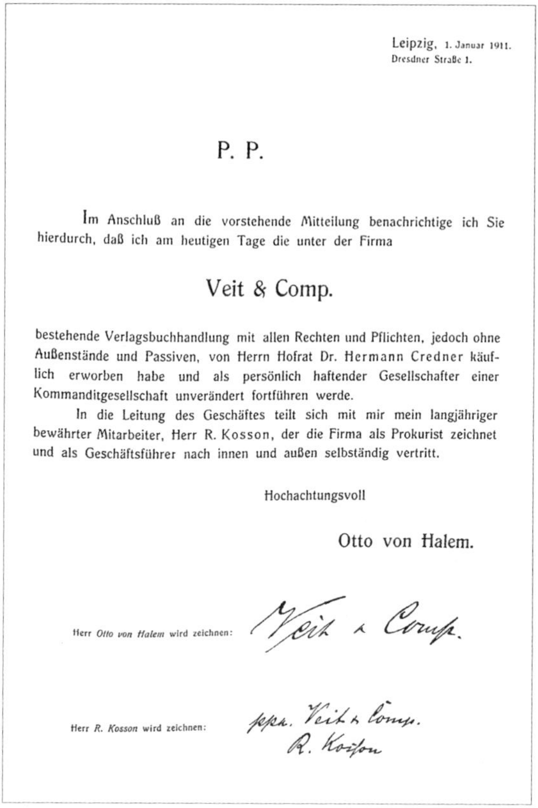

Leipzig, 1. Januar 1911.
Dresdner Straße 1.

P. P.

Im Anschluß an die vorstehende Mitteilung benachrichtige ich Sie hierdurch, daß ich am heutigen Tage die unter der Firma

Veit & Comp.

bestehende Verlagsbuchhandlung mit allen Rechten und Pflichten, jedoch ohne Außenstände und Passiven, von Herrn Hofrat Dr. Hermann Credner käuflich erworben habe und als persönlich haftender Gesellschafter einer Kommanditgesellschaft unverändert fortführen werde.

In die Leitung des Geschäftes teilt sich mit mir mein langjähriger bewährter Mitarbeiter, Herr R. Kosson, der die Firma als Prokurist zeichnet und als Geschäftsführer nach innen und außen selbständig vertritt.

Hochachtungsvoll

Otto von Halem.

Herr *Otto von Halem* wird zeichnen: Veit & Comp.

Herr *R. Kosson* wird zeichnen: ppa. Veit & Comp. R. Kosson

图 31　克莱纳出售维特出版社给奥托·哈勒姆的文件

上活跃表现。自 1897 年至 1903 年，他还担任“图书贸易培训学校”(Bookseller's Training Institute)的主席，并积极参与“书目委员会”的工作，而该委员会则致力于在期刊中展现书目(bibliographical)的重要性，并负责出版《莱比锡年度书展年度报告》。1905 年，莱比锡书展上发生了罢工，要求协会在两者间做调停，但克莱纳却强烈地反对组织参与协调，因为他说这样会破坏会员的权利，经过此事后，克莱纳就在投票中落选了。

但克莱纳对图书贸易的贡献不可否认。1902 年他被任命为

"皇家撒克逊议员"(Royal Saxon Privy Councillor)，1907 年被吉森大学(University of Gießen)授予了荣誉博士学位。1910 年还被位于圣彼得堡的沙俄科学院(Imperial Russian Academy of Science)授予了院士。但到了 1911 年他就把出版社卖掉了，理由是年事已高并希望享受生活。[①]

## 合并进"德古意特科学出版人联盟"

克莱纳退休后的接盘手则是奥托·冯·哈勒姆。而哈勒姆在接手维特出版社之前，就拥有了大量的出版和图书销售渠道，名下还拥有不来梅的出口与邮寄公司，即"哈勒姆出口和图书货运公司"(Export und Versandbuchhandlung G. A. von Halem)。在 1907 年，他又在克腾(köthen)成立了同名机构。此时，他还担任位于斯图加特的"德国出版院"(German Publishing Institute)处长，负责《化学家新闻》的出版。

对于购买维特出版社之事，他得到了几个朋友的帮忙，并获得了"德国出版协会"(Deutsch Verlags Anstalt)[②]的贷款，才以 100 万马克购买了维特出版社。

1911 年 1 月 1 日，维特出版社变成了有限责任公司，哈姆勒成为唯一法人。[③] 在 1913 年，哈姆勒邀请动物学家柯特·瑟英(Curt Thesing，1879—1956 年)加入了进来，后者成了第二合伙人兼经

---

① 克莱纳的传记见威利鲍尔德·凯勒所写的《赫尔曼·科瑞丹尔：一位图书贸易的"元老"》，第 4—8 页。约翰尼斯·霍尔菲尔德(Johannes Hohlfeld)：《100 年来的莱比锡书商》，第 82,86,89,101 页，莱比锡，1933 年。——原文注

② 简称 DVA，在 1831 年成立，如今依旧存在，而"Anstalt"则为介于有限公司和基金之间的组织。——译者注

③ 1918 年 2 月 11 日，哈勒姆写给德古意特的信，《德古意特出版社档案汇编》，文件夹："联盟的成立"，德古意特与哈勒姆的通信集。——原文注

理。柯特·瑟英同时也是"文化政治出版社"(Verlag fur Kulturpolitik)的创始人和"自然科学出版社"(Verlag Naturwissenschaften)的拥有者。

1915 年,购买维特出版社后的哈勒姆,开始与德国-奥地利出版人协会合作,以便出版发行第一次世界大战的图书,此事也让哈勒姆接触到了柏林的出版人德古意特。1917 年,当德古意特想要合并学术出版社时,两人都详细深入探讨了此事,并同意互相检查各自的账目以便为此后的合并做铺垫。而德古意特由于拥有重要的印刷厂和高额的营业额,并已经购买了赖默尔出版社,维特出版社与古腾塔格出版社就顺理成章地成了核心出版社,随后合并工作在第二年就付诸了实施。①

这中间还有个小插曲:此时如何规划维特出版社的未来发展方向,合作双方还没有完整的协议,但持左翼观点的第二合伙人瑟英开始担心合并后所产生的政治观点冲突,并声称一天内就达成出版社合并协议可能不切实际。② 但最终,瑟英还是同意了出版社业务合并,1919 年 1 月 1 日,维特出版社正式并入"德古意特科学出版人联盟"。

---

① 1918 年 2 月 24 日,古腾塔格的管理层成员在德古意特的家中开会的备忘录,以及德古意特和哈勒姆谈判的细节,《德古意特出版社档案汇编》,文件夹:"联盟的成立",德古意特与哈勒姆的通信集。——原文注

② 1919 年 5 月 23 日,合伙人瑟英写给意大利裔德国社会学家罗伯特·迈克尔(Robert Michels)的信,同上,"自我修正"章节。并再次感谢海伦·穆勒提醒我这封信的重要性。参考的其他论文还有豪斯特·布拉施(Horst Brasch):《柯特·瑟英的日常生活和记忆:一个德国爱国者和人道主义者》,柏林,1987 年。而瑟英推广自然科学的角色,见安德烈亚斯·多姆(Andreas Daum)所写的:《1848—1919 年的德国自然科学推广:平民文化、自然科学的形成与宣传》,慕尼黑,1998 年,第 188,228,434,512 页。——原文注

# 第四章　与时俱进的实用主义:古腾塔格出版社

人们对古腾塔格出版社是如何创立的知之甚少,该公司的创始人古腾塔格仅仅在"德国图书贸易协会"的会议致辞时透露了一点些微信息:他不是因为热爱图书贸易而进入此行的,而是强烈地希望摆脱之前的职业。但古腾塔格原来是做什么行业,他妻子为什么也参与出版业务,等等,依然是未解之谜。[①]

## 早期的日子

梅耶·古腾塔格(Meyer Guttentag)1817 年 10 月 20 日(也有说是 1815 年)出生于布雷斯劳(Breslau)的犹太商人之家,并于 1839 年 6 月 24 日受洗礼。然而在柏林的孤儿院教堂里,他又被改

---

　① 弗里德里希·约翰尼斯·弗罗曼:《从德国书商的历史看图书贸易协会》,第 84 页,莱比锡,1875 年。——原文注

图 32　古腾塔格画像

名成以马利·古腾塔格(Immanuel Guttentag)。成年后,古腾塔格
与妻子阿格尼·弗雷德里克·古腾塔格(Agnes Friederike nee
Guttentag,1819—1881 年)育有两个女儿①。

　　古腾塔格出版社成为德国著名的法律出版社之前的一段历

① 然而,德语中最重要和资料最完整的人物志《德国人物志总览》,以及《图书记录
词典》中所包含的古腾塔格的资料竟然不多。而他个人与家庭的资料大多还是保存在
柏林登记注册局(General Register of the City of Berlin),在 1930 年左右,其中的摘录资
料又保存在本斯海姆(Bensheim)的个人历史资料研究馆(Instituit für
Personengeschichtliche Forschung)。另外,古腾塔格家庭资料(打字机版本)收藏在《德
古意特出版社档案汇编》。——原文注

史，大体如下：古腾塔格刚加入出版业不久，就持有特劳特温书店出版社（Verlagsbuchhandlung Trautwein，1821 年成立）的大部分股份，当出版社更名为特劳特温图书与音乐书店出版社（Trautwein'sche Buch und Musikalienhandlung）后，他就转而负责出版社经营业务了。1853 年，古腾塔格就干脆将出版社的名字改成自己的名字，于是出版社就摇身一变成了古腾塔格书店出版社（Verlagsbuchhandlung I. Guttentag）。随后他还把图书零售、音乐部门和音乐出版部卖给了马丁·奥古斯特·班恩（Martin August Bhan）。

　　古腾塔格出版社除了出版历史、哲学、考古主题的学术图书和小说作品外，还关注法律和政治科学领域的图书出版。需要注意的是，当经过古腾塔格的继任者规划后[1]，出版社才只专注法律领域图书的出版。

　　1848 年，古腾塔格入股"柏林图书公司"的成立，3 年后，他跟乔治·恩斯特·赖默尔和莫里茨·维特一起成为该公司董事会的三名监事，并各自独立地评估书商和印刷厂的情况。1857 年至 1862 年，古腾塔格还升职为董事会副主席[2]。而当古腾塔格在 1862 年 2 月 21 日去世后，图书贸易协会的主席弗里德里希·弗罗曼这样评价道："古腾塔格的品格与成就赢得了同事们的尊敬。"[3]

　　古腾塔格去世后，出版社的所有权就由遗孀阿格尼·古腾塔格和两个女儿（玛丽和海琳）继承，而出版社的经营权则交给了波

---

　　①　古腾塔格出版社的书目，参见《1853 年至 1903 年的柏林出版社书店》，柏林，1903 年。

　　②　恩斯特·付勒特：《1898 年 11 月 1 日，50 周年的柏林书店之纪念刊》，第 53，70 页。——原文注

　　③　弗里德里希·约翰尼斯·弗罗曼：《从德国书商的历史看图书贸易协会》，第 84 页，莱比锡，1875 年。——原文注

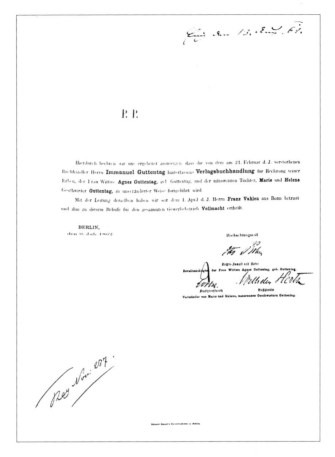

图 33　把出版社的资产赠给古腾塔格子女们的文件

恩的出版商弗朗兹·瓦伦（Franz Vahlen），因为弗朗兹·瓦伦娶了
古腾塔格的大女儿玛丽。但由于女婿弗朗兹·瓦伦一心想成立自
己的出版社，于是 1869 年，当弗朗兹·瓦伦从古腾塔格出版社和
格罗特出版社（G. Grote）取得足够的经验后就离开了。随后，古腾
塔格的遗孀阿格尼聘任威廉·穆勒（Wihelm Müller）为新的出版
业务经理，但不久穆勒做出的决定就是卖掉出版社。1871 年 4 月 1

日，古腾塔格出版社被科林（D. Collin）购买，至于经理穆勒则在 2
年后成了合伙人，但 4 年后双方分道扬镳，穆勒的经理位置也被奥
斯卡・黑林（Oskar Haering）所取代。1877 年到 1885 年，新的合
伙人跟科林一起稳定地经营着出版社。①

## 迈向法律专业出版方向

　　1871 年，统一后的德意志帝国成立了，而此时，科林刚刚买下
古腾塔格出版社才几个月。历史开启了新篇章，古腾塔格出版社
迎来了千载难逢的历史机遇，德意志各个邦国的合并意味着相关
法律法规的改变，自然德国对法律图书的需求潜力就很大。

　　1873 年起，民法典的制定工作就在紧张地进行着。1877 年，
德国议会通过了对于整个德国社会大众影响较大的《法庭组织编
纂的民事与刑事诉讼程序》（Reichsjustizgesetze），1900 年，通过了
《公民法典》。因为古腾塔格出版社与帝国当局的普鲁士分局、柏
林大学的法律部门的距离很近，于是科林很自然地扩大了法律图
书的出版业务，而近水楼台的优势让出版社与作者的合作沟通很
方便。此时，古腾塔格出版社加速迈向专业法律方向图书出版机
构：1885 年，除了法律与政治科学主题图书外，137 种其他主题的
图书版权全部卖给了库特・布拉奇沃格尔 & 莫迪斯・博厄斯出版
社（Kurt Brachvogel and Moritz Boas）②，1893 年又有 13 种其他主
题图书的版权被卖掉。③　不久，古腾塔格系列之德意志法律

---

　①　1862 年至 1900 年间，十份准确记载着古腾塔格出版社易手情况与管理的文
档，被在莱比锡的德国图书与写作博物馆（Deutsches Buch und Schriftmuseum）收藏
着。——原文注
　②　Kurt Brachvogel und Mortiz Boas，后改名叫 Brachvogel & Ranft。——原文注
　③　古腾塔格出版社的书目，见《1853 年至 1903 年的柏林出版社书店》，柏林，1903 年。

(*Guttentag Collection of German Imperial Laws*)就出版了。而为了满足律师了解最新法律和修订法律的需求，还出版了附带简短和详细备注的古腾塔格系列之普鲁士法律丛书(*Guttentag Collection of Prussian Laws*)。

就在这时，科林也开始物色新的经理人选来接替自己，而他选定的候选人则是雨果·海曼(Hugo Heimann)。海曼在 1886 年成了古腾塔格出版社的初级合伙人，当海曼从特鲁布纳出版社完成了 4 年的实习后，科林就把古腾塔格出版社完全交给了他。1890 年 1 月 1 日，海曼正式成为古腾塔格出版社法人。而海曼的管理办法，就是与零售商达成优惠的邮寄协议，同时给作者尽可能高的版税。因此很自然地，1888 年，帝国法律部(Imperial Ministry of Justice)将民法典的出版许可权(和与民法典相关的主题图书)都授予了古腾塔格出版社，书籍的销售量一下子增加了很多。[1] 有意思的是，由于海曼是社会民主党成员(Social Democrat)[2]和福利办公室的民事代表，所以自然地，最早出版劳工法图书的也是古腾塔格出版社。

1898 年，一心想从政的海曼从出版业退休了，他后来还回忆道："当时我所在的社会民主党已被议会的元老们所熟悉，同时，他们几乎都是古腾塔格出版社的签约作者，但这一点也经常遭到其他出版社的批评。"[3]

得知海曼想卖掉出版社，同党成员奥古斯特·倍倍尔(August

---

① 雨果·海曼：《大柏林区的地方委员会和大柏林区的城市议会：荣誉公民的 90 岁生日自传》，柏林，1949 年。（译者注：Berliner Stadtverodnetenversammlung，为 1809 年成立的柏林地方委员会。而 magistrat von Groß-Belrin 为柏林城市议会，为 1808 年成立）。——原文注

② 德国历史上最悠久的社会民主主义中间偏左政党，1863 年成立。——译者注

③ 雨果·海曼：《大柏林区的地方委员会和大柏林区的城市议会：荣誉公民的 90 岁生日自传》，柏林，1949 年，第 8 页。——原文注

Bebel)和保罗·辛尔(Paul Singer)给予其帮助,倍倍尔找到了潜在
买家,即国家自由党(National Liberal Party)的主席卡尔·汉曼赫
(Carl Hammacher)。倍倍尔在给海曼的信中提到,要坚持原售价:
"我很乐意把信件和出版目录亲自送给买家汉曼赫先生,是上帝让
我成为你的代理商的,而你只要保持原来售价就可达成交易。有
一点遗憾的是,我们售价没有开得更高。"①

1898 年 9 月 27 日,古腾塔格出版社以 7 万马克的价格被卖掉
了,新的主人除了卡尔·汉曼赫外,又加上了柏林律师克瑞斯坦·
波恩赫普特(Christian Con Bornhaupt)、古斯塔夫·西格尔
(Gustav Siegle)和德古意特。1898 年 10 月 1 日,古腾塔格出版社
成了有限责任公司。

回想当年,海曼买古腾塔格出版社时还得找人借钱,而在 12
年后他就实现了财务自由。1899 年,他甚至还给柏林的工人阶级
捐了个公共图书馆和阅览室。1919 年,这个以英语免费图书馆为
模板的工程终于完工,并呈现在柏林市政厅。与此同时,他从事出
版所赚的钱还用于社会民主党的竞选,所以海曼也从地区议员升
职到了普鲁士议会代表,并能够参加帝国议会。1939 年,这位柏林
的荣誉市民移民到了美国。②

此时的古腾塔格出版社,由于前任海曼的精明管理,加上依旧
处在德国"司法时代"的后期,依靠法律图书还能维持发展,这也让
新掌门人感觉前景不错。而此时负责运营的是克瑞斯坦·波恩赫
普特和德古意特。1900 年,之前海曼的助手与授权签字人奥斯

---

① 1898 年 3 月 2 日,古斯塔夫·西格尔写给雨果·海曼的信,同上,第 9 页。——原文注
② 同上,第 10—32 页。在 1933 年纳粹上台后,海曼的荣誉市民称号被撤销,但二战后的 1947 年又被恢复。——原文注

卡·舒查特(Oscar Schuchardt)也加入了进来①。2 年后,为了扩大市场占有率,他们又以 35 万马克的价格购买了海涅出版社(J. J. Heine'sche Verlag),获得了几百种法律图书的版权。1913 年,又从西博尔德出版社(E. E. Sebald Verlag)那购买了《帝国议会法官对民法典之评论》的版权。

## 进入新千年的出版社

1903 年,古腾塔格出版社创立 50 周年纪念时,其出版的书目都被整理后公开出版,使公众得以一览此法律出版领航者的全貌。出版社有两个特点,即实用主义和现代精神。做到这一点看上去貌似很容易,但在当时,很多出版社的图书只是昙花一现,而统一的德意志帝国与其他邦国的法律从业者们需要很多书籍,在面临着这个巨大需求时,唯独古腾塔格出版社满足了这些需求(值得一提的是,柏林的出版社的读者群主要在普鲁士地区)。

在与帝国司法部门②的关系上,古腾塔格出版社在很多领域几乎形成了垄断,而遍布全德意志各地的签约作者也为古腾塔格出版社提供了较高信誉。

---

① 有限责任公司的成立内容则见斯塔图特·古腾塔格(Statut J. Guttentag)所写的《柏林的出版社书店,1908 年 6 月 27 日的股东大会之决议》("Verlagsbuchhandlung. G. m. b. H zu Berlin. Beschlossen in der Gesellschafter Versammlung vom 27. Juni 1908")。沃尔特·德古意特:《1898 年至 1913 年的古腾塔格出版社书店之公司记录》("Denkschrift zu den Bilanzen der Firma I. Guttentag Verlags buchhandlung G. m. b. h in den Jahren 1898 bis 1913")副本,《德古意特出版社档案汇编》的"书店资产负债表"章节。在此特别感谢弗里德里希·艾贝尔(Friedrich Ebel)帮我找到关于古腾塔格的资料。——原文注

② Reichsjustizamt,德意志帝国时期的最高法律机构。——译者注

图 34　古腾塔格德国法律典藏书目

　　1903 年的古腾塔格书目中,已经有了 71 种法律图书[1],包括古腾塔格图书馆德意志帝国法律系列[2],该系列是法律从业人员不可缺少的书。同时,有些书也出了口袋书版本(区别是此类版本没有像其他版本一样加上了很多注释),包括《古腾塔格图书馆系列之普鲁士法律》[3],还有《古腾塔格图书馆系列之德意志帝国法律教材》(8 册,1880 年)。

　　连学术期刊也遵循着实用主义准则,包括《普鲁士律师新闻》(1862—1862 年)[4]、《普鲁士高等法院审理委员会法律案件档案》等。

　　古腾塔格出版社还出版了实用手册,包括各类法律版本和评论等,例如《德意志帝国民法典草案的解释与评估》(18 册,1888—1889 年)。此书涉及了法典汇编过程中的各种阶段,直到今天仍在继续使用中。同时,戈特利布·普朗克(Gottlieb Planck)所著的

---

　　① 由路德维格·隆尼(Ludwig von Rönne)编辑的《德意志帝国的宪法》在 1871 年出版。1874 年第二版面世后,第一册的《古腾塔格图书馆系列之帝国司法部》也出版了,至今仍在以"古腾塔格图书馆系列"(*Gusteentag'sche Sammlung*)为名出版,但出版册数不再被标号。——原文注

　　② 德文:*Guttentag'sche Sammlung Deutscher Reichsgesetze*,总共出了 237 册,从 1871 年出版至 1949 年。——原文注

　　③ 德文:*Guttentag'sche Sammlung Preußischer Gesetze*,68 册,1873 年至 1944 年。——原文注

　　④ 1867 年起改名叫《普鲁士法律和法官》。——原文注

《民法典导论》(7 册,1897—1902 年)也很重要。而恩斯特·埃克
(Ernst Eck)所著的《民法典课程》(2 册,1903—1904 年)则吸引了
大众和法律从业人员,人们蜂拥至柏林法律系的课堂去听作者的
讲座。赫尔曼·斯托布(Hermann Staub)所著的各种法律评论,包
括《商业法》(1893 年,从 1902 年起由古腾塔格出版社出版)、《有限
责任公司法》和可转移拍票据的法律等书①。

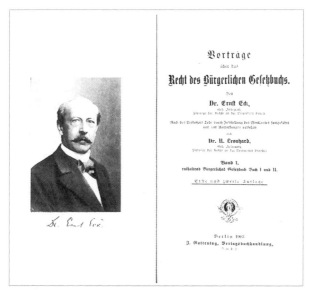

图 35 《民法典课程》

　　还有弗朗兹·冯·霍尔茨多夫(Franz von Holtzendorff)编著
的《法律大百科》(5 册,1870 年),从 1904 年起该书被法学家约瑟
夫·科勒(Josef Kohler)修订后,由古腾塔格出版社与邓克洪堡出
版社(Duncker & Humblot)合作出版,而其包含的法律案例如今都
适用。

---

　　①　书名未知,但 1895 年首版,1902 年由古腾塔格出版社出版。——原文注

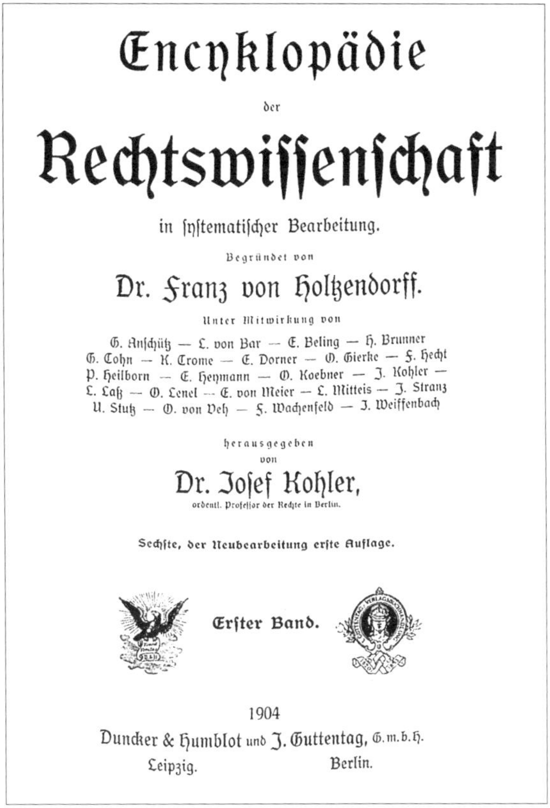

## Encyklopädie
### der
## Rechtswissenschaft
in syftematifcher Bearbeitung.

Begründet von

### Dr. Franz von Holtzendorff.

Unter Mitwirkung von

G. Anschütz — C. von Bar — E. Beling — H. Brunner
G. Cohn — K. Crome — E. Dorner — O. Gierke — S. Hecht
P. Heilborn — E. Heymann — O. Koebner — J. Kohler —
E. Laß — O. Lenel — E. von Meier — L. Mitteis — J. Stranz
U. Stutz — O. von Deh — S. Wachenfeld — J. Weiffenbach

herausgegeben
von

### Dr. Josef Kohler,
ordentl. Professor der Rechte in Berlin.

Sechste, der Neubearbeitung erste Auflage.

 **Erster Band.**

1904

Duncker & Humblot und J. Guttentag, G.m.b.H.
Leipzig.　　　　　　　　　　Berlin.

图 36　《法律大百科》

其他作者也贡献了当代最新法律思想，包括约瑟夫·科勒、奥托·莱内尔（Otto Lenel，他的贡献成就主要在罗马法领域）、路德维格·米特（Ludwig Mitteis）、朱利叶斯·冯·吉尔特（Julius von Gierke）、恩斯特·贝林（Ernst Beling）、格哈德·安斯舒茨（Gerhard Anschutz）和乌尔里奇·施图茨（Ulrich Stutz）等著名法学家和专职律师。从这些作者可看出，法律从业人员与学术结合是当时的特点。

古腾塔格出版社还涉及中世纪城市法律的图书，合作的作者有雅各布·弗里德里希·贝伦德（Jakob Friedrich Behrend）和研究学术传统与声誉的赫尔曼·费霆（Hermann Fitting），但这类主题图书不是出版社的重点。

虽然当时劳工法还没发展起来，但古腾塔格出版社还是出版了《社会立法和统计档案》（1888—1893 年）、《劳工法律图书馆》（4 册，1890—1891 年，1902 年由古腾塔格出版社出版）、理查德·福朗德（Richard Freund）的《社会安全法研究》（1902 年由古腾塔格出版社出版），以及海因里希·赫克纳（Heinrich Herkner）的《劳工之问》（1894 年）。

至于犯罪学领域的出版则如下。1889 年间"国际刑法联盟"①在维也纳成立了，创始人为三个著名的刑法专家，分别为弗兰兹·李斯特（Franz Liszt）、杰勒德·哈梅尔（Gerard van Hamel）和阿道弗·普林（Adolphe Prins）。由于古腾塔格与该组织的关系较为密切，多国刑法比较研究文集的《国际联合刑法手册》就被古腾塔格出版社接手。而该组织成立人之一的弗兰兹·李斯特，后来又自己组织了著名的犯罪学讨论会②，而随着该讨论会的影响力日益扩大，李斯特的一系列作品也被出版了：包括内容多为博士论文的《法庭科学技术贸易》（1890 年）、《德国犯罪法教材》（1881 年）、《比较犯罪法理学杂志》（1881 年），而后者至今在图书市场上仍能找到③。

最后，对塑造德国法律十分很重要的《德国律师会议备忘录》（1860—1930 年）首册，也由古腾塔格出版社出版。由此可见，学术

---

① International Union for Penal Law，第一次世界大战后解体。——译者注
② Kriminalistisches Seminar，1882 年在马尔堡首次开展。——译者注
③ 《德古意特出版社档案汇编》里只有少量的古腾塔格资料，最重要的就是《综合犯罪法科学杂志》的编辑弗兰兹·李斯特邮寄来的几封信与明信片，内容则是关于杂志的编辑人员和杂志新版的事宜。——原文注

与实践的结合也常常指明了法律政策的方向。

总之，古腾塔格出版社的法律书籍不仅反映了 20 世纪初的德国法律的实施现状，也促进了德国法学学科发展。

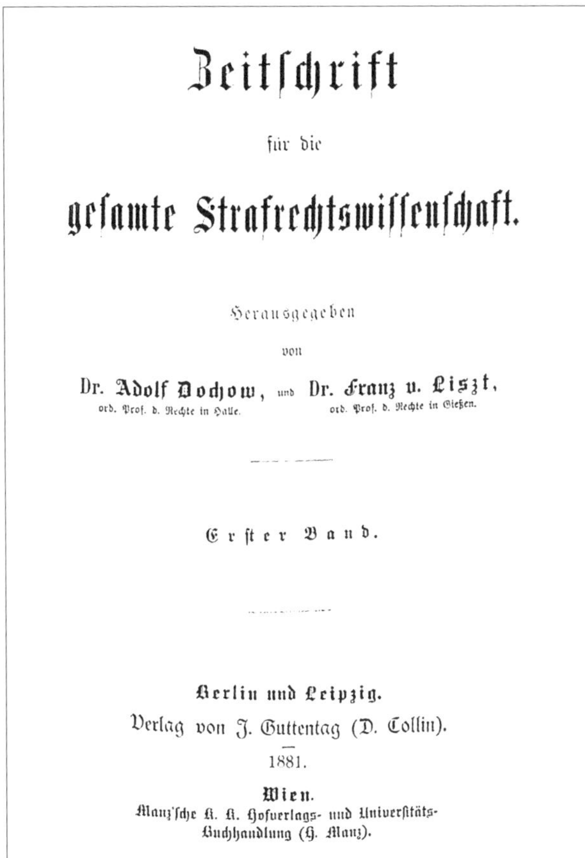

Zeitschrift

für die

gesamte Strafrechtswissenschaft.

Herausgegeben

von

Dr. Adolf Dochow, und Dr. Franz v. Liszt,

ord. Prof. d. Rechte in Halle. ord. Prof. d. Rechte in Gießen.

Erster Band.

Berlin und Leipzig.

Verlag von J. Guttentag (D. Collin).

1881.

Wien.

Manz'sche K. K. Hofverlags- und Universitäts-

Buchhandlung (G. Manz).

图 37 《比较犯罪法理学杂志》

## 《比较犯罪法理学杂志》

本杂志的主编弗兰兹·李斯特，也是德国法理学与社会学学院的创始人（Sociological School of German Criminal Jurisprudence）。他希望能把犯罪法理学的两种因素，即司法领域（juridical field）和犯罪法律（policy towards crime）结合起来，统称为"综合犯罪法学"（Comprehensive Criminal Jurisprudence）。在 1881 年，他与阿道夫·多乔（Adolf Dochow）一道，用此术语做了所创办杂志的刊名。

在该杂志首期前言上，主编们写道："这本杂志主要聚焦犯罪法、犯罪流程和辅助的外国法律，并致力于成为综合犯罪法领域的核心，以便为德国和其他德语国家的犯罪法律发展提供综合的且有价值的全面参考。"

本杂志刊发了大量跨学科的学术文章、评论和国外学术与法律进展介绍等内容，因此成了犯罪法与犯罪学研究讨论的学术领先杂志，直到今日还在出版，不仅增强了德国法学学科影响力，也为德国法理学在全世界中心地位的形成做出了贡献。

# 根辛纳大街 38 号的建筑

德古意特购买古腾塔格出版社后，其新的办公位置离赖默尔出版社的距离很近，凸显了古腾塔格出版社在德古意特出版业务中举足轻重的地位。1899 年起，两家公司就占据着吕措大街（Lützowstraße）107 号和 108 号办公楼。在 1906 年，德古意特还把新购买来的卡尔·特鲁布纳出版社也搬到了这里。

为了继续给新的出版帝国配套相应的位置，德古意特还计划

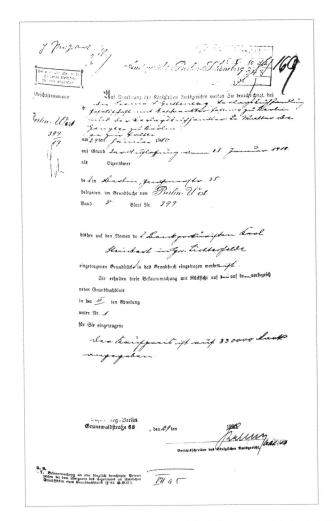

图 38　关于根辛纳大街 38 号财产出售给古腾塔格和德古意特的公告

购买新的商业大楼，于是根辛纳大街 38 号的建筑（38 GenthinerStraße)就进入视野。

之所以选择这里，与德古意特跟卖家卡尔·斯坦巴特（Carl Steinbart)的关系有关。他们不仅都居住在利希特菲尔德（Groß-

Lichterfelde)的威廉大街上（Wilhelmstraße），斯坦巴特还是门德尔松银行（Mendelssohn Bank）的授权签字人，以及皇家博物馆的赞助人，还是有名的印象派画家马克斯·斯勒福格特（Max Slevogt)作品的收藏人①。

至于根辛纳大街 38 号，原来是"基督教净心任务中央委员会"（Central Committee of the Inner Mission）②的男生寄宿学校所在地。后来委员会认为如此昂贵的蒂尔加藤区（Tiergarten District），如今已不适合让学生继续久留，因此希望卖掉这建筑以充实学校③。1907 年，斯坦巴特就从委员会手里购买了位于根辛纳大街 38 号和 33—36 号吕措大街的建筑，然后把此地建筑拆分④。1910 年 1 月 29 日，德古意特以 33 万马克的价格单独购买了根辛纳大街 38 号的楼⑤。

--------

① 关于卡尔·斯坦巴特的介绍，见约翰尼斯·古斯曼(Johannes Guthmann)所写的《人与公园、建筑之间的紧密联系》，图宾根，1955 年，第 279 页。而斯坦巴特捐给柏林皇家博物馆的作品有：莫奈的夏季主题绘画，和莫奈的作品"Saint Germain l'Auxerrois"。参考约翰·乔治·普林茨(Johann Georg Prinz)和彼得·卡劳斯·舒斯特(Peter Klaus Schuster)所著的《画家莫奈与雨果·冯·楚迪的现代对抗》(译者注：雨果·冯·楚迪是德国艺术历史家，在柏林的"旧国家画廊"当馆长期间引进了很多印象派画作)，纽约、柏林，1996 年，第 90,98 页。
② Central Committee of the Inner Mission，"净心任务"指 1848 年德国福音派发起的运动，旨在让基督教重生。——译者注
③ 销售后的款项被教会用于在柏林的达赫尔(Dahelm)乡下建造了新房屋。资料可见赫尔姆特·塔拉兹克(Helmut Talazko)所写的《赖琴施泰纳韦格大街的建筑历史资料》第 24 册(打字机版本)，1969 年。1907 年 5 月 14 日签订的购房合同之副本(打字机版本)，都保存在戴柯尼新教之档案中心(译者注：Archiv des Diakonischen Werkes der EKD，该组织为在德国和奥地利活跃的新教组织)。——原文注
④ 在 20 世纪 30 年代，根辛纳大街被改名成了"沃伊尔施大街"(Woyrschstraße)，街号也变了，但二战后又恢复原状。——原文注
⑤ 柏林舍内贝格当地法庭(Berlin Schöneberg Local Court)写给"净心任务中央委员会"的信件，内容关于斯坦巴特与以古腾塔格为名的德古意特之间的购房方式，保存在戴柯尼新教之档案中心，CA 173。——原文注

总之，当德古意特购买这里后，1910 年和 1911 年，出版社委托建筑师奥托·瓦尔特（Otto Walter）①重新设计翻修大楼，1912 年戈申出版社搬了进来。但后来德古意特发现用不完这么大空间，就又出租给威特·赖泽出版社（Welt Reise Verlag，之前名称为 Hobbing&Co）和卡西雷尔出版社（Cassirer's Pan Presse）用作办公室。②

## 知名品牌的终结？

1918 年，德古意特酝酿多年的出版业务合并计划开始实施。为了发挥古腾塔格出版社的传统法律出版优势，维特出版社的新掌门人奥托·海曼第一个提议，可把古腾塔格出版社加入计划里，这样与维特出版社的法律出版部门结合后，就可形成一股强大的合力③。

尽管德古意特也赞同这样做，但此时其他的合伙人有不同想法。例如克瑞斯坦·冯·波恩赫普特（Christian von Bornhaupt）就认为这样会让古腾塔格的名字从历史上消失，并声称："这次合

---

①　如今，根辛纳大街 38 号的建筑被国家历史保护办公室（State Conservator's Office）包含在了城市发展和环境保护（Urban Development and Environomental Protection）计划中。而奥托·瓦尔特的作品包括"梅泰别墅"（Villa Mette）、柏林的福斯特别墅（Villa Faust），并负责扩展波茨坦（Potsdam）的马夸特城堡（Marquardt Castle）和摩泽尔（Moselle）的科赫姆城堡（Cochem Castle）。而关于建筑师介绍，和出版社楼房的建筑历史，可参考弗兰克·奥古斯汀（Frank Augustin）所写的《柏林根辛纳大街 13 号：楼房的结构档案和古迹保存，建筑物表面风格研究，房屋生意资料》（译者注：柏林根辛纳大街 13 号为目前德古意特出版社现地址），柏林，1986 年。而关于扩建楼房的蓝图等资料，见《德古意特出版社档案汇编》，文件夹："根辛纳大街 38 号"。——原文注

②　租房合同所反映的不同情况和管理方式，见《德古意特出版社档案汇编》，文件夹："根辛纳大街 38 号"。——原文注

③　1918 年 2 月 11 日，奥托·海曼写给德古意特的信，见《德古意特出版社档案汇编》，文件夹："联盟的成立"，德古意特与哈勒姆的通信集。——原文注

并对古腾塔格出版社是个灾难,因为原本可预估的风险,如今却变得无法预测了。古腾塔格出版社在该领域的名声与贡献,是其他出版社无法比拟的。本来古腾塔格与其他出版社分享办公楼就已经虎落平阳了,而让出版社名称就这么消失更让人无法容忍。"①之后波恩赫普特就卖掉了他在德古意特出版社的股份。

但是,1919 年 1 月 1 日,古腾塔格出版社还是被合并进了"德古意特科学出版人联盟"。

---

① 跟 1918 年 2 月 24 日的会议备忘录类似,1918 年 6 月 22 日,古腾塔格出版社也有会议备忘录。《德古意特出版社档案汇编》,文件夹:"德古意特科学出版社人联盟的第一年章程记录"。——原文注

# 第五章 "不只是图书出版"——卡尔·特鲁布纳出版社

1872年,一个年轻人放弃继承一个英国举足轻重出版社的机会,选择来到刚并入德意志帝国版图的阿尔萨斯来发展自己的事业。这背后的原因是什么?是爱国主义还是冒险精神?抑或是独立的发展愿望所驱使?总之,事后发展表明,斯特拉斯堡新成立的"威廉皇帝大学"(Kaiser Wilhelm University),给了这个名为卡尔·特鲁布纳的年轻人更大的发展机遇。

图 39    卡尔·特鲁布纳画像

## 教育背景与出版社的初创

1846 年 1 月 6 日,卡尔·特鲁布纳出生在海德堡的金匠之家①,家人最初指望他做家族的老本行,但特鲁布纳却追随在伦敦

---

① 卡尔·特鲁布纳的生平见鲁道夫·司立波(Rudolf Sillib)所写的《人物简要传记》,第 6 册,第 1901—1910,506—508 页,以及德古意特所写的《德国去世人物传记,1907 年,卷 13》,第 176 页和《博森布拉特德国图书贸易杂志》,1907 年,129 期,第 5759 页。而尼古拉斯·特鲁布纳的生平见斯迪夫《德国人物志》第 38 册,莱比锡,1894 年,第 674—679 页。——原文注

做出版商的叔叔尼古拉斯·特鲁布纳（Nikolaus Trubner），立志以后进入出版业。特鲁布纳完成中学教育后，在日内瓦学习了一年的法语，随后的 1862 年至 1864 年，他首先在家乡海德堡加入了莫尔出版社，1866 年他搬到了莱比锡，入职了布洛克豪斯出版社（F. A. Brockhaus）①。最后特鲁布纳到了英国，终于加入叔叔的特鲁布纳出版社并给叔叔当助手。

特鲁布纳叔叔的出版社靠近著名的英国圣保罗大教堂，出版社主要聚焦语言和文学图书出版，同时还引进外国文学作品（之后该业务模板则被特鲁布纳照搬到了自己的出版社）。而这段在伦敦的时光，不仅塑造了特鲁布纳的生活方式，使其成了亲英派，他还在工作的同时，马不停蹄地学习古代与现代语言。当特鲁布纳在商业上开始崭露头角后，他叔叔希望特鲁布纳能继承自己的出版社，但特鲁布纳想走自己的路。恰巧此时，阿尔萨斯的政治风波给他提供了机会。

1870 年的普法战争后，阿尔萨斯-洛林地区被割让给了德国。而考虑到该区域的相关因素，该地区最终没有成为德意志邦国的成员，而是由柏林直接负责管辖。但为了继续推行"德意志化"，就在阿尔萨斯的斯特拉斯堡成立了"威廉皇帝大学"，具体负责把当地的文化与德意志文化结合起来的工作。而这个新成立的大学，不仅学科很领先，甚至拨款的预算也超过了德国本土的大学。

与此同时，原本在 1870 年被德军炸毁的斯特拉斯堡图书馆，也在国际社会的呼吁下被重建了。虽然新书只能靠捐赠填补，但公众对捐书的热情很高。当 1871 年 8 月图书馆正式对外开放时，

---

① 为辞典出版商和编辑弗里德里希·阿诺德·布洛克豪斯（Friedrich Arnold Brockhaus）成立的出版社，其《布劳克豪斯辞典》连续出版了 200 多年，在 2014 年才停止出版。——译者注

图 40　斯特拉斯堡的卡尔·特鲁布纳出版社

竟然有 1.2 万多册馆藏图书,以至于几年后还成了世界最大的高
校图书馆。十分凑巧的是,特鲁布纳在伦敦的叔叔,也将从英国和
英属殖民地,以及美国搜集来的英文图书都捐给了这个图书馆。
为了答谢他,威廉皇帝大学提议他在斯特拉斯堡设立个出版社分
支,但特鲁布纳的叔叔拒绝了这个建议,而特鲁布纳则接住了这个
橄榄枝,在斯特拉斯堡成立了自己的出版社。①

　　1872 年 5 月 22 日,威廉皇帝大学成立三周后,卡尔·特鲁布
纳出版社(Verlagsbuchhandlung Karl Trubner)也成立了,位于古
腾堡广场(Gutenberg Square)的沃尔夫印刷店,不久后又搬到了总
理广场 9 号(9 Minister Square)。

---

　　①　关于文后提到的斯特拉斯堡图书馆和尼古拉斯·特鲁布纳在其重建中的角色,
见约翰·克雷格(John E. Craig):《学术与国家的建设:1870 年至 1939 年的斯特拉斯堡
大学和阿尔萨斯社会》,芝加哥,伦敦,1984 年,第 29—67 页。奥托·弗兰兹(Otto
Pflanze):《俾斯麦与德国的发展》,慕尼黑,1997 年,第 628—737 页。哈罗德·哈默·申
克(Harold Hammer Schenk)所写的《学校成立了!——1870 年斯特拉斯堡大学的成立
和发展》刊登在艾克哈德·迈尔(Ekkehard Mai)和斯蒂芬·瓦艾特佐特(Stephan
Waetzoldt)所著的《德国帝制时期的艺术管理部门:建设与政治贡献》,柏林,1981 年,第
121—145 页。《1872 年至 1897 年的卡尔·特鲁布纳出版社书目》,第 16 册,斯特拉斯
堡,1897 年。——原文注

特鲁布纳所设想的业务是：从海外引进文学图书、二手学术图书、古文物图书等进行售卖交易。但阴差阳错的是，仅仅八天后，他就出版了图书《语言学的发现》，作者是刚入职斯特拉斯堡大学（Strasbourg University）的东方学家马克斯·穆勒（Max Muller），他也是最早设置这类课程的牛津语言宗教学者。

结果本书一炮打响：在三个月内就再版三次，以至于多年后的 1897 年，在出版社 25 周年纪念日上，特鲁布纳如此回忆道："这对我来说是好兆头，以后我就把在伦敦学到的出版经验，集中运用在语言、东方学和哲学的出版领域，以此来服务德意志帝国。"①

但话说回来，在出版社刚成立的阶段，图书零售业务、二手学术图书和古文物图书的交易才是基本的业务。因为这几个领域的业务，能让特鲁布纳从他叔叔的业务关系网里得到帮助。

1903 年，特鲁布纳在第一年的净利润增加了 28％。他这样总结道："至于经营支出的比重在 1870 年左右占到了 14％—16％。到了 1889 年，经营支出又增加到了 19.5％—20％。至于销售数字：总额为 14 万马克，其中古文物图书和二手书交易为 4 万马克，而这部分利润比较高。文学图书的销售数字也是 4 万马克，学术书则为 6 万马克。但学术书几乎没有盈利，因为是直接从出版社进货导致价格昂贵。根据规定：德国的出版社购买可享受 9 折，而外国出版社的图书则没有优惠。"②

## 出版社步入正轨

过了几年，此前被特鲁布纳认为"可做可不做"的业务，如今却

---

① 《1872 年至 1897 年的卡尔·特鲁布纳出版社书目》，第 16 册。——原文注
② 卡尔·特鲁布纳：《与德国出版社商会的合作备忘录，包括与时任主席古斯特夫·费希尔博士的合作》，耶拿，1903 年，第 45 页。——原文注

面临着巨大的市场机会，使得他把零售和古文物图书部门拆分。在 1890 年，他还找了个合伙人奥莱德尔（E. d'Oleire），共同成立了特鲁布纳 & 奥莱德尔出版社（Trubner & d'Oleire），但一年后的 1 月 1 日，他就把股份卖给了合伙人。特鲁布纳对此也悻悻然地回忆道："我其实非常希望自己能够一下子掌握三块业务，但考虑到我的健康情况，如此美妙的计划却无法实施。仅仅是其中的一项业务，就需要全身心地投入。我也知道，若不希望所出版的文学图书库存太多的话，就必须规划清晰的目标，以此来激励产品的再生产。"所以，特鲁布纳就专注语言学和文学研究领域了。[①]

特鲁布纳还为编写语言研究领域的百科全书而着迷，1888 年，他与在斯特拉斯堡大学研究浪漫文学领域的教授古斯塔夫·戈洛博（Gustav Grober）编著了《浪漫语言文献学概览》。此书销量很好，因此与之相似的图书出版就如泄洪般奔涌而出：1891 年，由慕尼黑学者赫尔曼·保尔（Hermann Paul）编辑的 3 册的《德国语言文献学概览》也紧接着出版。之后乔治·比勒（George Buhler）的 3 册《印度雅利安之语言文献学和风俗习惯》（1896—1935 年）也面世了。1901 年起，由威廉·盖格（Wilhelm Geiger）和恩斯特·库恩（Ernst Kuhn）编辑的《伊朗语言文献学概览》也被出版，之后该书的后续内容，则被 5 册的《印度—德语语法比较概览》（1897—1900 年）接手，并由卡尔·布鲁格曼（Karl Brugmann）和伯特霍尔德·戴布流克（Berthold Delbruck）编辑。波恩的德语语言专家威廉·

---

① 《1872 年至 1897 年的卡尔·特鲁布纳出版社书目》，第 19 册。——原文注

维尔曼斯(Wilhelm Wilmanns)编辑的《德语语法》也被出版①。

1883年,进一步巩固特鲁布纳出版社业务版图的"语言学领域开拓者"的图书出版面世了。与特鲁布纳关系密切的德语语言学家、在瑞士弗里堡(Freiburg)的弗里德里希·克鲁格(Friedrich Kluge)出版了《德语词源词典》。作为一本少有的能做到综合分析的学术书,当年又出了2个版本(剩余的8个版本陆续被克鲁格编辑和扩容)。值得一提的是:虽然特鲁布纳希望此书能够翻译成其他语种,但却被竞争对手抢先了。1900年至1914年,其他类似著作也接踵面世,包括《德语语源期刊》②。

1885年,特鲁布纳以可观的价格卖掉了他在海德堡的朱利叶斯·格鲁斯出版社(Julius Groos),接手人是卡尔·温特(Karl Winter)和弗里德里希·沃尔夫。几年后的1890年,特鲁布纳又转而购买了柏林的罗伯特·欧佩海姆出版社(Robert Openheim)的文学历史业务部门,由此获得了阿道夫·盖斯派瑞(Adolf Gaspary)编辑的《意大利文学历史》和《英语文学历史》的版权③。

特鲁布纳还开创了德语地区考古和史前人类学领域图书的出版,包括奥托·施罗德(Otto Schrader)编辑的《德语地区人们的语

---

① 特鲁布纳出版社的书目见《1872年至1880年的伦敦:卡尔·特鲁布纳出版社的出版报告》,斯特拉斯堡,以及《1872年至1897年的卡尔·特鲁布纳出版社书目》,斯特拉斯堡,1897年。《1872年至1903年的卡尔·特鲁布纳出版社的书目》,斯特拉斯堡,1903年。《1872年至1913年的卡尔·特鲁布纳出版社的书目》,斯特拉斯堡,1913年。而至于1914—1918年的书目,出版社每年的活动资料有涉及,在此不单独列出。——原文注

② 格哈德·卢德克(Gerhard Lüdtke):《沃尔特·德古意特的人生图册》,柏林,莱比锡,1929年,第33页。阿尔弗雷德·哥特泽尔(Alfred Götze)和弗里德里希·克鲁格:《德国神学杂志,51期》,第330—333页,1926年。——原文注

③ 《1872年至1897年的卡尔·特鲁布纳出版社书目》,第19册的脚注。——原文注

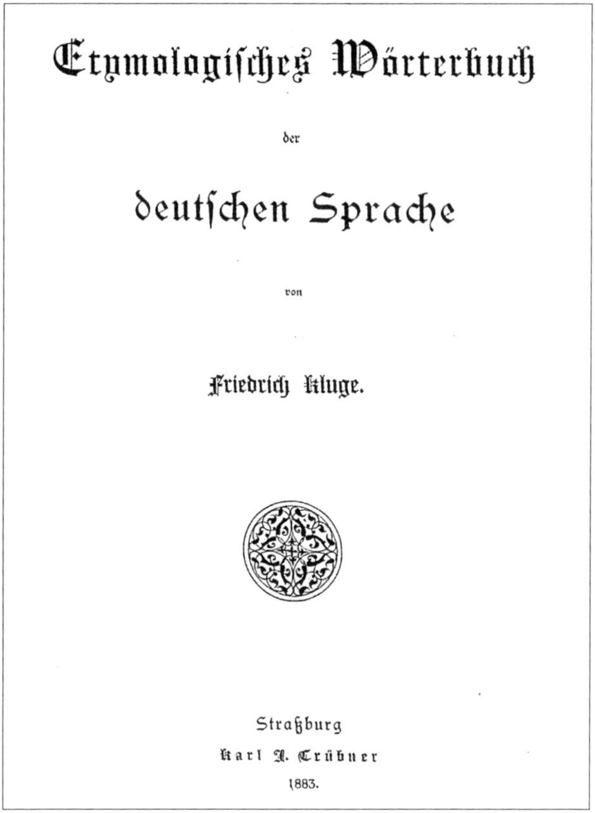

Etymologisches Wörterbuch

der

deutschen Sprache

von

Friedrich Kluge.

Straßburg

Karl J. Trübner

1883.

图 41　1883 年版《德语词源词典》

言和文化研究素材》[①]（1874 年）和《印度-德语古代研究百科》（1901
年），索菲斯·穆勒（Sophus Muller）翻译的 2 册《北欧古代研究》
（1897—1898 年）和《早期欧洲历史》（1905 年）。特鲁布纳也一直
希望落实《德语地区古代研究》，但在他去世后此书才最终面世。

---

① 该书后来经过多次改名，在 1995 年变为《文学和文化历史研究索引》，而第 14
版在 1998 年出现，至此全集的卷数总共有 235 册。——原文注

## 克鲁格的《德语词源词典》

弗里德里希·克鲁格(1856—1926 年)在斯特拉斯堡当学生时,就对词源、科学来源、历史和字词的本意感兴趣。1883 年,当《德语词源词典》的首册出版后,里面就有他筛选和解释的约 5000 个关键词。

有意思的是,该刊也解释了德语的"出版"(Verlegen)一词的来源和发展,根据克鲁格的说法,这词本来的意思是"借钱或支付",直到 17 世纪,相关的词也只是指任何从事商业活动的人,与出版没半点关系。之后"Verleger"逐渐发展,至今才单独指"出版人"。

一个多世纪后的 1995 年,该书的第 23 版面世了,关键词已扩充到了 1.3 万余个,并增加了对特殊目的用词和外来词的解释,可见这词典在如今依旧宝刀未老。

除此之外,出版阿尔萨斯地区的历史图书也是重中之重:包括恩斯特·马丁(Ernst Martin)和汉斯·伦哈特(Hans Lienhart)编著的 2 册《阿尔萨斯方言词典》(1897—1907 年),以及《斯特拉斯堡档案》(1879 年)。

但很多事都是双刃剑,虽然特鲁布纳在阿尔萨斯的机遇很大,但面临的挑战也是空前的。此前他与该地区的州长爱德华·穆勒(Eduard Moller,从 1871 至 1879 年任职)达成了协议,准备出版《阿尔萨斯-洛林地区的法律汇编》。但新州长埃德温·曼特菲(Edwin Manteuffel)上台后就想撕毁合同,于是矛盾立马就出现了。为此特鲁布纳就与之对簿公堂。而这就是历史上闻名且持续 6 年的,书商与当地政府之间博弈的"曼特菲时期"。经过一番折腾后,这本书还是被特鲁布纳出版,只不过标题稍微改动,变为了《阿尔萨斯-洛林地区现行法律汇编》。

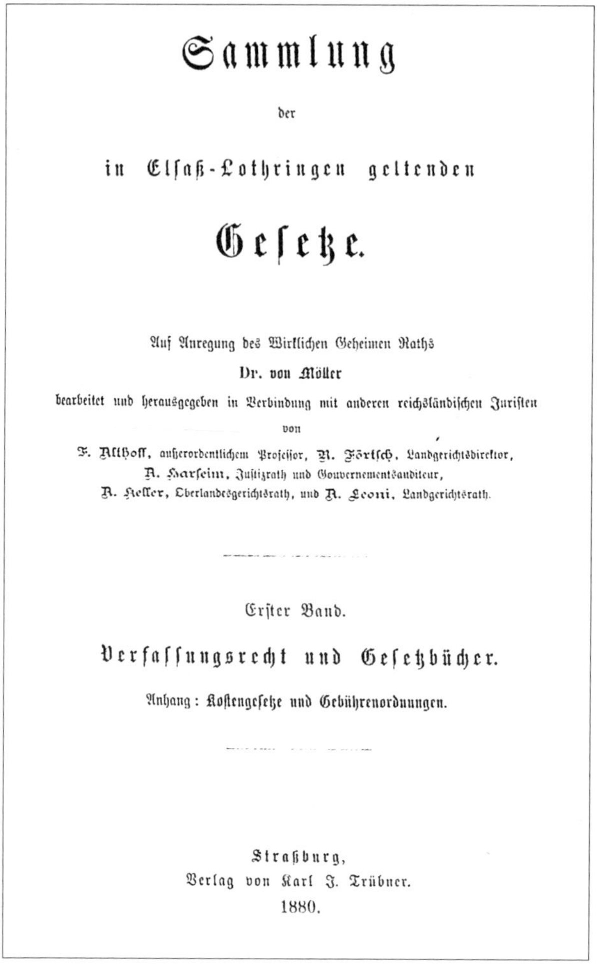

**Sammlung**

der

in Elfaß-Lothringen geltenden

**Gesetze.**

Auf Anregung des Wirklichen Geheimen Raths

Dr. von Möller

bearbeitet und herausgegeben in Verbindung mit anderen reichsländischen Juristen

von

F. Althoff, außerordentlichem Professor, N. Förtsch, Landgerichtsdirektor,
A. Harseim, Justizrath und Gouvernementsauditeur,
A. Keller, Oberlandesgerichtsrath, und A. Leoni, Landgerichtsrath.

Erster Band.

Verfassungsrecht und Gesetzbücher.

Anhang: Kostengesetze und Gebührenordnungen.

Straßburg,
Verlag von Karl J. Trübner.
1880.

图 42　《阿尔萨斯-洛林地区现行法律汇编》

　　但麻烦还没完全结束。在"新官上任三把火"的势头下,巴伦·杜·伯尔(Baron Du Prel)编著的《德国在阿尔萨斯-洛林地区的管理》仅仅发货一次就被命令召回。州长曼特菲使出浑身解数,指望获得当地工业家和天主教牧师在内的阿尔萨斯上流社会的支持。然而他的"胡萝卜加大棒"政策,反而在当地的德语地区引发了广泛愤怒,连大多数的斯特拉斯堡的高校学者也公开表明了不满,特鲁布纳趁机声称要把出版社搬到海德堡,以远离"独裁的威胁"[1]。

总之,特鲁布纳在阿尔萨斯的这段时期,出版社的社会声望是建立在语言学图书出版的基础上的,但也涉及"德语地区的考古"和"阿尔萨斯地区的文化人类学"等主题图书。而在国际市场方面,在特鲁布纳[2]出版的图书有三分之一都是用于出口,其中奥匈帝国市场占 23.8%(7.1%),英国市场占 16.3%(5.4%),美国市场占 12.7%(4.2%)[3]。而最赢利的板块则来自所谓的"次要"领域,例如有两本书在海外市场很受欢迎:菲利克斯·霍庇·塞勒(Felix Hoppe Seyler)编辑的《生理化学杂志》(第一册 1877—1878 年出版)和介绍国际上的学者、大学和其他研究机构的词典《知识世界:弥涅尔瓦年鉴》(1891 年)。

然而高度专业化的图书也面临着销售达不到预期的问题困扰。特鲁布纳总结道:"1883 年和往后的 3 年,我出版了英国诗人乔叟(Chaucer)的翻译作品(带 78 个签名),总共为三册的未删节版,翻译水平也很不错,定价则是 11 马克。但三年间你猜卖了多

---

① 《1872 年至 1897 年的卡尔·特鲁布纳出版社书目》,第 19 册。而关于"曼特菲时期"的情况见约翰·克雷格:《学术与国家的建设:1870 年至 1939 年的斯特拉斯堡大学和阿尔萨斯社会》,以及奥托·弗兰兹:《俾斯麦与德国的发展》,第 336 页。——原文注

② 尽管特鲁布纳此时的声誉是建立在语言学图书出版的基础上,但也出版其他领域图书,包括历史、神学和自然科学等。——原文注

③ 特鲁布纳出版社的声誉享誉在外,在 1902 年,连施普林格出版社的创建人朱利叶斯·施普林格也在此做学徒。海因茨·萨克斯基:《施普林格自然科学出版社历史:1842 年至 1945 年》,柏林,1992 年,第 156 页。——原文注

图 43　特鲁布纳的别墅

少？150 册！哪怕降价后到了 5 马克，市场销售量也没增加。"①

## 塞勒的《生理化学杂志》

1872 年，刚成立的斯特拉斯堡大学，计划成立全德第一所独立的生理化学学院。就在学科建设依旧处在襁褓中之时，菲利克斯·霍庇·塞勒担任了生理化学专业的主席。随后，塞勒就如鱼得水般，把斯特拉斯堡大学建设成了学科前沿的桥头堡。

1877 年，他在《生理化学杂志》的首刊前言里，首次使用新名词"生理化学"（Biochemistry），以便把新学科与生理科学（Physiological Sciences）区别开来，而这也是生理化学（Physiological Chemistry）的同义词。

杂志把学术圈子里的学科先驱和同僚们吸引过来，从而得以把研究成果统筹在一起，并让该刊记录了生理化学发展的历史进程。一个多世纪后，虽然内容和语言早已跟当初大不一样，但杂志依旧存在，依旧由德古意特出版社负责出版。

---

① 《1872 年至 1897 年的卡尔·特鲁布纳出版社书目》，第 11 册的脚注，而脚注中括号里的图表，即显示出整个生产中的比例。——原文注

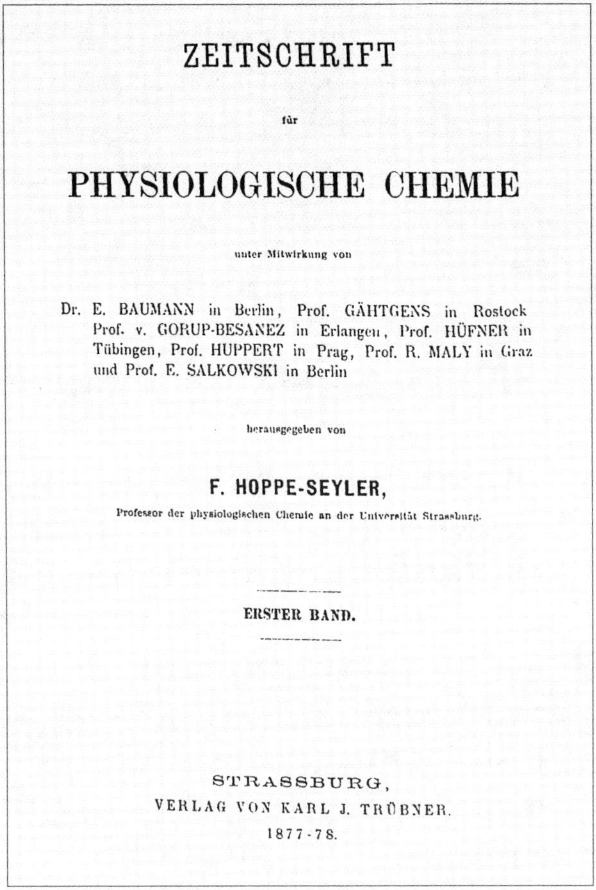

ZEITSCHRIFT

für

PHYSIOLOGISCHE CHEMIE

unter Mitwirkung von

Dr. E. BAUMANN in Berlin, Prof. GÄHTGENS in Rostock
Prof. v. GORUP-BESANEZ in Erlangen, Prof. HÜFNER in
Tübingen, Prof. HUPPERT in Prag, Prof. R. MALY in Graz
und Prof. E. SALKOWSKI in Berlin

herausgegeben von

F. HOPPE-SEYLER,

Professor der physiologischen Chemie an der Universität Strassburg.

ERSTER BAND.

STRASSBURG,
VERLAG VON KARL J. TRÜBNER.
1877-78.

图 44 《生理化学杂志》

1995 年起,为了纪念创始人和期刊,"塞勒课程"的形式也脱颖而出。同时《生理化学杂志》的编辑们还颁发年度奖,以便奖励在该领域和分子领域做出突出贡献的学者。[1]

① 彼得·卡尔森(Peter Karlson):《塞勒的〈生理化学杂志〉之百年历史》,刊登在《生理化学杂志》,1977 年,第 338 期,第 717—752 页。

　　在个人生活方面，1878 年起，特鲁布纳娶了斯图加特出版商的女儿克拉拉·恩格尔伦（Klara Engelhron），之后夫妇住在施韦格豪瑟大街（schweighauserstraße）的半砖木别墅里。这里不仅私人空间足够，也给他热爱的藏品提供了足够空间。1898 年，威廉皇帝大学给特鲁布纳颁发了哲学荣誉博士学位，一年后他被授予荣誉头衔"Kommerzienrat"①。此后特鲁布纳没再参与当地的政治活动。

## 国宝马内塞古抄本的重见天日

　　1897 年，特鲁布纳这样记述道："我不得不提在 1888 年所发生的一件惊喜：马内塞古抄本（Codex Manesse）终于再次出现在世人面前了。当然我还得感谢威廉一世皇帝陛下，因为他才得以让这件国宝回到我的老家海德堡。这可是经过了两次与法国交涉的结果啊！这下子，经过克劳斯神父②的精心修缮后，国宝终于在海德堡大学建校 500 周年之际在故地重现光彩，连当地的巴登（Baden）政府也委托我再版此书。"③背后的真实情况是谈判过程中所遇到的困难让特鲁布纳始料不及，等抄本最终被送到海德堡后，所谓的"喜悦感"早已荡然无存。

　　"马内塞古抄本"在德语中被称为"Große Heidelberger Liederhandschrift"或"Manessesche Liederhandschrift"。此书 14

---

　　① 德意志帝国时期的荣誉。——译者注

　　② Franz Xaver Kraus，德国天主教神父与艺术史学家。——译者注

　　③ 《1872 年至 1897 年的卡尔·特鲁布纳出版社书目》，第 18 册。艾尔玛·密特尔（Elmar Mittler）所写的《马内塞古抄本：1988 年 6 月 12 日至 9 月 4 日的海德堡大学图书馆之展览》之"回归"一节，第 22—67 页。——原文注

图 45 1887 年版《马内塞古抄本》

世纪前半叶在苏黎世完成，完整地收录了中世纪德国的诗歌，从而反映了当时的爱情、政治主张等思想观念。书中还包含 137 张特点鲜明的全幅画，曾经是当时著名的帕勒提那图书馆（Biliotheca Palatina，德国文艺复兴时期最重要的图书馆），现在为海德堡的城堡建筑图书馆的藏品。1622 年，外号"冬王"①的腓特烈五世

---

① 因为当帝王时间才一年就被打败。——译者注

(Elector Palatine Friedrich V）逃亡后，天主教联盟的军队就掠夺走了抄本。

　　到了 1815 年，即法国大革命期间，《格林童话》的作者雅各布·格林碰巧在法国国家图书馆发现了抄本，此时"让国宝回归"的呼声就高涨起来。鉴于时间过去已经很久了，抄本早已被法国当作是自己的财产，两国间的高层也无法达成共识。1823 年，德国语言学者弗里德里希·哈根（Friedrich von der Hagen）甚至还提议，用布雷斯劳公共图书馆（Breslau Municipal Library）收藏的法国抄本来交换。到了拿破仑战争时期，普鲁士王子中的参谋人员就此向法方提供这一建议设想，但由于法律问题仍旧被法国拒绝了[1]。

　　等欧洲的战争硝烟散去后，即半个世纪后的 1883 年，为了给 3 年后的海德堡大学建校 500 周年纪念献礼，巴登地方政府的法律部、文化部和教育部终于联合起来，准备出版马赛尔古抄本的复制品。

　　1887 年，马内塞古抄本的珂罗版[2]的复制品终于面世：除了几本被巴登公国（Archduke of Baden）、海德堡大学和巴黎国立图书馆收藏外，另外 80 本仅包含袖珍图像的复制版本允许公开销售，次年第一版就销售完了[3]。此时作为抄本鉴赏家的特鲁布纳，也被马内塞古抄本的复制品所吸引，再加上克劳斯神父的大力推荐，特鲁布纳获得了再版抄本的代理权。恰在此时，藏书圈内闻名的"阿

---

　　[1]　1872—1897 年的出版社书目，第 18 册。艾尔玛·密特尔所写的《马内塞古抄本：1988 年 6 月 12 日至 9 月 4 日的海德堡大学图书馆之展览之"回归"一节，第 34 页。——原文注
　　[2]　Collotype，一种基于重铬酸盐的照相平板印刷技术，于法国摄影师帕德范 1856 年发明，清朝光绪年间经过日本也传入中国。——译者注
　　[3]　同上，第 22—29 页。——原文注

什伯纳藏书"(Ashburnham Collection)正在被拍卖,于是特鲁布纳就灵机一动有了"一石二鸟"的想法。

伯特兰恩·阿什伯纳勋爵(Bertram Ashburnham)生前拥有英语抄本馆藏数量最多,1878 年他去世后,继承这份遗产的后代们却面临一个棘手的问题:尽管阿什伯纳的初心是好的,但他购买的大部分藏品均为盗窃之物。而经专家鉴定出的就有 166 个抄本是从法国盗窃的。

巴黎国立图书馆的馆长利奥波德·德莱尔(Leopold Delisle)声称这些抄本都该归还到法国的图书馆,但巴黎国立图书馆与大英博物馆都缺乏购买藏书的经费,用来筹集资金而成立的法国合资公司也不成功。与此同时,舆论已经沸沸扬扬,律师和记者都反对销售被盗之物。对阿什伯纳的继承人来说,也越来越难找到这些法国抄本的买家,加上社会舆论的压力,伯特兰恩·阿什伯纳勋爵的后人们拒绝跟巴黎的德莱尔馆长直接打交道①,直到特鲁布纳的介入才让事情有了转机。

1887 年 9 月,特鲁布纳到了阿什伯纳官邸后,在律师的见证下与其达成了协议:特鲁布纳被授予了全部藏品的代理销售权(也可选择除法国抄本外的其他藏品来销售),后来特鲁布纳自己筹资购买了这 166 个法国方面的收藏品,价格为 48 万马克(价值 2.4 万英镑)。

随后特鲁布纳就跟法国国家图书馆提出,可卖出被盗的 166 个法国藏品,但后来由于法国国家图书馆资金不够,他转而就提出:那就用马内塞古抄本来交换吧! 但需要同时再付 20 万法郎。他的盘算是:"等交换到马内塞古抄本后,德国政府是不可能坐视国宝不管的,肯定会出大价钱来回购。"为此他预期转手后的马内

---

① 同上,第 29 页。——原文注

塞古抄本卖出价可为 70 万法郎，加上之前的 20 万法郎，就可继续购买全部的阿什伯纳藏品，来继续做此类交易。

　　果然，法国国立图书馆立刻默许了这项交易。在 2 个月后，特鲁布纳风尘仆仆地来到巴黎与德莱尔馆长会面。当地的部长也给这项交易大开绿灯。11 月 12 日，协议正式达成了：特鲁布纳用法国国家图书馆希望得到的 166 个抄本交换法方的马内塞古抄本，外加额外支付给特鲁布纳 15 万法郎（比预期的低 5 万法郎），相当于 12 万马克①。

　　与法国方面的顺利相比，德国方面的交易却更麻烦：虽然巴登政府和普鲁士当局一致初步同意特鲁布纳的价格，但却一直在讨价还价。而经过反复讨价还价后，德国政府最终同意以 36 万马克来回购马内塞古抄本，外加付给特鲁布纳 10％的代理费，总额最终为 40 万马克。

　　但德方所需要的资金需要专门拨款，而不是从预算里出，意思就是需要得到时任德国总理俾斯麦的亲自审核。1887 年 11 月 24 日②，巴登使节就此事在柏林，记下了俾斯麦对此事的反应："总理并不熟悉这些被众人深爱的诗歌，还觉得插图呆板，也没看一眼我们递交的用来解释古抄本历史背景的文件。"其实就解释历史背景而言，专家应非特奥尔多·蒙森莫属，他能理解马内塞古抄本的无价之处，况且他还觉得，哪怕是 50 万马克的价格也实在太便宜了。

　　事到如今，有人说特鲁布纳应该降低他的代理费，或先签订协议，再交涉费用问题。而普鲁士文化部也觉得特鲁布纳得到的利益已经足够了，还声称："若他不把自己的身份看成书商，而是个爱

---

　　①　同上，第 35 页。——原文注
　　②　1887 年 11 月 24 日，作为巴登地方政府代表团的负责人马歇尔·冯·比伯施坦因（Marshal von Bieberstein），给所在州的部长路德维格·图班·阿特尔（Ludwig Turban der Ältere）的信。——原文注

国者,那就会在历史上有一席之地。"①然而实践证明,瑞士苏黎世方面曾给过特鲁布纳更高的价格,却被他拒绝了。

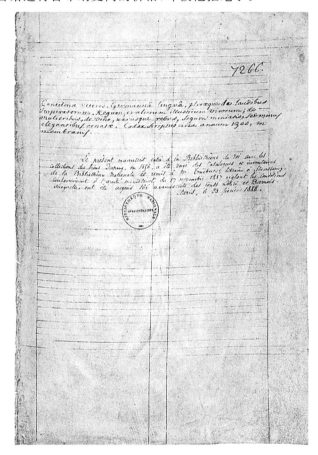

图 46 法国国家图书馆与布鲁特纳关于马内塞古抄本交易记录

在后来的几周时间里,主要就是用来讨论资金和巴登政府筹款问题的。最终,俾斯麦同意 40 万马克的购买计划的消息姗姗来

①　同上,第43页。——原文注

迟,但条款规定:用 3 年时间分期还清,但没有利息,而且特鲁布纳被要求继续从法方追回德国起源的抄本,最后特鲁布纳的代理费也不再是 10％了。

特鲁布纳得知上述消息后就威胁要退出交易,因为他也是借钱筹资购买古抄本的,自己也要支付利息,若德法双方都只按年度分期且没有利息的情况下支付他的投入,根据当时的英镑汇率,他仅仅才获利 6500 马克。后来在文化部出面保证他的利润是 2.5 万马克后,他才同意此方案。

虽然后来法国国立图书馆拒绝了后续的德国古抄本交易,但是马内塞古抄本的交易合同还是在 1888 年 2 月 9 日签署了。随后 166 册法国抄本被运往了伦敦(因为特鲁布纳叔叔的出版社在那),当特鲁布纳收到了 15 万法郎后,德莱尔馆长和两位负责人又亲自检查确认法国古抄本的完整,接着德莱尔就发电报给巴黎,指示将马内塞古抄送到驻巴黎的德国使馆,随后特鲁布纳又收到了德方以法郎结算的(即 11 万法郎)分期付款。

马内塞古抄本的回归最终成了全德国的庆祝活动,相关荣誉被授予了参与其中的很多人,但唯独故事的主角特鲁布纳没有,他所做的功劳就被这么遗忘了。在 1890 年,他甚至被描述成为一个只是执行上级命令的人。为此特鲁布纳抗议道:"这帮柏林的老爷们! 这本来就是我的主意,况且他们还是想拼命阻止实施的,这简直是卑鄙的挑衅。"①

---

① 1990 年 10 月 8 日,《实时新闻:慕尼黑 92》第 192 期(译者注:1850 年成立,且至今仍在发行,目前的出版社为 Verlagsgruppe Rhein Main)。

# 与各种行业内的组织之联系

进入 20 世纪新千年的 1903 年、1904 年,出版业内的纠纷四起,主要是因为书商不再享受折扣优惠了。在"学术保护协会"(Academic Protection Association)的支持下,经济学家卡尔·布赫撰写了《德国图书贸易与科学》一书,来抨击德国图书贸易的弊端:长期以来出版社剥削作者,图书销售一成不变的代理销售价格。卡尔·布赫声称只有改变这些行规,才能鼓励出版社间平等自由竞争。

为了应对卡尔·布赫的批评和指责,特鲁布纳也写了一本《图书争端》来为主持现有出版业行规的德国贸易科学协会(The German Book Trade and the Science)辩护。其实早在 1897 年,他在卡尔·特鲁布纳出版社的周年纪念书目的序言中就写道:"只有图书零售业有活力,坚持不懈地为地处偏远的客户(尤其是各地图书馆馆员)提供服务,才能保障思想学术文章的广泛传播。"

尽管这次特鲁布纳运用了一些事实和数据为现行行规做辩护,还以自己多年的外贸图书经验为基础,指出布赫对零售业务的误解,得出的结论是:只有零售业务的繁荣发展才能更有效地维护出版市场繁荣。但同时,特鲁布纳也用了很多篇幅,支持出版业的赢利和自由竞争。卡尔·特鲁布纳的思想、主张,就算在出版社越来越商业化的 20 世纪[①],也是很罕见的。

---

[①] 卡尔·特鲁布纳:《与德国出版社商会的合作备忘录,包括与时任主席古斯特夫·费希尔博士的合作》,第 32—61,66—70 页。《1872 年至 1897 年的特鲁布纳出版社书目》,第 7 册,第 9 册,第 15 册。而关于《图书争端》,见汉斯·尤尔根·特乌特贝格(Hans Jürgen Teuteberg)所写的《卡尔·特鲁布纳的争端》收入《1900 年图书贸易和自然科学文集》,刊登在《卡尔恩斯特生日 65 周年纪念:历史与历史思维》,曼斯泰,1990年,第 414—442 页。而特鲁布纳的文件在第 429 页。——原文注

特鲁布纳还在书中指出:"假如加入投身出版这一行业没有信念做基础是很难成功的,而书商与作者的共同利益同样是关键。如若不然就等同于摧毁了出版业存在的基础。假设没有这种关系基础,哪些颇为自负的作者会一下子有了十多种版本的想法来与你合作,并且这些作者一点也不为自己事后放弃承诺、撕毁合约而感到愧疚,那么出版业还能够持续下去吗?"[1]实际上,特鲁布纳也与作者的关系一直保持友好,与学术界的联系也很密切。

1898 年至 1904 年,特鲁布纳是德国图书贸易协会委员会的成员,从 1901 年起担任主席。从 1903 年起,他还是历史委员会的成员,由于贸易原因,他还与德国出版人协会(Deutscher Verlegerverein)关系很近,并顺理成章地担任代表,在 1901 年和 1902 年担任主席。1899 年起,他还是德国出版人商会(Deutsche Verlegerkammer)的一名成员,而此时该机构还是当地 4 家出版社协会的旗下组织。

1897 年,特鲁布纳就呼吁要成立纪律委员会[2],而当特鲁布纳在 1904 年由于健康问题退休后,他写道:"我希望在有生之年能看到所有的出版行为都在纪律委员会的规范下进行。如此一来,至少在道义上能为整个出版业着想(但这种设想直到 1925 年才实现)。"由于特鲁布纳多年参与图书贸易组织的事务管理,就引起了德古意特的注意。

1904 年 4 月 30 日,在具有业内影响的德古意特的大力支持下,当地的协会都合并了,由此德国出版人协会成了出版业界的唯一行业组织。对此合并特鲁布纳表示欢迎,声称"这样可抵抗住外

---

① 同上,第 64 页。同上,第 20 册。——原文注
② 安玛莉·梅纳(Annemarie Meiner):《1886 年至 1935 年的德国出版人新闻》,莱比锡,1936 年,第 85—91 页。——原文注

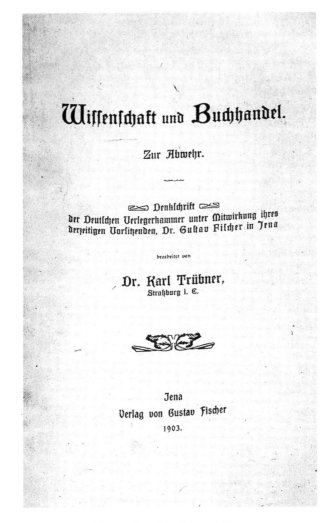

图 47　特鲁布纳的《图书争端》

界攻击,保护德国图书贸易的运转活力,并健康塑造全行业"①。

---

① 《1872 年至 1897 年的特鲁布纳出版社书目》,第 14 册。——原文注

# 德古意特的加入

在新的世纪之交,特鲁布纳出版社的生意日益变得因循守旧：曾经充满创意和活力的大脑似乎也在老化。导致已经启动的一些出版项目也无法如期完成,一些大的项目不再考虑和筹划。而且特鲁布纳还发现,越来越难以吸引年轻的学者和出版社合作。与之相反的是,在海德堡的温特出版社(Winter Verlag)超越了特鲁布纳,甚至在语言学领域上也开始独领风骚了[①]。

此时,没有子女的特鲁布纳开始焦急地在找接班人。而通过在出版人协会的网络,他发现德古意特能够胜任。1904 年,特鲁布纳就提出：以 30 万马克的价格把出版社转让给德古意特。在检查完账目,通过值得信赖的信用机构调查后[②],德古意特毫不犹豫地答应下来了。

虽然两人尽可能地保守秘密,但收购的消息还是在 1905 年年初被外界所知晓。特鲁布纳就只好快马加鞭地将这一消息通知给与他合作紧密的作者,首先是克鲁格,接着又拉着德古意特在同年秋季去了海德堡、法兰克福、波恩、莱比锡、慕尼黑和瑞士弗里堡,

---

[①] 在德古意特购买特鲁布纳出版社的背后,备受前者信赖的格哈德·卢德克的极力推荐也起了关键作用,因为卢德克众多出版物和报告中都赞扬该出版社和创始人特鲁布纳所取得的成就。而卢德克所写的有：《1906 年 1 月 1 日至 1915 年 12 月 31 日：十年辛勤工作下的特鲁布纳出版社》("Karl I. Trübner 1906—1915. Ueberischt über die zehnjährige Tätigkeit der Verlagsbuchhandlung Karl I. Trübner vom 1. Januar 1906 bis 31. Dezember 1915")副本,第 19 页,《1924 年至 1928 年的卡尔·特鲁布纳出版社》,柏林,1931 年,以及《30 年来的特鲁布纳出版社》,柏林。都收藏在《德古意特出版社档案汇编》。——原文注

[②] 1904 年 2 月 12 日,奥斯坤佛斯坦·威廉·施弥勒佩恩(Auskunftein Wilhelm Schimmelpeng)写给德古意特的信,《德古意特出版社档案汇编》,文件夹："1904 年的出版社通信","I"分类。——原文注

好让未来的合伙人跟作者们打个照面。①

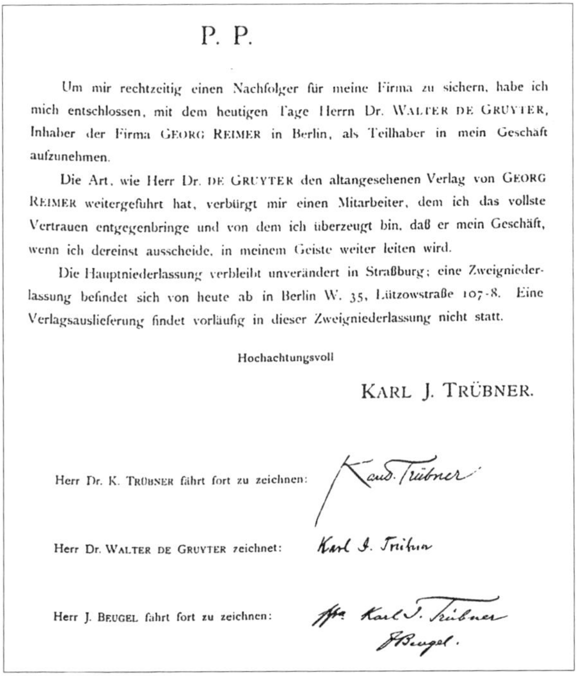

**P. P.**

Um mir rechtzeitig einen Nachfolger für meine Firma zu sichern, habe ich mich entschlossen, mit dem heutigen Tage Herrn Dr. WALTER DE GRUYTER, Inhaber der Firma GEORG REIMER in Berlin, als Teilhaber in mein Geschäft aufzunehmen.

Die Art, wie Herr Dr. DE GRUYTER den altangesehenen Verlag von GEORG REIMER weitergeführt hat, verbürgt mir einen Mitarbeiter, dem ich das vollste Vertrauen entgegenbringe und von dem ich überzeugt bin, daß er mein Geschäft, wenn ich dereinst ausscheide, in meinem Geiste weiter leiten wird.

Die Hauptniederlassung verbleibt unverändert in Straßburg; eine Zweigniederlassung befindet sich von heute ab in Berlin W. 35, Lützowstraße 107-8. Eine Verlagsauslieferung findet vorläufig in dieser Zweigniederlassung nicht statt.

Hochachtungsvoll

KARL J. TRÜBNER.

Herr Dr. K. TRÜBNER fährt fort zu zeichnen:

Herr Dr. WALTER DE GRUYTER zeichnet:

Herr J. BEUGEL fährt fort zu zeichnen:

图 48　关于德古意特进入公司的文件

1906 年 1 月 1 日，德古意特就正式成了布鲁特纳出版社的合伙人，当天德古意特就付了 15 万马克的现金获得了公司一半的股份，而且还规定：若其中一方退出或者死亡，合同关系就结束，出版社就由仍旧现在持有的一方独家掌握或者后代继承。持有一方需要余下的支付 15 万马克给退出的一方或其指定的法定继承人。

此后出版社总部还在斯特拉斯堡，但其他的业务办公室等部门则跟随德古意特新购买的赖默尔出版社、古腾塔格出版社一起

---

① 1905 年 10 月 10 日，特鲁布纳写给奥托·比耶尔费尔德（Otto Bielefield）的信。——原文注

搬到了柏林的吕措大街 107—108 号。[①]

　　而合伙后不久就开始上马了第一个项目：由于发现德国图书馆经常没有足够的纸张，赖默尔出版社的广告部就提出了两全其美的主意，那就是给较大的图书馆提供免费便条簿，但同时上面也刊登着图书广告。不久这项尝试就在柏林的皇家图书馆展开了。1906 年[②]，馆长阿道夫·哈纳克（Adolf Harnack）给了赖默尔出版社和特鲁布纳出版社独家便条簿的发行权。但反对之声也随之而起。由于 1906 年 3 月第 15 期便条簿上的广告内容，馆长还遭到了如下言论的抨击："竟然允许自由主义出版社生产的无聊理论的广告！只要一踏进图书馆，类似尤里乌斯·威尔豪森（J. Wewllhausen）写的《以色列历史前言》或《以色列和犹太历史》等图书就一股脑地迎面而来。"同时馆长还以"福音派撒克逊便条簿"（Evangelische Kirchenzeitung）和"帝国传声筒"（Reichsbote）的形象在报纸上出现。尽管如此，这些批评攻击仍然无法阻止广告的继续出现。[③]

　　1906 年 11 月，特鲁布纳终于宣布他退休了，但依旧还参与编辑了 2 册的《弥涅耳瓦》，同时把语言学家格哈德·卢德克也拉进公司负责业务，因为德古意特想任命格哈德·卢德克为斯特拉斯

---

　　①　沃尔特·德古意特：《金融备忘录：在斯特拉斯堡的特鲁布纳出版社（1906—1916）》，柏林，1917 年。《德古意特出版社档案汇编》，卢德克，德古意特，第 38 页。1905 年 12 月 31 日关于"AoA"内容的信，1906 年 1 月 1 日的卡尔·特鲁布纳的资产表，和同日纪念德古意特接管特鲁布纳出版社的印刷品，同年 1 月 29 日的经营注册证副本，同年 2 月 5 日特鲁布纳寄给德古意特的付款收据。——原文注
　　②　1905 年 12 月 16 日，德古意特写给卢德克的信，和同年 12 月 30 日，馆长阿道夫·哈纳克写给德古意特的信，《德古意特出版社档案汇编》，"BA Gr"，"BA R2"分类。——原文注
　　③　关于"帝国传声筒"的形象见 1906 年 3 月 16 日的信。1908 年 3 月 4 日，阿道夫·哈纳克写给德古意特的信显示广告宣传还在进行中。《德古意特出版社档案汇编》，"BA R2"分类。——原文注

堡的办公室主任。

1907 年的 3 月,特鲁布纳夫妇去意大利旅游,回来后特鲁布纳却病重了,最后于 1907 年 6 月 2 日去世。当月 27 日,在德国当地法庭的见证下,特鲁布纳与德古意特的商业合同也终止了,特鲁布纳出版社转移到了德古意特名下。当天,德古意特就迅速地任命在特鲁布纳出版社担任多年的授权签字人约翰纳·比格尔(Johannes Beugel)和哈德·卢德克两人共同负责公司业务。而两人的合作也确保了德古意特尽管身在柏林仍可负责运营斯特拉斯堡的业务。1908 年 5 月 22 日,需要支付给特鲁布纳遗孀的分期付款协议也签订了。①

几个月后,特鲁布纳的遗孀也去世了,斯特拉斯堡艺术博物馆就收到了特鲁布纳夫妇捐赠的 25 万马克资金,包括 14 幅画,其中还有一幅佛罗伦萨画派作家波提切利的作品,其他的捐赠资金则给了科学研究机构和斯特拉斯堡议会。

为了表达谢意,斯特拉斯堡议会在 1908 年 11 月 25 日,同意市长所提出的"以特鲁布纳之名设立个大街"。所以在如今的德国,还有一条叫"rue Trubner"的路,连接着施韦格豪瑟大街。而特鲁布纳夫妇生前居住的别墅也保存至今。这些都印证了特鲁布纳对自己出版生涯的总结:"我不仅是想成为书商,还希望通过所出的

---

① 1907 年 6 月 10 日,德古意特写给卡尔·恩格尔伦(Karl Engelhorn)的信。同年 6 月 27 日,"斯特拉斯堡帝国本土法庭"(Strasbourg Imperial Local Court)正式把德古意特确认为特鲁布纳出版社的唯一拥有者之注册信息。同年 7 月 1 日和 1908 年 1 月 6 日、5 月 22 日,遗孀卡拉·特鲁布纳的收据。《德古意特出版社档案汇编》。——原文注

图 49　特鲁布纳在圣路易斯公墓的坟墓

每本书，达到内心追求的更高目标（Inner necessity）。"①

---

① 艾尔玛·密特尔所写的《马内塞古抄本：1988 年 6 月 12 日至 9 月 4 日的海德堡大学图书馆之展览》。特鲁布纳在写给德古意特的信中，反复提到自己收藏的绘画作品，例如 1904 年 12 月 23 日和 1905 年 5 月 8 日的信，《德古意特出版社档案汇编》，"BA"分类，以及《1872 年至 1897 年的卡尔·特鲁布纳出版社之书目》，第 16 册。——原文注

# 第一次世界大战前夕

战争发生的前几年,特鲁布纳出版社迎来了业务发展新起点。在 1906 年至 1915 年,出版社一共出版了 384 种图书(排除受委托的出版物),其中有 91 种为期刊。而赢利最多的为霍庇·塞勒的《生理学化学杂志》,古斯塔夫·华斯特曼(Gustav Wustmann)的《各种语言学的空洞》,以及柯特·芒德尔(Curt Mundel)的《佛日山脉指南》[①]。

同时德古意特还用他的产业收益来支持出版社运营,特鲁布纳出版社的年盈利率才达到了 9%—10%。很多图书的出版都是老员工格哈德·卢德克的功劳,同时他也有很大程度的经营自由权,甚至当他在与德古意特的顾问克鲁格起矛盾的情况下,德古意特也支持着格哈德·卢德克。[②]

此时出版社的核心业务是印度-德语和德国研究主题。1912年,卡尔·布鲁格曼编辑的《印度-德语语言和古文物研究概览》出版面世后,在出版社的推动下,印度-德语协会也成立了,《印度-德语协会年鉴》顺其自然地由特鲁布纳出版社出版发行。

1911 年,"特鲁布纳生理学图书馆"(Trübners Philologische Bibliothek)成立了,旨在给学生提供历史上的语言,包括民间传说等的文学概览,而这些内容都被收录在 10 个薄薄的册子里。

---

① 即 *Guide to Vosges*,佛日山脉为法国东北部的山脉。——译者注

② 格哈德·卢德克:《1906 年 1 月 1 日至 1915 年 12 月 31 日:十年辛勤工作下的特鲁布纳出版社》和《特鲁布纳出版社的五年报告:第一卷》,《三十年来的特鲁布纳出版社:第 3 卷》。1917 年 11 月 3 日,卢德克写给德古意特的信,内容关于和克鲁格的纷争。同年 11 月 5 日,德古意特给卢德克的回信,《德古意特出版社档案汇编》,"BA Tr"分类。——原文注

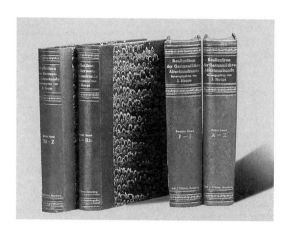

图 50 《德语古文物研究百科》

特鲁布纳生前提出编纂《德语古文物研究百科》的设想，在 1911 年至 1919 年期间，最终在海德堡大学的英语哲学教授约翰纳·胡坡（Johannes Hoops）的主编下，体现完整的德语地区文化内容的《德语古文物研究百科》以四卷本形式出版发行了。而此书面世后，带动了其他相同领域的老作品再次跟风畅销了一下：包括之前的图书《早期德国历史的森林和农作物》（1905 年），和丹麦考古学家索菲斯·穆勒的《早期欧洲历史》，以及《北欧古代研究》。1917 年，奥托·施罗德的《印度-德语地区古文物研究百科》增补版也出版了。[①]

1910 年起，出版社与汉堡的伊斯兰东方历史文化研究中心的合作成果，即《伊斯兰》也加入了年度出版物里。编辑为该中心的主任海因里希·贝克（Heinrich Becker），之后他担任了普鲁士文化部部长。而且每年，汉堡科学基金会（Hmburg Science

---

① 二战结束后，变化的研究环境导致得重新整理约翰纳·胡坡的《德语古文物研究百科》，以便覆盖欧洲中部和北部的资料。而直到 1990 年，已有 12 卷内容面世。——原文注

Foundation)还补贴期刊 2000 马克,因此该刊的出版风险比较低。①

1906 年起,根据特鲁布纳遗愿而成立的斯特拉斯堡科学协会(Strasbourg Scientific Society),把会议集的出版权交给了特鲁布纳出版社②。而在 1911 年成立的阿尔萨斯文学协会(Society for Alsatian Literature)和地理与殖民协会(Society for Geography and Colonialism)也把出版委托给了后者。

在老员工卢德克的继续经营下,也购买了一些其他图书版权,包括中世纪作者萨巴斯蒂安·布兰特(Sebastian Brant)所著的讽刺寓言《一船蠢货》之复制版和《阿尔萨斯-洛林的应用法律汇编》③。

然而随着战争的临近,阿尔萨斯地区法德间的民族矛盾日益激化了,相关话题的讨论也重新被各个方面关注。而聚焦该地区作为业务中心的特鲁布纳出版社,此时也被抨击为"为加强德国意识形态,才出版斯特拉斯堡当地法律的帮手"④。卢德克只好举步维艰地改善出版社的外在印象。然而也就在这时,出版社与阿尔萨斯学术界以及当地德裔的关系发挥了重要作用。

---

① 格哈德·卢德克:《1906 年 1 月 1 日至 1915 年 12 月 31 日:十年辛勤工作下的特鲁布纳出版社》,第 23—25 页。《特鲁布纳出版社的工作时讯:生产进度与计划目标》("Bericht. Ueberischt über die Werke und Zeitschriften des Verags Karl I. Trübner,die in der Herstellung begriften,vorberitet oder geplant sind"),第 35 页。《德古意特出版社档案汇编》。——原文注

② 到了 1918 年时已经有了 36 册。——原文注

③ 格哈德·卢德克:《特鲁布纳出版社的五年报告:第 52 卷》。

④ 乔治·沃尔弗拉姆(Georg Wolfram):《1871 年至 1918 年的阿尔萨斯洛林地区之自然科学协会》("Die wissenschaftlichen Vereine in Elasß Lothringen 1871—1918")刊登在《1871 年至 1918 年:阿尔萨斯洛林地区的自然科学,艺术和文学》,法兰克福,1934 年,第 128,132 页。——原文注

## 特鲁布纳出版社在斯特拉斯堡关停

第一次世界大战的爆发严重影响了出版社业务发展。在第一次世界大战中斯特拉斯堡成为战争的"要塞"，经营活动受到了严格限制，出版社的男性雇员都被充军了，这导致卢德克只好在合伙人凯尔（Kehl）服兵役时，还艰难地维持着出版社经营业务。即便如此，《德语地区的考古》等项目也在继续中。

1916 年第一次世界大战期间，《生理学化学杂志》才出了 2 期，而战前则是每年 6 期，战争期间的订阅量也下降到屈指可数的地步。再加上战争原因导致邮寄问题，海外用户的订阅量也从之前的 740 份降到 450 份。但当时大家仍抱着战后订阅量还会恢复的希望而继续维持着期刊的出版。

1915 年，由于《佛日山脉指南》附带详细的地图，该书被德国军方大量购买，同时也禁止此书继续公开出版发行，此举导致出版社投入损失巨大。在 1914 年后，《弥涅尔瓦》停刊了。整个特鲁布纳的出版业务，就只剩一些介绍当地自然景观的书，充其量只是"让出版社业务不至于完全停摆"的维持。具有讽刺意味的是，反而是战争宣传类的书让出版社起死回生。特鲁布纳出版社从柏林得到了德国军方的财政支持后，与赫佐格·阿尔布雷克特集团军群（Herzog Albrecht）合作，出版了斯特拉斯堡大学的讲演集汇编《德国的国家与文化》，并在军队中发行。此后版本不断，截至 1918 年，总共出了三版。①

---

① 格哈德·卢德克：《三十年来的特鲁布纳出版社》和《特鲁布纳出版社的五年报告：第 73 卷》。1915 年 3 月 26 日，特鲁布纳出版社给德军第 15 集团军（XV Army Corps）的信，《德古意特出版社档案汇编》，"BA Tr"分类。——原文注

　　1918年春季,出版社开始把财产转移他处,但临近战争结束的混乱状态不得已终止了其行动,物资就只好先运到赖默尔出版社所在地的特雷宾。到了年底的11月21日,特鲁布纳出版社在斯特拉斯堡总部也终于关掉了,卢德克随后奔赴柏林,剩余的出版社人员还有财产则留在了当地。而几天后的12月7日,曾风光无限的威廉皇帝大学也被关掉了。[①]

　　当法国当局进入当地后,本地的出版人协会也解散了,一些出版社的建筑和财产被当局扣押后就被毁掉了。而特鲁布纳出版社也面临着同样的危险。但出乎意料的是,法方当局的负责人皮埃尔·布赫(Pierre Bucher)竟然唯独对特鲁布纳出版社网开一面,连出版社财产也会允许继续转移到特雷宾[②],原因至今仍是谜。考虑到普法战争前,皮埃尔·布赫就在《阿尔萨斯插图评论》和阿尔萨斯博物馆(Elsässisches Museum)任职,而当时的德方扣押人正好也是卢德克,莫非是当时卢德克手下留情,导致几十年后的布赫也报恩?

　　值得一提的是,在1916年,卢德克曾阅读过一些皮埃尔·布赫写的完整报道,并将其中的资料用于了他在阿尔萨斯洛林当局的政府工作上,包括在《和平时期的十年矿产之战》[③]当素材引用。而当这里被法军占领前的千钧一发之际,这些素材就被卢德克精

---

　　① 同上,《离开斯特拉斯堡》,此为《德国出版人新闻》的选刊。——原文注
　　② 1919年搬到特雷宾和弗里堡(Freiburg),或在斯特劳斯堡化为纸浆(pulped)的书目,保存在《德古意特出版社档案汇编》,文件夹:"被损毁的文件"。
　　③ 格哈德·卢德克:《和平时期的十年矿产之争》("Zehn Jahre Minenkrieg im Frieden. Ein neues Schuldbuch"),波恩,1918年。

挑细选后运到了柏林①。或许是布赫感谢卢德克没有让自己暴露在战前就与德国的联系,避免被扣上"通敌"的罪名?

　　总之,1919 年 1 月 1 日特鲁布纳出版社并入了"德古意特科学出版人联盟"。由于特鲁布纳出版社在斯特拉斯堡的地位是无可替代的,德古意特也收到了德国当地政府支付的赔偿。此后特鲁布纳出版社在德古意特的统筹下,在柏林开始了新的磕磕绊绊的发展之路。②

---

　　① 同上,《三十年来的特鲁布纳出版社》,此两个档案盒除了皮埃尔·布赫的信以外,也有来自法国著名小说家的信件,包括罗曼·罗兰(Romain Rolland)、莫里斯·巴里斯(Maurice Barrès)、汉斯·菲齐纳(Hans Pfitzner)、雷尼·施科勒(René Schickele)。——原文注
　　② 格哈德·卢德克:《三十年来的特鲁布纳出版社:第 6 册》,但这本没有涉及数据统计。——原文注

# 第六章　德古意特出版社的初始阶段

在很长时间里,学术出版社属于出版行业内唯一一种拒绝商业合并模式的特例。但在极速的社会变化面前,这种行业特例也无法持续下去了。为了让科学学术领域的出版业务能继续运营下去,如今也只有合并之法了。1919 年 4 月,"德古意特科学出版人联盟"(以下简称"联盟")也是用这个理由,解释了 5 家出版社合并的背后原因①。

## 联盟的成立和发展

联盟的创立可追溯到第一次世界大战之前。1912 年,德古意特就决定对业务领域进行重组,并安排了专人来负责管理零售业

---

① 1919 年 4 月,关于联盟成立的宣传册副本,《德古意特出版社档案汇编》。而关于事件背景,见卢茨・弗朗兹(Lutz franz)所写的《德国图书贸易的资本总量》("Die Konzentrationsbewegung im deutschen Buchhandel"),海德堡,1927 年。——原文注

图 51　联盟会议合影(1919 年,左一为德古意特)

务与媒体关系①。1918 年,维特出版社的奥托·海姆也表达了对德古意特的支持,由此 5 家出版社的合并计划得以更快推进,原本还计划合并莫尔出版社,但无疾而终②。最终两人达成一致:"在业界,赖默尔出版社的地位等同于古腾塔格出版社,古腾塔格出版社又等同于维特出版社,而戈申出版社和特鲁布纳出版社加在一起才相当于维特出版社。"

　　1918 年 12 月 31 日,前三个出版社以各自的名义就分别投入了 48 万马克入股。而剩下的两个出版社中:戈申出版社贡献了 32

---

　　①　1912 年 5 月 10 日与 11 日,赖默尔出版社、古腾塔格出版社、特鲁布纳出版社和戈申出版社的合伙人与授权签字人的会议备忘录之副本,《德古意特出版社档案汇编》。——原文注

　　②　联盟的成立过程也可从德古意特与奥托·海姆之间的通信完整地呈现,《德古意特出版社档案汇编》,文件夹"联盟的成立:德古意特与海姆通信",而该文件夹也有德古意特所写的《自然科学出版社之间的合并声明》副本,可见他所提出来的合并计划。而关于接任各个出版社的人之间的谈判,见本书戈申出版社、古腾塔格出版社和维特出版社的章节。——原文注

万马克,特鲁布纳出版社为 16 万马克。至此联盟的股份总额度达到了 192 万马克,而德古意特本人所占的股份就占了其中的大约一半①:为 94.7 万马克。

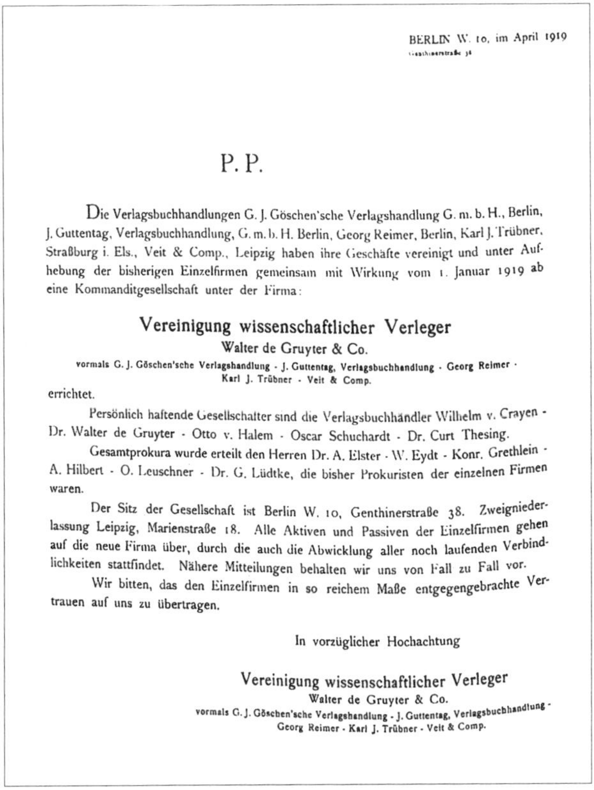

BERLIN W. 10, im April 1919

P. P.

Die Verlagsbuchhandlungen G. J. Göschen'sche Verlagshandlung G. m. b. H., Berlin, J. Guttentag, Verlagsbuchhandlung, G. m. b. H. Berlin, Georg Reimer, Berlin, Karl J. Trübner, Straßburg i. Els., Veit & Comp., Leipzig haben ihre Geschäfte vereinigt und unter Aufhebung der bisherigen Einzelfirmen gemeinsam mit Wirkung vom 1. Januar 1919 ab eine Kommanditgesellschaft unter der Firma:

**Vereinigung wissenschaftlicher Verleger**
Walter de Gruyter & Co.

vormals G. J. Göschen'sche Verlagshandlung · J. Guttentag, Verlagsbuchhandlung · Georg Reimer · Karl J. Trübner · Veit & Comp.

errichtet.

Persönlich haftende Gesellschafter sind die Verlagsbuchhändler Wilhelm v. Crayen · Dr. Walter de Gruyter · Otto v. Halem · Oscar Schuchardt · Dr. Curt Thesing. Gesamtprokura wurde erteilt den Herren Dr. A. Elster · W. Eydt · Konr. Grethlein · A. Hilbert · O. Leuschner · Dr. G. Lüdtke, die bisher Prokuristen der einzelnen Firmen waren. Der Sitz der Gesellschaft ist Berlin W. 10, Genthinerstraße 38. Zweigniederlassung Leipzig, Marienstraße 18. Alle Aktiven und Passiven der Einzelfirmen gehen auf die neue Firma über, durch die auch die Abwicklung aller noch laufenden Verbindlichkeiten stattfindet. Nähere Mitteilungen behalten wir uns von Fall zu Fall vor. Wir bitten, das den Einzelfirmen in so reichem Maße entgegengebrachte Vertrauen auf uns zu übertragen.

In vorzüglicher Hochachtung

**Vereinigung wissenschaftlicher Verleger**
Walter de Gruyter & Co.

vormals G. J. Göschen'sche Verlagshandlung · J. Guttentag, Verlagsbuchhandlung · Georg Reimer · Karl J. Trübner · Veit & Comp.

图 52　"德古意特科学出版人联盟"成立文件

　　根据商业法的规定:大股东的名字需要体现在公司名字里,所

---

　　①　德古意特个人所投入的总金额被细分如下:其中 48 万马克投资给了赖默尔出版社(德古意特独家持有),16 万马克投资给了特鲁布纳出版社(德古意特独家持有),16 万马克给了戈申出版社(德古意特以合伙人身份),14.7 万给了古腾塔格出版社(德古意特以合伙人身份)。——原文注

以联盟的名字就加了"德古意特"。而根据已有出版业务范围的安排：在柏林、莱比锡、斯特拉斯堡的业务由德古意特负责，其他地区则由威廉·科瑞恩（戈申出版社合伙人）、奥斯卡·舒查特（古腾塔格出版社合伙人）、奥托·海姆和科特·瑟英（两者是维特出版社合伙人）共同负责①。

至于联盟的出版业务则由四个板块组成：戈申出版社负责数学、技术领域的书刊出版；古腾塔格出版社负责法律和政治科学领域；赖默尔与特鲁布纳出版社共同负责人文、艺术、理论领域，并继续出版类似《弥涅尔瓦》《生理学化学杂志》和《库什纳文学日历》②的品牌书刊项目；而维特出版社则是负责医学、地理学、科学与棋类领域。

联盟中还设立了业务统筹部，以便统一协调账目管理、销售和广告业务、数据和财务以及人事安排等。这时还有了一个插曲：合伙人奥托·海姆此时推荐了他的兄弟古斯塔夫·海姆（Gustav Adolf Halem）来负责统筹部。古斯塔夫·海姆是德国自由保守党员③，还曾经是德国帝国议会和普鲁士代表，德皇退位后他就退休了没事干。于是在 1919 年 6 月 13 日，古斯塔夫·海姆也成了联盟的合伙人之一④。

---

① 1918 年 12 月 31 日，联盟的合伙人之间的协议之副本，《德古意特出版社档案汇编》。——原文注

② 至今仍被出版的德国文学指南，每年出版两册，内容包含德语地区的 1 万多译者、出版商、电台、文学杂志等资料。——译者注

③ Free Conservative Party，1866 年成立的温和右翼政党，1918 年德国革命后解散。——译者注

④ 包含联盟的程序指南（rules of procedure）、规章制度（bylaws）、工作法则（work rules）的文件，只有 1920 年 9 月 3 日的修订版本幸存下来，附带同日的会议备忘录，收藏在《德古意特出版社档案汇编》，文件夹："1919 年至 1921 年出版社会议备忘录"。而克劳斯·冯·德·格罗本（Klaus von der Groeben）所写的《尼古拉斯·海姆对第三帝国的抵抗》则记载了古斯塔夫·海姆的儿子在 1944 年由于"叛国罪"和"动摇军心罪"（译者注：可能是希特勒刺杀事件）被处决之事，维也纳，科隆，1990 年，第 14 页。——原文注

1919 年的战后德国全面通货膨胀，在纸张、印刷和装帧价格面大幅上涨的情况，联盟还是出版了 65 种新书，并再版了 167 种图书，运营着 28 种期刊。到了 1920 年，又出版了 434 种图书。

德古意特出版联盟在扩充了古文物研究和二手书买卖业务后，加上所拥有的零售渠道和印刷厂的优势，成为德国当时最有生产能力的出版机构。而为了继续扩展业务，联盟又不屈不挠地与海德堡的温特出版社和邓克洪堡出版社（Duncker&Humblot）来探讨合并事宜，但最后都无疾而终。[①]

出版联盟合并后的一年多时间，联盟内部的统筹部与其他部门的业务关系开始出现了矛盾的阴影。

## 海姆矛盾

1920 年 7 月，一份备忘录呈现在合伙人的会议上，从而捅破了内部关系充满矛盾的窗户纸，揭示了联盟各个业务板块长久以来对古斯塔夫·海姆所负责的统筹部中所展现的官僚主义的不满。

海姆认为出版权力已经集中到了他手里，所以就常常越级发号施令。鉴于这个情况，备忘录所提出来的意见为：统筹部只有统筹出版图书的权力，当其他部门做出项目运营决定后，统筹部也只

---

① 联盟的情况见《1919 年德古意特科学出版人联盟的商业报告》，1921 年 9 月 30 日的股东大会之公证记录（Notariatsprotokoll der Gesellschafterversammlung vom 30.9.1920），《德古意特出版社档案汇编》，文件夹："股东矛盾"和"德国图书贸易的部分数据"，刊登在《德国出版人新闻》，1921 年第 7 期，第 140—142 页。而与合伙人奥托·海姆的谈判，见文件夹："股东通信"和"邓克洪堡出版社"。——原文注

有共享消息的权力①。在 1920 年 8 月 12 日和 13 日的会议上,双方的矛盾反而更大了。

双方得到的支持也不一样:古斯塔夫·海姆自然得到了哥哥奥托·海姆的支持,而剩下的德古意特等人则站在另一边,并责备古斯塔夫·海姆经常根据不完整的报告,就轻率地做出重大决定,由此违背了共同承担责任与权力的制度。所以德古意特、科瑞恩和舒查特就决定创立新的规章制度,但海姆兄弟不同意。9 月 10 日,古斯塔夫·海姆最终还是被撤换掉,同时,他的哥哥奥托·海姆也被要求与克雷恩一起负责维特出版社的管理。②

海姆自然不甘心放权。为了反击,1920 年 9 月 25 日,他给合伙人全体大会写了一封信,批评了德古意特,声称德古意特“超越了责任范围,用影响力来控制授权签字人和股东。而为了对付海姆兄弟,就明显地搞游说用投票来反对海姆兄弟”,并质疑德古意特呆板的经营风格,指责这样管理不仅让出版工作无法独立工作,更别说能够出版有生机有活力的图书了。总之海姆兄弟认为,德古意特的极端立场,会导致出版商和零售商之间的分歧更大,其后果就是联盟的未来将危在旦夕。而只有在海姆兄弟的管理下,联盟才能更专业地运转起来。③

尽管德古意特所提出的出版社与零售商矛盾的观点是确实

---

① 1920 年 7 月,《德古意特科学出版人联盟的第一年》,《德古意特出版社档案汇编》,文件夹:“德古意特科学出版人联盟的第一年及其章程”,在 1920 年 10 月 15 日,德古意特写给合伙人的信中,删节版的该备忘录作为第二个附件被他贴在了信上。——原文注

② 1920 年 10 月 15 日,德古意特写给合伙人的信。同年 8 月 12 日和 13 日,9 月 3 日和 10 日的会议备忘录,《德古意特出版社档案汇编》,文件夹:“德古意特科学出版人联盟的第一年及其章程”。——原文注

③ 1920 年 9 月 25 日,奥托·海姆写给合伙人的信。一个月后的 10 月 15 日,当德古意特写给合伙人的信时,该信被德古意特当作第一个附录。——原文注

的,但这封信却起了事与愿违的效果①。在同年的 9 月 23 日,联盟的签字授权人公开声称:若古斯塔夫·海姆重新领导工作,他就会拒绝工作,并以违背雇佣合同之理由起诉到法庭②。几天后的 9 月 30 日,召开了联盟大会,古斯塔夫·海姆拒绝通过联盟的 1920 年业务报告和财务报告以示报复。

　　为了解决此矛盾,10 月 15 日,德古意特也写信给联盟成员,解释联盟管理机构所面临的问题,并提出了解决的方案。然而两周后的 10 月 30 日,德古意特的方案却被大会拒绝,导致古斯塔夫·海姆被撤职的决定也被延后。

　　就在如此乱成一锅粥之时,合伙人科特·瑟英③终于灵机一动想出了众人皆同意的办法:那就是在一个月后的 11 月 13 日,海姆兄弟从联盟撤出,由德古意特购买他们的股票④。经过如此一番折腾后,德古意特的股票持有量达到了创纪录的 142.7 万马克(随后他又卖掉了在根辛纳大街 38 号建筑并入股联盟,导致德古意特个人股票持有量就更多了)。1922 年后,德古意特个人所持股票就达到了整个股票的 77% 左右⑤。

　　由于联盟的名字太长,加上前半段容易与另外的机构"劳动社

---

　　①　参见本书第七章:"德古意特的出版生意起源"。——原文注

　　②　1920 年 9 月 23 日,联盟的授权签字人之宣言。在 1920 年 10 月 15 日,德古意特写给合伙人的信中,删节版的该备忘录作为第二个附件被他贴在了信上。——原文注

　　③　1920 年 5 月 7 日,由于健康问题合伙人科特·瑟英退出,同时会议备忘录发现,他的管理方式也被奥托·海姆批判,《德古意特出版社档案汇编》,文件夹:"1919—1921 年的出版会议记录"。——原文注

　　④　1920 年 11 月 3 日和 10 日,联盟的合伙人与海姆兄弟达成的协议。同年 11 月 13 日,联盟的合伙人会议邀请函。《德古意特出版社档案汇编》,文件夹:"股东通信"。——原文注

　　⑤　1921 年 9 月 2 日,威廉·科瑞恩(戈申出版社合伙人)和奥斯卡·舒查特(古腾塔格出版社合伙人)给其他联盟内的合伙人写的信,《德古意特出版社档案汇编》,文件夹"股东矛盾"中的《1923 年股东就德古意特科学出版人联盟更名的信函》,同上,文件夹:"德古意特科学出版人联盟的第一年及其章程"。——原文注

Wir beehren uns anzuzeigen, daß wir in unserem

# Firmennamen

künftig die Worte
VEREINIGUNG WISSENSCHAFTLICHER VERLEGER
fortlassen und hinfort nur noch

## WALTER DE GRUYTER & CO.

vormals G. J. Göschensche Verlagshandlung / J. Guttentag,
Verlagsbuchhandlung / Georg Reimer / Karl J. Trübner /
Veit & Comp.

firmieren werden.

Der Grund hierfür liegt vor allem darin, daß das Wort
„VEREINIGUNG" vielfach zu Verwechslungen mit Vereinen
und Verbänden Anlaß gegeben hat, da man in der Ver-
einigung wissenschaftlicher Verleger keine Firma, sondern
einen Verein vermutete.

Auch der Gesichtspunkt der Verkürzung des Firmen-
namens wirkte bei der Entschließung mit.

Der neue Firmenname ist ins Handelsregister ein-
getragen und gilt vom 1. Januar 1923 ab.

An der Gesellschaftsform und den inneren Verhältnissen
der Firma ändert sich dadurch nichts.

BERLIN, Ende Dezember 1922

VEREINIGUNG
WISSENSCHAFTLICHER VERLEGER
WALTER DE GRUYTER & CO.
vorm. G. J. Göschensche Verlagshandlung / J Guttentag, Verlags-
buchhandlung / Georg Reimer / Karl J. Trübner / Veit & Comp.
BERLIN W 10, Genthiner Str. 36

图 53　德古意特出版社更名公告(1922 年)

团科学出版人联盟"(Arbeitsgemeinschaft Wissenschaftlicher
Verleger①)搞混,因此 1923 年 1 月 1 日,联合会正式改名为德古意
特出版社(Walter de Gruyter & Co)②。

---

①　1922 年 12 月 15 日,联盟的合伙人会议邀请函,同年 12 月 1 日和 15 日的公证
记录,《德古意特出版社档案汇编》,文件夹:"股东矛盾"。——原文注
②　目前公司的名称为"Walter de Gruyter Gmbh & Co. KG."。——原文注

# 第七章　德古意特的出版生意起源

　　虽然德古意特打造了举世闻名的自然科学出版社,但德古意特本人在进入出版业之前(即购买赖默尔出版社之前)的生平资料很少[1],人们只能从后来的出版社分部主任卢德克[2]的介绍中略知一二。德古意特1862年5月10日出生在德国鲁尔区,父亲则是荷兰的煤矿批发商。当他从学校毕业后,就在他父亲的公司里完成了学徒训练(包括在比利时和英国),接着就服兵役去了。

## 走向出版之路

　　17世纪之前的德国,出版、零售和批发业务都被当成图书贸易的一个整体,之后则是以莱比锡为中心,德国出版业才产生了复杂

---

① 本章由柯特·乔治·克拉姆(Kurt Georg Cram)所写,而通过出版社的资料,德古意特本人的生平首次得以完整呈现。——原文注

② 格哈德·卢德克:《沃尔特·德古意特的人生图册》,柏林,莱比锡,1929年。——原文注

且高效的组织。

而几百年后的 1908 年,德国出版行业教材才刚刚出现,即由马克斯·帕施克(Max Paschke)和菲利普·拉斯(Philipp Rath)编辑的 3 册《德国图书贸易教材》①。由此宣告诞生行业标准,也开始让出版商有了"天之骄子"般的社会精英感。

至于生活在该时代背景下的德古意特,在大学里他的专业是德语和文学,博士论文则是关于中古德语文学"黄昏之歌"(The German Tagelied)②,主题为一对情侣偷情后在黄昏后聚会时的苦楚,还涉及了玫瑰、独角兽和中世纪基督教的爱情标志(值得一提的是,在根辛纳大街的出版社旧址的窗户上,还有这类铁铸的标志)。

德古意特后来正式入职父亲的煤矿公司,但心中一直念念不忘一个业余爱好:图书出版。虽然 7 年后他才如愿,但经营煤炭的经历也为他打下了坚实基础。德古意特进入出版业的第一步,就是入职赖默尔出版社,这一段经历是当年德古意特写给朋友沃尔夫③的信件里透露出来的。很多年后,人们通过 1916 年 9 月 16 日的备忘录才发现竟然还存在这份重要的资料,因此该通信才被顺藤摸瓜地找了出来。这封信后来在德古意特出版社的成立周年纪念会上,被时任授权签字人的希尔伯特(Hilbert)贴在了联盟的会

---

① 教材《德国图书贸易教材:第一册:出版社的图书贸易起源》,莱比锡,1908年。——原文注

② 沃尔特·德古意特:《黄昏之歌:学位论文》,莱比锡,1887 年,由德鲁克·赫希菲尔德(Druck von J. B. Hirschfeld)出版。——原文注

③ 1894 年 4 月 25 日,德古意特写的信,被家人珍藏。——原文注

图 54 德古意特(1887 年)

议备忘录上[①],再后来卢德克[②]又把这封信给了德古意特的女儿卡拉尔[③]。这就是该封信保留至今的历程。

---

① 该档案的日期为 1920 年 10 月 11 日,放置在了同年 11 月 1 日的备忘录中(译者注:此备忘录在后文的注释中经常出现),收藏在《德古意特出版社档案汇编》,文件夹"1919 年 1 月至 1922 年 9 月:会议备忘录"。——原文注

② 格哈德·卢德克:《沃尔特·德古意特的人生图册》,柏林,莱比锡,1929 年,第13 页。——原文注

③ 克拉拉·克拉姆(Clara Cram):《往事回忆》,家人收藏的未发表资料。——原文注

1894 年 2 月 9 日,有条匿名的广告出现在《德国图书贸易报》的"寻求合伙人"栏目下:"本人为举止端庄的生意人,拥有丰富的贸易经验,31 岁,已婚,拥有德语语言博士学位,特此寻找成为出版社的合伙人或接手整个出版业务……"德古意特之后在给朋友的信中,交代了刊登此广告并投身出版的部分原因[1],乃当时的煤矿产业中工会越来越多,他因此写道:"煤矿批发贸易正在退出历史,我在工作中也越来越难以找到价值感。"

1895 年的 4 月,德古意特又去莱比锡拜见了科勒出版社(K. F. Koehlers Kommissionverlag)的创始人弗朗兹·科勒(Franz Koehler)来寻求入行的提议,希望发挥自己熟悉的中古高地德语文学作品的优势,从事图书出版业务。

直到同年 10 月,德古意特才进入赖默尔出版社当了一位无薪职员。不久,机会出现了:在前文中提到的恩斯特·赖默尔[2],此时原本指望自己的儿子也能接手出版业务,却发现自己的儿子对出版不感兴趣。于是他就物色寻找个可靠的接班人。这个时候,德古意特就出现了,并开始了艰苦的购买谈判过程。

而经过两位评估人的统计[3],加上德古意特自己的评估,最终购买赖默尔出版社的价格为 506873.62 马克,并用股票的形式支付。就这样毫无声息地,德古意特成了举世闻名的赖默尔出版社的新老板。

有意思的是,德古意特还让一无所知的赖默尔出版社的合伙

---

[1]　格哈德·卢德克:《沃尔特·德古意特的人生图册》,柏林,莱比锡,1929年。——原文注

[2]　就是赖默尔出版社的创始人之孙子,当年由于兄弟去世而极不情愿地放弃了喜欢的航海事业,而接管了祖传的出版社。——译者注

[3]　《德古意特出版社档案汇编》,文件夹"图书贸易公司的资产平衡表之协议备忘录"。——原文注

人——希尔伯特继续打理业务（他后来成了授权签字人）。刚开始，希尔伯特不知道这个突然冒出来的年轻人是新老板，所以就干脆打发德古意特整天干"贴邮票和写信封写地址"的简单乏味的活。直到某一天，后者才透露自己是赖默尔出版社的新老板。至于他之前的"深藏不露"，主要是为了悄悄从希尔伯特那学习如何经营出版业务。25 年后的希尔伯特回忆道[1]："在经过一番认真仔细的准备之后，德古意特就把出版社在风平浪静中接了过来。"不久，德古意特以新掌门人的身份给作者写了封信，内容是关于作者文稿中的字体风格问题。

　　然而新入行者所面对的磨合期也很麻烦，希尔伯特就回忆道：德古意特刚开始还对参加学术会议有抵触，但除此之外没其他办法来认识新的作者。于是希尔伯特只好还得软磨硬泡式地放下身段，把德古意特往前面推[2]。

　　同时磨合期的矛盾也在德古意特的身上表现出来。德古意特后来声称："是否乐意出席学术会议是个人的事，虽然可多多参加，但不能单纯地为了商业合作目的，就强行让人参会。"[3]虽然如此，德古意特的成绩还是十分明显，卢德克说过："德古意特能带着乐观的心态工作，同时对出版社的价值和潜力很清楚。最后他不仅剔除了资产表中夸大的水分，还能平衡财务情况，以至于让仓库里积压了几十年的纸浆越来越少。"[4]积压减少的原因，更可能是德古

---

　　①　1920 年 11 月 1 日的备忘录，《德古意特出版社档案汇编》，文件夹："1919 年 1 月至 1922 年 9 月：会议备忘录"。——原文注

　　②　格哈德·卢德克：《沃尔特·德古意特的人生图册》，第 31 页。——原文注

　　③　1919 年 3 月 22 日的"d 号"文件，包含 1920 年 11 月 1 日的备忘录中，《德古意特出版社档案汇编》，文件夹："1919 年 1 月至 1922 年 9 月：会议备忘录"。——原文注

　　④　格哈德·卢德克：《沃尔特·德古意特的人生图册》，第 17 页。需要注意的是，此时出版社的财务报表与真实的经营状况有所不同，德古意特对此现象的后续处理见后文介绍。——原文注

意特采取了亏本处理的结果。但总之，这位乳臭未干且性格内向的新出版人踏上了漫漫出版路。用德古意特自己的比喻，他就像希腊神话中的大力士赫拉克勒斯一样，开始了类似"搬动奥吉亚斯的牛圈"的艰巨工作。

## 生产分类记账

由于记载着各种生产材料价格等基本因素，生产分类记账（production ledgers）是出版社重要商业资料，也被称为"Kalkuklationsbucher"，即"成本预估账"，此名称是本行业教材的作者麦克斯·帕施克和菲利普·拉斯给命名的。

而该名称的含义里包含书在投入印刷前的投入，即每个表格对应一本书，生产中的每个环节的成本都被记录并累计着，同时还要附上间接成本（overhead cost）的比例。卢德克回忆道："德古意特自己保存着出版社的生产分类记账的记录，能精确到每本书的成本和价格。"

同时，包含每个空白表格的生产分类记账本都会被装帧成册并起名为"生产分类成本"[①]，当填表完成后，就按照字母顺序排列归纳起来。而按照发展至今的传统，德古意特新的负责人会延续前任负责人的记账标号，把生产成本记录命名为"出版社的生产分类记录：第五册"（"Verlags-Herstellungskosten Buch No. 5"）。

值得一提的是，第一个分类记账起于 1844 年，是由赖默尔出版社的创始人儿子所记录的，也是此出版社唯一幸存的不间断生产记录的历史资料，由于赖默尔出版社的地位，该资料也被同行们视为宗教"圣杯"一样重要。1922 年，德古意特更是着重强调，联盟

---

① 《德古意特出版社档案汇编》。——原文注

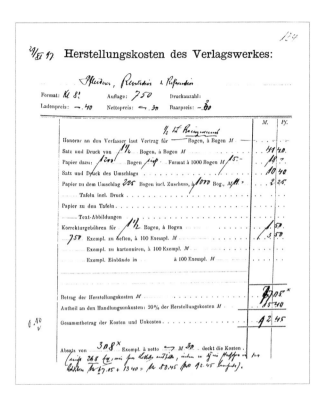

图 55　合伙人希尔伯特所做的德古意特生产分类记账

中的所有出版社都要保留生产分类记账[①]。

　　当购买赖默尔出版社后,德古意特也得改变思路,从销售批发生意的思维方式转变出来。相比起来,出版生意不仅花费的时间多,尤其还要注意很多细节才能顺利经营。

---

　　①　1922 年 4 月 10 日,《德古意特出版社档案汇编》,文件夹:"1919 年 1 月至 1922 年 9 月:会议备忘录",No.5059。——原文注

# 老板与学徒

通常来说,当时出版社的学徒一般只有初中教育水平,而行业教材也是针对这些目标读者撰写的。做生产分类记录的主要是学徒。这一点对有博士学位的德古意特来说有一点大材小用,但德古意特认为亲自经手分账记录并保留这些资料,对掌握和了解经营中产生的一些问题十分关键。

而为了有完整的生产成本资料,合伙人希尔伯特如今也得亲自动手,对多年来的出版社资料进行搜集和整理。尽管我们不知道具体步骤是如何开展的,但希尔伯特确实花了几个月时间来自己整理。德古意特所要求的精益求精也从一个例子中体现出来:当希尔伯特用铅笔完成了 1896 年的生产分账记录后,却没被德古意特采纳,因为德古意特要求拿墨水手写,这样就导致表格被一封封退回。而几个月后的希尔伯特就长了记性,他不再像以前一样把分账记录记在书里,而是单独用纸列出来。

就这样,希尔伯特不仅把德古意特当老板,还手把手教他出版的业务。到了几年后的 1897 年 11 月,希尔伯特想考验下德古意特,就尝试故意犯个计算小错误:在价格上是 40 芬尼[1]的 24 页教材上,他把间接成本算上后,导致数额算错了 10 马克或 12 马克。但是警觉的德古意特依然发现了错误,随后用显著的字迹在页边贴上便签[2]。

德古意特自己做分账本的记录起于 1897 年 1 月,之后这个习

---

[1]　Pfennigs,德国货币。——译者注
[2]　德古意特纠正错误时所写的笔记为:"希尔伯特先生的计算结果 M 80.45 有误,应该为 92.45。"——原文注

惯一直保持了 15 年，而德古意特对商业运营的思考也大多数记录
在此册。很多年后卢德克回忆道："跟以前他所经手的煤炭交易量
相比，德古意特如今处理的图书数量简直是不值得一提，他有时自
己也拿自己开玩笑。"①这种自嘲的特点也体现在德古意特小心翼
翼透露出来的骄傲里：因为他自认为这也算是开始做出版业务的
基础工作。②

现如今，德古意特把工业生产体系用于出版业（但他对规范记
账用的笔迹这个细节不感兴趣），也要注意系统评估。而他对出版
业此前记录办法尤为不满。例如：此前大多是采用的分散记录办
法（atomised structure），此法虽然可随时在有疑问的记录页边上
来添加便签，但其余的出版商合同，如分配利润协议、补充协议等
却不得不另外用字母顺序排列（alphabetical index）出来，导致工作
很烦琐，同时还缺乏对于出版项目的一目了然性。为此，德古意特
就采用了新的"生产分类记账摘要法"③：每行要单独代表一个出版
项目以及要完成的任务，不仅要显示生产成本，还要有 20% 的间接
费用与项目补贴数额。而这些数据每年都要进行汇总。

这样一来，对于时间跨度超过一年的项目发展情况，此时就清
晰明白、一目了然了，并对比细节数据和参照物。这种办法从德古
意特去世至今，一直采用着。

---

① 格哈德·卢德克：《沃尔特·德古意特的人生图册》，第 18 页。——原文注
② 对这段的描述应该不是来自卢德克的直接观察，因为他此时正在斯特拉斯堡工
作，直到 1918 年。——原文注
③ 《德古意特出版社档案汇编》，文件夹："1897 年至 1927 年：生产和贸易成本，以
及版税"。

# 图书估价

1894 年，德古意特不知从哪里发现了这个办法，即在每本用于销售的书目旁的页边上，来记录图书销售价格。3 年后德古意特就全面采取了此做法。这样一来，图书印刷数量才最终跟印刷机的实际印刷量对上，即同一印版（forme）的销售数量与一次性印刷出来的数量一致。

同时德古意特还面对着库存估价的问题（inventory valuation）。尽管有个计算公式，但如果前任的生产成本分类记账员没有提供单位成本（unit cost），就很难做库存估价，这一点连行业教材都没有涉及。而计算公式简单为：总销售成本（total production cost）除以单位生产量（numbers of units produced），等于单位成本。在 1897 年接管出版业务后，德古意特就开始把 20％的间接成本记入生产成本的统计中，这也是他经营煤矿生意时所经常采用的做法。但如此一来会导致被计算的年度成本很高，也与他的商业准则相违背。后来高昂的单位成本数字就被直接成本（prime cost）替代。但两种成本的数字依旧出现，分别以"直接成本"（incl.）和"间接成本"（excl.）缩写命名。

尽管间接成本（overhead costs）目前还不知是如何计算出来的，但今天出版社的业务培训中，投入成本仍然被如此记录和使用着，至于推测可预测销售数量的决定性因素，那就是归于为精确的判断和创新精神了。

但德古意特可能还没意识到的是，为了能持续地平衡财务表，同样系统中的成本计算（cost findings）与定价办法（pricing method）也应包含库存数量。为了计算出单位生产成本，全部生产成本就不应该仅仅是财务记账所显示的数量（total impression），而是以可供销售的图书数量为计算依据。总而言之,这样做的结果就是库存价值很高,利润也很高,德古意特本意可能并不想如此。

如今这种库存估价的办法还在使用中①,即每本书的可销售量(saleable copies)被标注后,资产方进行年度存货盘点之时,这些销售数量就成了单位成本(unit cost)的计算分母,而剩下的存货就被注销(written off),这样就等于减少了存货价值,使每年的利润自动增加。

1917 年,当德古意特购买评估特鲁布纳出版社的第一个资产表时②,就发现其库存价值和对图书版权的估价,跟实际价值相比大大缩水近一半。虽然德古意特自我安慰地以为,此结果主要跟记账问题有关(as an accounting symptom of health),而非真实的价值缩水,所以由记账导致的估价过高并不能否定特鲁布纳出版社的总体价值。但后来,德古意特在购买赖默尔出版社时,为了避免重蹈覆辙而小心翼翼进行了认真评估。

## 图书定价

行业教材的作者帕施克和拉斯则如此写道③:"出版业中的成本计算方式跟其他领域是不同的:第一,全部生产成本跟所出版印刷的图书数量(impression)是没有关系的;第二,单独每本书的价值只能根据销售图书的前景数量决定,但销售额只能假设;第三,

---

① 1928 年,卢德克也做了相似的资产表,但没被保存下来。——原文注
② 6 个月前,赖默尔出版社的财务表也制作出来,但比特鲁布纳出版社的更晦涩难懂。《德古意特出版社档案汇编》,文件夹"图书贸易公司的资产平衡表之协议备忘录"。——原文注
③ 行业教材《德国图书贸易教材(第一册):出版社的图书贸易起源》,第 244 页。——原文注

所销售的图书数量也属于生产成本的一部分，也需要准确依据销售数量计算，但也只能假设。如此一来，只有依靠出版商的经验才能勾勒出可能的数量。因此计算公式为：全部生产成本除以预计销售数（copies to be sold）就等于图书直接定价（net price）。"

至于图书定价（pricing），长久以来的做法则是在跟作者签订合同时就规定图书定价，但德古意特还想把该思路重新改变。因此从 1892 年开始，赖默尔出版社就用了一种更简单的方法来计算成本（而对于一般的出版社来说，单位成本的作用充其量只不过是为了平衡资产表的工具罢了）和给图书定价，即根据图书折扣后的定价，而非以往采用的预期销售数量进行计算，这样就有了收支平衡点。计算公式为：全部生产成本除以净价，等于预计图书销售数量。如此一来，销售预期就可计算，若数量超过正常范围，那则需更高的定价来预测销售预期。

# 定价政策

此前出版社最多只能预测单位成本，而含糊不清的计算方式也导致所需结果千奇百怪。但在古腾堡印刷术和印刷工业发展的基础上，出版行业如今今非昔比。讽刺的是，数学计算自动化，是出版社在通货膨胀时期广泛应用的，主要就是为解决高成本出书后的定价计算问题。然而在实际操作中，模糊的销售预期（vague sales forecast）却依旧成了成本与定价之间的无法预测的地方。

与此同时，出版商也经常顾虑价格提升会使市场对于所出版的图书保持观望状态，而德古意特等人确实也有理由担心：因为学术图书的买家对价格是最敏感的，即便最大的机构客户图书馆也得把经费用在刀刃上。

1887 年，德古意特的联盟一反常态，出乎意料地给图书的封面上印上了固定价格，图书零售市场十分震惊。这表明图书馆等客户再也不享有此前的零售优惠，随之而来的是接二连三的对德古意特联盟"霸王条款"的批判和声讨。

为此，1904 年[①]，德古意特在德国帝国事务办公室（Imperial Home Office）与其他出版商一起做了陈述。这说明提高学术书定价的这一做法已经从简单的商业层面提升到了全社会道德层面的冲突，德国社会舆论也震惊于堪称"古腾堡的门徒们"竟然做出如此之事。经过此事之后，哪怕生产成本上升得再高，德古意特也得保持低价，甚至对于一些更大尺寸的精装本也是如此。

# 间接费用

至于间接费用（overheads），行业教材中提到了"广告成本"（advertising costs）一项，但由于其所占的总成本比例不多，书中建议在表格上的"生产成本"后再加一行即可。另外还有"经营成本总览"一项，但教材表示此项无法记账到详细的出版书目里，就在成本内容里以普通的标记指出。由此可以看出，德国出版行业教材对超出生产成本的处理是十分含糊的。

教材中还给出三个成本案例：其中"广告成本"和"经营成本总览"（general business expenses）都被明确地列入"生产成本"之下。其中，"广告成本"的一次性发生成本（lump sum）占总成本的 10% 至 20% 左右。

另外，经常变换的名词还说明：出版业当时对哪种因素计入图书定价里没有统一概念，对净利润中提取数（withdrawal of

---

① 听证会上关于垄断条款的矛盾可以参考《帝国事务办公室速记（第二卷）：印刷纸张与图书贸易》，柏林，1904 年，第 309 页。——原文注

profits)也不清楚，而且也没人呼吁解决此问题。所以广告费一直都没列入定价的成本因素里面。而在德国战前，赖默尔出版社在短时间内就实现了巨额利润，直到 1844 年赖默尔的儿子才开始做生产成本记录，但也只记录了"最初成本"一项，之后的继任者才记录了 10％至 20％的"间接成本"。即便是在 1897 年德古意特接手后情况也没变，而 1908 年出版发行的出版行业教材也没有充分注意此事。

在通货膨胀时期德古意特接手出版社之后，人们无从得知为什么一直没有"间接成本"的具体比例，在 1922 年德古意特最终承认："虽然这个比例存在了很长时间，但确实是过时了。"

## 赢利或亏损？

在历史上，赖默尔出版社经常花费数十年时间，才销售了一些少量的人文图书，因此实际销售与预期销售数的对比不仅仅是时间问题。如今德古意特则指望通过生产分类账本，来解决实际销售数与预测数量不一致的情况。

但前提是得把订阅图书与期刊分开：对于期刊，虽然偶然由于特定期数的销售等因素影响，而产生小部分的预测数量误差，但总体上，期刊出版后不久就会根据订阅数而知道销售情况。而生产分账本上也记录着订阅图书期刊的"实际销售"和"预期数字"，还有计算出来的"赢利"和"亏损"分类。但需要注意的是，由于计算失误，经常产生的"亏损"也被记录在案了。而德古意特认为，要想让订阅期刊的赢利数额覆盖广告和间接成本投入，可能比例也得超过平常认定的 20％界限。

至于非订阅式的图书，通常只有在出版发行几年后，才能跟预期的销售数量进行对照，经常出现与预计销售数不一致的情况。

对此卢德克回忆道："成本经常超出预期，得至少用几年的时间回收成本，连假设的利息都甭提了。"①值得一提的是，卢德克提出的"假设的利息"并非真实存在，是他们用于对比图书项目赢利情况的一个参照假设。在现实中，德古意特与卢德克都没与利息打交道的经验，出版社也从来没有从银行贷款。

这种假设的推算利息（imputed interest）的办法也被德古意特所采用，以便审视出版社在几年中的经营情况。德古意特记录下了有利息和无利息的情况下，流入资本（capital inflows）和流出资本（capital outflow）的数量，因此利息比例则为 4%②，最后推理得出的结果经常让德古意特感到生意很乐观。这一点值得推敲。因为实际生活中他确实不用操心优化投资资产，利息也不在他的日常经营中占比重。只是在当初接手出版社时，他没意料到通常需要在很多年后，图书的销售数量才有可能达到预期。总而言之，由于德古意特来自煤矿等行业外收入的充足资金，德古意特比原来赖默尔出版社的主人，更不需要担心资金呆滞（capital tie up）与资本利息问题。

值得一提的是，除了"赢利"的标记外，分账本还有"大量资助"（considerable funds）一项，并记录了很多昂贵的精装书，且还比原先预计的印刷数量多两倍，这样记账以便满足直接生产成本的要求（net production costs）。

至于出版业中成本计算的办法，乍一看就能精确计算利润，出版社就能拍胸脯保证作者：哪怕在充满不确定因素的市场中，依然能有巨大收益。但仔细推敲后就发现这声明含糊不清。而多年的

---

① 　格哈德·卢德克：《沃尔特·德古意特的人生图册》，第 18 页。——原文注
② 　《德古意特出版社档案汇编》，文件夹"图书贸易公司的资产平衡表之协议备忘录"。——原文注

出版经验表明：大部分的书籍出版都是亏损的，出版社依旧只能靠少数几本书来赢利，而学术书尤其是如此。

同时，当出版商不确定到底能销售多少图书的情况下，就会选择多印刷图书，而非选择少量印书。特别是高速印刷机出现后则进一步加速了这个趋势：虽然很大的图书成本来自印刷生产的铅板上，但若图书销售得很成功，再次印刷就相对便宜了，并可保证满足市场供应。

尽管加入了出版业，但德古意特还没放弃早年的煤矿业务经营。他不仅任职卡布维克杜伊斯堡电缆厂（Kabelwerk Duisburg）的监察董事会，还持有奥伯豪森的 GHH 煤炭公司的股份①，和其他煤矿的特许权。卢德克如此评价德古意特："出版生意背后的波动因素是很危险的。"②这句话含蓄地指出德古意特的煤炭经营生意，③是维持出版社的资金流动的必需手段：例如 1911 年起，德古意特就把从霍亨索伦火车制造公司（Hohenzollern AG）得到的年度股息，注入到了特鲁布纳出版社的业务经营里④。

总之，德古意特煤矿等方面的收入是出版社稳固的财务基础，也让德古意特打破了行业教材的"戒律"。例如，哪怕生产分账本出现了亏损，德古意特也不想放弃手头上热爱的事业，以至于当时年轻的出版人弗雷德里克·沃伯格（Frederic Warburg）⑤评价道："德古意特不是把出版当生意做，更像为了成为一名绅士而做的事

---

① 德国著名公司，成立于 1758 年。——译者注
② 格哈德·卢德克：《沃尔特·德古意特的人生图册》，第 21 页。——原文注
③ 同上，第 41 页。——原文注
④ 《德古意特出版社档案汇编》，文件夹"图书贸易公司的资产平衡表之协议备忘录"。——原文注
⑤ 弗雷德里克·沃伯格是著名的英国出版人，由于跟著名作家乔治·奥威尔的关系而闻名。而他这段描述德古意特的话，灵感也来自他的自传《绅士的爱好》，伦敦，1959 年。——译者注

业爱好。"尽管如此,维护出版社的作者人脉任务需要德古意特连续不断地旅行,而这种习惯也许成了他英年早逝的原因之一。

# 图书折扣

在战后德国通货膨胀的挑战下,有关德古意特生产分类记账所记录的图书折扣,需多费笔墨来介绍。出版行业教材里提出:计算销售量的前提是需要覆盖成本,因此需以折扣"净价"[①]为计算依据,而非出版定价(published price)。所以根据出版合同与销售情况,"净价"的数额自然要少些。

而在出版成本支出表上,出版定价与净价(net price)会分别列在一起(尽管不同数字的背后一些区别没写,但若要统计的话,则大体上二者相差约 25％)。

17 世纪以来的几百年间,业内默认的图书折扣价为 25％ 至 33.3％ 之间。但 1888 年起,德古意特联盟就破天荒地立下了新规:不仅给图书上印了定价,以往浮动的图书折扣价也进一步固定了,这样出版社就可通过控制零售商的货源,来减少成本支出。这样在通货膨胀的时代背景下,两者双双遭遇了巨大冲击。

# 版　税

在赖默尔出版社的生产成本表里面,"给作者版税"栏被列为第一个类别,而在此前,作者和零售商的因素都没被足够得以充分记载。

---

① 　net price 或 net sale price,译者注:图书结算价,若一本书 15 元,给零售商的折扣价是 60％,所以后者就是以 9 元进货,而 15 减去 9 等于 6,6 就是图书结算价。——译者注

比如版税是根据图书所需的纸张，即页数的数量（按每 16 页）来计算的。当时此举被业界认为能够公平地凸显作者所投入的心血。但进入新千年之后，业界公认的则是"销量才能显示作者的成就"。于是版税的计算方法也随之改为：在每本图书定价的版税比例基础上，再计算总销售数。但在实际操作中，出版商会干脆选择根据图书定价先算赢利数，然后再扣去单位版税（unit royalty），接着再除以生产成本。但这样做的弊端是，书商的赢利数和支出成本就难以预测了。与此同时，若作者不对版税斤斤计较，也可选择一次性付款，这样版税比例有时反而会更高。无论如何，在通货膨胀时期这些做法统统都会经历着考验。[①]

## 通货膨胀下的展望

表 1　1913 年至 1922 年德国图书批发价格表[②]

| 年份 | 价格 * | 年增长量 | 增长率 |
|---|---|---|---|
| 1913 年 | 1 | | |
| 1914 年 | 1.25 | 0.25 | 25% |
| 1915 年 | 1.48 | 0.23 | 18% |
| 1916 年 | 1.51 | 0.03 | 2% |
| 1917 年 | 2.03 | 0.52 | 35% |
| 1918 年 | 2.45 | 0.42 | 21% |
| 1919 年 | 8.05 | 5.58 | 228% |
| 1920 年 | 14.4 | 6.37 | 79% |
| 1921 年 | 34.87 | 20.47 | 142% |
| 1922 年 | 1475 | 1440.13 | 4130% |

\*　以 1913 年的价格为 1。

---

①　参见后文提到的作家乔治·戈特弗里德·德希奥的例子。——原文注..

②　参见霍尔弗里希：《德国通货膨胀》，纽约，1980 年，第 15 页。

从表 1 可知,1914 年战争开始后,"温水煮青蛙"似的通货膨胀逐渐严重影响到了出版业①。而出于普法战争后的影响,人们还幻想着最后的胜利会到来,即使到了 1918 年还是如此。

但不久实实在在的冲击就降临了。在德国战败后的 1923 年,德国的通货膨胀达到顶峰:每克黄金兑换的马克金额简直开创人类的历史记录,达到了 1.2 亿马克! 由于德国对进口纸张的依赖,战争的影响不仅增大了对纸张的需求,也导致纸张价格一路狂涨。

但是此时的图书订单如小溪一般增长缓慢,原来能起到缓冲效果(cushioning effect)的销售预期之法也失效了。在这种情况下,要遵守出版业界行规还需保持图书定价不变,简直让人抓狂。而一旦纸张的"库存"用光,生产分类记账就无法覆盖成本的价格。而且在相当长时间内,因为货币的贬值速度也让所赢利的金额变得毫无意义:收入无法覆盖住生产成本投入,更无法支撑新的项目生产。

理论上讲,此刻定价应该适度改变,以便与当下的货币购买力保持平衡。但营运资金(working capital)在通货膨胀中已经消失了,而屈指可数的赢利也被填补到水涨船高的生产成本中去。所以从 1916 中旬起,赖默尔出版社的间接成本已经上升到了 25%。在战争的最后几年,德古意特联盟开始用乘数表(form of multipliers)来预估图书的通货膨胀之变化,包括之前出版的书,甚至早已被规定价格的书,此时全部需要重新计算价格。而行业的"德国图书贸易协会"也紧随其后,采用了德古意特的乘数计算法。但这些应急措施毕竟无法全面应通货膨胀对于出版行业的冲击所

---

① 索斯滕·格里泽尔(Thorsten Grieser)所写的《通货膨胀情况下的图书贸易与出版社》("Buchhandel und Verlag in der Inflatoin")刊登在《图书贸易的历史》,1999 年。——原文注

造成的损失。

虽然如此，德古意特与其他同仁还是坚持此时图书认为涨价是有损名誉的。而德古意特个人所偏向出版的自由主义图书，在严格的定价政策限制背景下发展缓慢，再加上德古意特的两个儿子在 1917 年春战亡，使德古意特精神几乎陷入崩溃状态。在写给艺术史学家乔治·戈特弗里德·德希奥（Georg Gottfried Dehio）的信中[①]，德古意特为自己力不从心的工作情况而道歉，因为自己的手经常发颤。但他还计算出了《德国艺术历史》的生产成本，即每册是 15 至 20 马克之间，并且认为当下出书风险太大，要等到通货膨胀结束时再出版。

1921 年，由于担心过高的价格会造成销售风险，德古意特甚至放弃了再版普鲁士科学院的莱布尼茨[②]论文集的项目，导致该文集在没有任何资助的情况下出版到第五册后，1931 年就停止出版了。

中间有个插曲，在 1922 年 11 月的会议上，卢德克建议"广告成本"也该记账。然而发展至今，赖默尔出版社的成本表却依然没有"广告成本"等相关记录，只有两份列有保守数字的"广告成本"，时间从通货膨胀起至 1923 年 11 月结束之时。

在战争的影响下，零售商的麻烦境遇要比出版社更为悲惨。在战前的每年莱比锡图书博览会上，图书零售商不仅会自动接到出版社的订单，还会接收到出版社的赠送图书，出版社这样做的目的是鼓励零售商增加库存[③]。所以多年来，零售商都把精力用在如

---

① 1917 年 3 月 5 日，德古意特写给乔治·戈特弗里德·德希奥的信，《德古意特出版社档案汇编》。——原文注

② Gottfried Wilhelm Leibniz，戈特弗里德·威廉·莱布尼茨，德国哲学家和数学家，人类历史上罕见的通才，被誉为 17 世纪的"亚里士多德"。——译者注

③ 索斯滕·格里泽尔所写的《通货膨胀下的图书贸易与出版社》（"Buchhandel und Verlag in der Inflatoin"）刊登在《图书贸易的历史》，1999 年。——原文注

何销售图书上了,以至于养成了依赖出版社的习惯,很少考虑如何从其他领域融资。战后,不仅订单和资助没了,随着新的零售商数量增加,造成彼此间的竞争压力陡然增大。当零售商要求有更多的折扣价时,出版社的回复则是:那定价就得变得更高。而零售商却仍然被要求必须按通货膨胀所产生的涨价来结算。

自然,怒不可遏的零售商就想打破与出版社之间"牢不可破"的传统关系,并谋求与代表出版社利益的德国出版人协会一刀两断,而出版社却不会拱手放弃单方面制定图书折扣价格的优势。所以,"德国图书贸易者联盟"的董事会就被请来作为双方矛盾的仲裁者。然而,董事会也陷入了两难的境地:不仅在零售商占多数的会议上面对着巨大压力,还被"29 出版社联盟"所坚决反对(1920年成立的出版社组织),而后者要求图书折扣定价比率保持不变①。

此时的德古意特也加入仲裁进程(他把自己看为通货膨胀时期保持图书低价的最终受益者),在这场纷争中作为杰出的演讲者,也时常成为辩论中的核心人物。经过一番讨价还价之后,出版商与书商们都达成一致:只要让出版社保持定价的权利,就可考虑在折扣方面多让步。

然而,出版社不想跟零售商占多数的董事会打交道,反而寻求单独跟重要的零售商分别谈判。同时,为了避开"德国图书贸易者联盟"新制定的限制政策,德古意特联盟和"29 出版社联盟"与"德国图书贸易者联盟"分道扬镳。虽然业界纷争依旧存在,但仲裁后的图书定价反而大幅提高了,而图书零售业务也得以挺过了通货膨胀的最后阶段。最低图书定价的"代理销售价格"(resale price maintenance)保存了下来。

---

① 有意思的是,1918 年,该组织的一些成员在"47 出版社联盟"表现活跃,当时他们的要求则是:在折扣不变的情况下提高定价。——原文注

　　在德古意特生命的最后几年里，他终于意识到自己的定价政策也并非名正言顺，更不是之前被他人赞誉的属于"完美科学"（schön wissenschaftlich）。多年后的 1952 年，出版商费迪南德·施普林格（Ferdinand Springer）回忆道①："在通货膨胀时期按正常的情况计算赢利是错误的，出版业更不能服务学术科学进步发展。当时其他人都涨价，唯独我却按兵不动。为此我的同仁们都无法理解，甚至还预言灾难将降临到我身上。虽然当时的做法鲁莽了些，但事实证明我是对的。当马克的货币改革开始后，我的出版社在市场份额上最终保持着很明显的领先优势。"

　　实际上，德国出版人协会的 1921 年数据表明：跟 1913 年至 20 世纪 20 年代通货膨胀时期其他出版社的定价涨幅相比，施普林格出版社在 1920 年的图书定价涨幅很小，但施普林格定价依旧是 1911 年战前的四倍，而在 1920 年出版的图书品种数跟 1913 年持平。与施普林格相比，德古意特联盟的出版定价虽然能保持不超过两倍，但图书出版品种数量却比 1913 年降低了 20％。

　　通货膨胀在 1923 年结束的时候，德国的黄金时期终于来了。感到教育不足的德国中产阶级终于纷纷涌向了书店，出版社也终于等来了销售的爆发期，连德古意特出版的学术图书作品都终于卖了出去。其中包括：政治家弗里德里希·瑙曼的《欧洲的中央》、教育学家弗里德里希·威廉·弗斯特（Friedrich Wilhelm Foerster）的著作等，但随之而来的版税竞争也白热化了。

　　以戈申出版社为例，1910 年和 1914 年的协议规定，为了维持图书首版的低价，版税是根据图书所需纸张来定价的，但是对于后续版本的版税却没有说明。而《德国艺术历史》的首册出版，是在

---

　　① 索斯滕·格里泽尔所写的《通货膨胀下的图书贸易与出版社》，刊登在《图书贸易的历史》，1999 年。——原文注

战争爆发时的通货膨胀情况下进行的。当预计要在 1917 年出版时，作为戈申出版社的合伙人德古意特，当时就坚持图书要延期出版，最后直到 1919 年才出版面世，而到了 1920 年年初，首印的5000 册就被一抢而空。

图 56　德古意特画像及签名(1920 年)

但不巧的是，在通货膨胀的最后阶段，该书的作者德希奥因为斯特拉斯堡成为战区而失去了生活来源。于是与出版社为了版税而据理力争。于是，戈申出版社的另一个合伙人科瑞恩和授权签字人格雷特莱因就开始了与作者的艰苦谈判。虽然两人同意一次性付清战前协议中规定的版税(且是根据图书尺寸大小制定的)，

在不违反定价政策的前提下,并根据通货膨胀的因素适当调整数
额。为此德希奥还专门咨询了"德国作者保护协会"(Protection
Association of German Writers)。协会建议作者最好根据销售量
来定版税。自然地,当戈申出版社听到作者的回复后,就开始耿耿
于怀,并不乐意继续谈判协商下去。鉴于德希奥如此顽强地斗争,
学术界自然地站在了作者一边。在此事的社会影响越来越不利于
德古意特出版社的背景下,1922 年德古意特只好亲自参与谈判。

此前德古意特早就考虑在通货膨胀的情况下,如何能最合理
地支付学术图书的作者版税。而他更倾向一次性付清以图书所用
纸张而制定的版税,并认为此举不仅能共担风险,也是适应通货膨
胀的办法。尤其是他刚用此法解决了与教育家弗里德里希·弗斯
特的版税纠纷。所以这次提出了这种办法来解决版权纠纷,但很
显然,德古意特充满各种标注的计算例子,这次没有能够说服德希
奥和德国作者保护协会①。

在不得罪同事的前提下,德古意特还想建立与德希奥的私人
关系以便继续开展合作,他还声称:"当然对文学作品来讲,根据销
售数量定版税的做法由来已久。但作者凭空认为出版社应该履行
某种职责,这是不能遵循的。况且,还有一些作者采取了截然不同
的态度:他们反而不屑于把自己看成锱铢必较的商人。但鉴于我
们所面临的社会与经济大变动的重组时期,根据销售量来确定学
术图书的版税也可以接受。"

尽管德古意特同意学术图书用新的销量版税方法计算版税,
但要根据通货膨胀因素把版税减少 10%。然而在仲裁机构的帮助
下,此项提议很长时间纠纷也没得到进展。最终在 12 月的法庭上
达成了协议:在根据销售量制定版税比例的基础上,出版社还需要

---

① 1922 年 3 月 1 日和 15 日,《德国出版人新闻》。——原文注

根据通货膨胀因素一次性付清版税。

图 57　德古意特画像(1920 年)

　　1923 年 12 月,当"地租马克"①面世后,举世闻名的通货膨胀终于结束了,一年半后,出版社在与德国出版人协会、学者保护协会(Akademischer Schutzverein)和德国高校协会(Association of German Universities)开展系列谈判后,"关于先前出版社的协议和所涉及的版税责任问题指南"(Guidelines for the Treatment of Older Publisher's Agreement and the Royalty Obligations Arising thereunder)的协议终于达成了②。但德古意特没能够亲眼看到这两个重要事件的实施,因为他在 1923 年的 9 月 5 日意外地去世了,连遗嘱也没留下。

---

　　①　Rentenmark,用农业与工业用地作为支撑的货币。——译者注

　　②　德文:"Richtlinien für die Behandlung älterer Verlagsverträge und Daraus erwachsende Honorarverpflichtungen."——原文注

# 第八章　魏玛德国与社会主义时期的德古意特出版社

　　德古意特出版社在成立后的短短五年里，就已经众人皆知了，然而当德古意特突然去世后，出版社顿时失去了独特的风格。最初的六位"元老"中，只有戈申出版社的合伙人科瑞恩还在出版社任职，其余的阿道夫和海姆则相继在 1920 年离开，舒伯特在 1922 年也去世了。

　　德古意特的女婿赫博特·克拉姆（Herbert Cram）是一名工程师，为了接续德古意特留下来的事业，放弃了在夏洛腾堡科技大学（Charlottenburg Technical University）的研究助理职位，于 1923 年 10 月 1 日开始在出版社当学徒，一年后就神速地成了合伙人[①]。在同年，顾问董事会成立了，并且规定实施任何一个重大经营决策

---

　　① 弗里茨·赫梅耶（Fritz Homeyer）:《赫尔伯特·克拉姆之 70 岁生日》（"Herbert Cram zum 70. Geburtstag"）刊登在《博森布拉特德国图书贸易杂志》，第 50 期，1960 年 6 月 24 日，第 1037 页。——原文注

前,都得经过董事会批准。

"元老"级合伙人科瑞恩终于坐不住了。他对成立顾问董事会与克拉姆如此迅速成为合伙人都表示不满,1926 年他也拂袖而去。[①]

回顾德古意特在 20 世纪 20 年代的经营特点,是发挥 5 家出版社各自所擅长的出版领域而进行的,当要出版一部新作品时,也是按照各自所专长的出版领域而分配任务。但如今老一代的管理者都不在后,对出版业务的重组也开始了。例如塞勒的《生理化学杂志》本来是特鲁布纳出版社的品牌产品,此时就被分配给了维特出版社。[②] 1929 年后,只有戈申出版社被允许做跨学科的出版业务。[③]

部门负责人亚历山大·厄尔斯特(Alexander Elster)和卢德克对业务的发展推动起了关键作用:厄尔斯特之前是古腾塔格出版社的授权签字人,拥有法律博士学位,而卢德克则之前负责管理特鲁布纳出版社,拥有语言学博士学位。除了丰富的工作经验外,两人都具有作者与编者的身份,自然就成了德古意特出版社与学术界保持联系的纽带。

卢德克表现更活跃,他安排运营了几个参考书的项目,其中包括:根据 1925 年以来的《学者年鉴》而补编的《库什纳德国文学日历》、《学习世界:弥涅尔瓦年鉴》、《弥涅尔瓦》(9 册,1924/1925—1933 年)杂志,以及接替《弥涅尔瓦》而出版的《知识分子工作》(11 册,1934—1944 年)。

---

[①] 1924 年 8 月 15 日,同年 11 月 28 日所记录的合伙人会议之备忘录副本,德古意特出版社档案汇编》,文件夹:"科学出版社之贡献的记录"和文件夹:"1924 年至 1930 年的科瑞恩"。——原文注

[②] 《1931 年卡尔·特鲁布纳出版社的商业报告》,柏林,1931 年,第 2 页。和《1924 年至 1928 年,卡尔·特鲁布纳出版社之记录的声明》,柏林,1931 年,第 4 页。这两部作品都为格哈德·卢德克所著,收藏在《德古意特出版社档案汇编》。——原文注

[③] 戈申出版社直到 20 世纪 60 年代才改名。——原文注

到了 20 世纪 30 年代，两人给德古意特出版社打下的烙印已经很重了。古腾塔格出版社和特鲁布纳出版社名目下的新作品鹤立鸡群，其中就包括：《国际法与外交百科词典》（3 册，1924—1929 年）、《德国教师协会宪法》（1924 年），《外国公法和国际法杂志》[①]（1929 年）。其中厄尔斯特自己跟著名的行政法专家弗里茨·斯蒂尔·索姆罗（Fritz StierSomlo），合作出版了《简明法律字典》（8 册，1926—1937 年）。

而卢德克单独负责出版的作品还有《史前大百科》（15 册，1924—1932 年），保罗·默克（Paul Merker）和沃尔夫冈·斯塔摩尔（Wolfgang Stammler）所著的《德语语言历史大百科》（4 册，1925—1931 年），《斯拉夫语文学和文化历史》，《德国迷信手册》（10 册，1927—1942 年），《特鲁布纳德国词典》（8 册，1939—1957 年）等。

除了这两人的贡献外，德古意特出版社的顾问阿图尔·布赫瑙与语言学家爱德华·施普林格（Eduard Springer）和著名瑞士教育家约翰·亨里希·佩斯特拉齐（Johann Heinrich Pestalozzi）开展合作，出版了《佩斯特拉齐全集》（18 册，1927—1943 年）。[②]

德古意特在世界性的大萧条后的 1929 年依旧出版了 279 种图书，当然得感谢德古意特与行省当局的紧密关系。其中 56 种法律和政治科学主题，29 种自然科学主题，29 种数学主题，21 种科技主题。其中，有 75％的图书是为了满足国际市场需求而全部采用了

---

① 截止到 1945 年，德古意特出版社的书目资料从以下目录搜集：《1924 年 1 月至 1927 年 7 月的德古意特出版社》，柏林，1927 年。同时，1933 年至 1942 年的图书目录（没有题目和封面）的文件上面，还夹带着 1944/1945 年的目录，都收藏在《德古意特出版社档案汇编》。——原文注

② 海伦·穆勒的文章《文学市场中的理想主义》刊登在康斯坦丁·戈施勒等著的《1900 年至 1933 年的柏林：科学与公共形象》，斯图加特，1999 年。——原文注

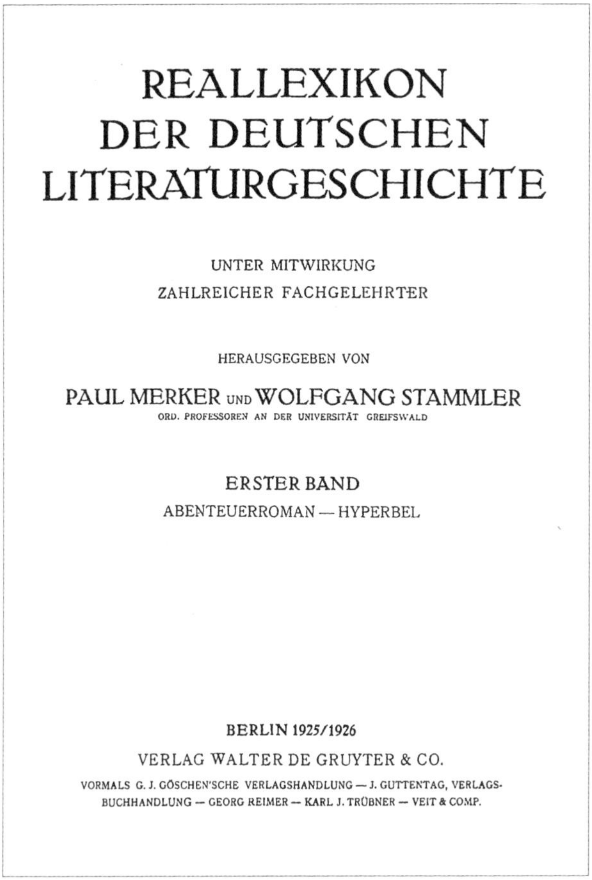

## REALLEXIKON DER DEUTSCHEN LITERATURGESCHICHTE

UNTER MITWIRKUNG
ZAHLREICHER FACHGELEHRTER

HERAUSGEGEBEN VON

PAUL MERKER und WOLFGANG STAMMLER
ORD. PROFESSOREN AN DER UNIVERSITÄT GREIFSWALD

ERSTER BAND
ABENTEUERROMAN — HYPERBEL

BERLIN 1925/1926
VERLAG WALTER DE GRUYTER & CO.
VORMALS G. J. GÖSCHEN'SCHE VERLAGSHANDLUNG — J. GUTTENTAG, VERLAGS-
BUCHHANDLUNG — GEORG REIMER — KARL J. TRÜBNER — VEIT & COMP.

图 58　《德语语言历史大百科》

罗马字体印刷，剩余的则是采用德文黑体字（black letter fraktur）印刷。① 而德古意特的图书出版数量，在全德国处于第六位，在柏

① 路德维格·舍恩洛克（Ludwig Schönrock）的文章《从支付数据看德国出版社的图书贸易数据》（"Statistische Zahlen über den deutschen Verlags Buchhandel"）刊登在《博森布拉特德国图书贸易杂志》，第 837—842 页，1929 年 8 月 3 日，第 178 期。——原文注

图 59 《现代人》(1931 年,第 2 版)

林处于第三位,排名紧跟在施普林格出版社和卡尔·海曼出版社
(Carl Heymann)之后。

　　1931 年,戈申出版社的第 1000 种作图书出版面世了,即卡
尔·雅思贝尔斯的哲学类畅销书《现代人》,内容则是关于当代社

会知识分子的思想危机。有意思的是,这是戈申出版社想跟哲学家西奥多・利特(Theodor Litt)合作出版的图书,但后者则想写当代西方文化中的知识分子运动,所以出版社才退而跟雅思贝尔斯合作,这反而成就了雅思贝尔斯以及戈申出版社,使这本书成为大众类畅销学术书。[①]

# 纳粹时代下的出版策略

20世纪20年代中期,德古意特出版社又开始了"兼并模式"发展。1929年购买了亚瑟・克里尼翁艺术和科学出版社(Buchhandlung fur kunst und Wissenschaft Arthur Collignon),1931年购买了柏林的赫尔曼・巴斯政治科学出版社(Hermann Bahrs Buchhandlung fur Rechts und Staatswissenschaft zu Berlin),1932年购买了格罗特学术出版社(Akademische Buchhandlung Grote),1933年购买了赫尔曼・赛克法律出版社(Juristische Fachbuchhandlung Hermann Sack)。

而1933年的5月10日希特勒纳粹上台后的焚书事件,一方面表明此时德国不同的政见、观点的自由市场已经不复存在;但另一方面,在纳粹审查与当局合作的钢丝上,不乏个别出版社在几乎没竞争对手的情况下而获利。在这种情况下,德古意特出版社继续走兼并发展的道路,1937年购买了布赫霍兹保健治疗学出版社(Theraperutische Registratur Buchholtz & Co)等相关机构。以下就是这些出版社的部分介绍。

---

①　1929年1月14日,出版人康拉德・格雷斯林(Konrad Grethlein)写给西奥多・利特的信。卡尔・雅思贝尔斯的资料,参见《德古意特出版社档案汇编》,"BA Gr"分类。——原文注

# 德国艺术出版社

德国艺术出版社(Deutscher Kunstverlag)是在普鲁士文化事务部(Prussian Department of Cultural Affairs)的建议下在 1921年成立的,旨在充分发掘柏林国家图像资料馆(State Photographic Archives)收藏品的社会价值。由于创始人除了柏卡德·迈耶(Burhkard Meier)之外还有德古意特的合伙人卢德克,所以 3 年后德古意特就购买了该出版社。所出版的绘画艺术作品集有:《德国大教堂》(1925 年)、《德国乡村艺术》(1926 年)。在 1929 年,曾经因为版税与德古意特顽强斗争的德国艺术史专家德希奥的著作《德国艺术经典手册》此时也转移到了该出版名下。

1938 年,德国艺术出版社的创始人在迈耶娶了德古意特的一个女儿后,就从该出版社升职到德古意特联盟负责整个人文艺术图书的出版业务,因此德国艺术出版社经理就换成了赫伯特·克拉姆(Herbert Cram)。一年后,迈耶重新全资购买了该出版社。然而迈耶没有久留,不久又到德古意特出版社董事会任职。该出版社经理就由之前的顾问沃尔夫·迈恩哈德·史塔(Wolf Meinhard von Staa,1893—1969 年)接替。[①]

值得一提的是,史塔曾经在普鲁士文化事务部工作了 4 年,而他的上级卡尔·海因里希(Carl Heinrich Becker)恰好也是德古意

---

① 海因里希·哈贝尔(Heinrich Habel):《1921 年至 1971 年:一个名为"德国艺术出版社"之编年史》("Deutscher Kunstverlag 1921—1971 Zur Chronik des Hauses. Bibliographie")刊登在《慕尼黑之教堂建设:19 至 20 世纪》,慕尼黑,柏林,1971 年,第 54—92 页。迈克尔·迈耶(Michael Meier):《一个名为"德国艺术出版社"之汇总》("Der Deutsche Kunstvberlag Ein übersicht")刊登在《1921 年至 1996 年的德国艺术出版社:历史和未来》,慕尼黑,柏林,1996 年,第 15—29 页。——原文注

特出版社的伊斯兰研究问题的专家顾问（从 1933 年起担任该职位）。不久史塔从普鲁士文化部转到德国教育部（Imperial Department of Education）工作担任艺术部门主任一职。1937 年，由于他批判了希特勒纳粹党组织的慕尼黑"堕落艺术展"而被迫"退休"[1]。此时史塔才加入德古意特出版社的顾问委员会，一年后成了德古意特合伙人与出版社经理。[2]

# 马库斯·韦伯出版社

马库斯 & 韦伯出版社（A. Marcus & E. Webers Verlag）是由两家机构合并的产物，并与当时波恩大学研究梵文、古典与拜占庭时期的学者合作紧密。

1909 年出版社由著名学者阿尔伯特·安（Albert Ann）接管后，很特别地增加了性科学领域的图书出版。出版了柏林性学研究所（Berlin Institute for Sex Research）的创始人马格努斯·赫希菲尔德（Magnus Hirschfeld）所编著的《性学期刊》（18 册，1914/1915—1931/1932），以及三册的《性学病理学》（1917—1920 年）等著名图书。麦克斯·马库塞（Max Marcuse）所著的《简明性学词典》在 1923 年出版后成为该行业的经典图书。[3]

1927 年，阿尔伯特·安以 5 万马克的价格，把除了医学主题图

---

① Degenerate Art Exhibition，同时期纳粹组织了展现种族优越的"大德意志艺术展"，"堕落艺术展"就作为了"反面典型"以展示魏玛德国时期的"艺术堕落"。——译者注

② 沃尔夫·迈恩哈德·史塔的情况，见赫尔穆特·布尔（Helmut de Boor）所写的《沃尔夫·迈恩哈德·史塔》（"Wolf Meinhard von Staa"），刊登在《博森布拉特德国图书贸易杂志》，法兰克福书展的图书版本（Frankfurter edition），1969 年 6 月 6 日，第 45 期，第 1357 页。——原文注

③ 阿尔伯特·安等著：《1818 年至 1918 年：马库斯·韦伯出版社的百年史》，波恩，1919 年。——原文注

书外的版权和股票都卖给了德古意特出版社，转交给德古意特的图书版权包括：巴特霍尔德·格奥尔格·尼布尔编著的《波恩拜占庭历史作品大全》①，汉斯·列茨曼（Hans Lietzmann）编辑的《简明讲义与指南》（191 册，1906—1973 年）。之后赫伯特·克拉姆（之前提到的德国艺术出版社之合伙人）也投入 1 万马克入股马库斯·韦伯出版社。

不久德国纳粹当局也开始对性学研究的打压，不仅柏林性学研究所不复存在了，创始人赫希菲尔德和作者马库塞也移民外国。在 1938 年，阿尔伯特·安的遗孀把股票全部卖给了德古意特出版社后，其资产仅剩下区区 1398.7 马克。②

## 阿尔弗雷德·托佩尔曼出版社

阿尔弗雷德·托佩尔曼出版社（Alfred Topelmann Verlag）创立于 1832 年的吉森（Giessen），但一直到了 1905 年才加上了新掌门人名字，出版领域则专注于神学和宗教研究图书出版。

1935 年，当德古意特出版社购买该出版社后，所获得旗下的学术期刊版权有：《旧约研究期刊》（1881 年）、《新约研究期刊》（1900 年）、《实用理论研究》（1900 年）、《现代新教历史》（1900 年）、《世界

---

① Corpus scriptorum historiae byzantinae，也称"波恩语料库"，是研究拜占庭历史的 50 卷重要资料，于 1828—1897 年在波恩出版。——译者注

② 1931 年 2 月 8 日，赫伯特·克拉姆与阿尔伯特·安和其继承人之间的通信，涉及签订的合伙合同。马库斯·韦伯出版社资产表以及对《性学病理学》的查封情况都收藏在《德古意特出版社档案汇编》，文件夹："马库斯·韦伯出版社"。而关于性学研究所的情况，见罗尔夫·维瑙（Rolf Winau）所写的《柏林的医学研究之持续与中断》（"Berliner Medizin: Kontinuitäten und Brüche"）刊登在沃尔夫曼·费希尔（Wolfram Fischer）等人《柏林科学的"出埃及记"》，柏林，纽约，1994 年，第 344—354 页。——原文注

宗教来源》(1924 年)和带创始人之名的教材《托佩尔曼图书馆系列》(*Sammlung Topelmann*),还有受市场欢迎的《新约希腊-德语词典》①(1928 年第二版面世)。

但德古意特出版社并没有从神学图书的出版业务中取得明显益处,反而在 1939 年 3 月 31 日,根据德国"帝国文化协会"②所公布的"关于维护图书贸易职责的法令",对宗教教派出版社的限制更大了。

法令声称:"凡是把精力用于哲学或宗教的机构,都是无法服务德国全体人民的。而神学主题的图书,必须变得通俗易懂,而不是艰深晦涩。"③几个月后的 5 月 3 日,又发布了第二份更详细的命令,规定"只要出一本跟神学有关的图书或期刊,出版社就属于宗教机构而要受到管制。"

在纳粹德国时期,业务多样性的出版社只能选择两条路:除非只做宗教出版业务,要不就放弃该出版领域。1940 年后,德古意特出版社再没新的神学图书出版,直到二战结束后才有所改观。④

## 施蒂尔克法律图书馆

柏林和汉堡的站台报刊亭业务(station bookstall),原本是由

---

①　阿尔弗雷德·托佩尔曼出版社的书目,见《神学与宗教科学的出版社:1832 年至 1935 年的有案可查之名单》,柏林,1935 年。——原文注

②　Reichsschriftumskammer,英文 Reich Chamber of Culture,由宣传部长戈培尔组织。——译者注

③　简·皮特尔·巴比安(Jan Pieter)所写的《第三帝国时期的文学政治:机构,决策和日常行为》,慕尼黑,1995 年,第 581 页。而关于纳粹对付教派控制的出版社内容,见第 578—586 页。——原文注

④　赫伯特·克拉姆与"帝国文化协会"间的通信,内容关于"图书贸易的保护命令与维持图书正常贸易行为"的后果和给德古意特出版社的"12 条的经营规范",《德古意特出版社档案汇编》。——原文注

有犹太血统的出版商乔治·施蒂尔克(Georg Stilke)垄断的。纳粹上台后，施蒂尔克为了保护他在柏林的业务，就在 1935 年雇用了赫尔曼·莱因斯哈根(Hermann Reinshagen)作为授权签字人，因为后者具有"雅利安血统"和纳粹党员身份。

但是，1938 年施蒂尔克还是被帝国文化协会除名了。纳粹政府规定：经营出版社又要担任文化协会的会员，意味着自动从出版行业退出。1938 年 6 月 2 日，施蒂尔克只好放弃了在柏林的业务，而他在汉堡等的业务也被"雅利安化"了。同年的 6 月 15 日，德古意特出版社就从施蒂尔克手里购买了闻名遐迩的施蒂尔克法律图书馆(Stilkes Rechtsbiblithek)。

二战结束后的 1945 年，心有不甘的施蒂尔克采取了法律手段，想追回施蒂尔克法律图书馆出版社的所有权，[①]但由于相关资料在战争中被毁掉，之前的合伙人莱因斯哈根也成了苏联的俘虏，导致这场官司连续打了好几年也没有结果。

德古意特出版社声明购买施蒂尔克法律图书馆跟"雅利安化"没关系，但从政府管理机构那里还是发现了一些矛盾之处。1953 年 7 月 16 日，在柏林区赔偿协会(Restitution Chamber of the Berlin Regional Court)的法庭上，施蒂尔克证明了"雅利安化"政策确实被用于压制他在汉堡和鲁尔区的生意，因此达成了善后协议：德古意特出版社把大部分的图书版权还给了他，至于新版本的版权，需付出版权费后才能获得。因此德古意特出版社继续拥有施蒂尔克法律图书馆的部分出版权利。[②]

---

[①] 乔治·施蒂尔克与德古意特出版社对簿公堂的丰富资料，《德古意特出版社档案汇编》，文件夹："施蒂尔克，1938—1963 年"。——原文注

[②] 1953 年 7 月 16 日，乔治·施蒂尔克与德古意特出版社签订的安抚赔偿协议。——原文注

# 施韦策出版社

施韦策出版社(J. Schweitzer)在 1885 年成立于慕尼黑,亚瑟·塞利尔(Arthur Sellier)于 1898 年接管后,该出版社在法律与自然科学领域的出版就逐渐处于领先地位。而确立领先地位的"奠基石"图书就是朱利叶斯·施陶丁格(Julius Staudinger)所编著的《民法典评论》(6 册,1898—1903 年)。

该书之所以获得成功,其原因是法学家施陶丁格能够不断地解释和评论相关法典条例,并举出相应的案例提供解决办法,从而使该书成了德国法律行业里人手一册的"圣经"。

在纳粹执政时期的 1939 年,德古意特出版社购买了该出版社的一半股份,并共同管理和运营柏林的出版业务。二战结束后的 1945 年,掌门人塞利尔回到了慕尼黑参与经营业务。直到 1981 年,出版社更名为"施韦策 & 德古意特出版社"(J. Schweitzer Verlag KG Walter de Gruyter &Co),1990 年则再次更名为"塞利尔 & 德古意特出版社"(Dr. Arthur L. Sellier&Co.-Wlater de Gruyter &Co.),而且这两个出版社名下都在柏林注册了办公室①。

德古意特出版社在此时期的兼并之路,主要是通过人际关系来实施的。而如今,当合伙人克拉姆跟他人的矛盾闹得不可调和后,克拉姆独立出来的意愿就很明显。以下出版社就是克拉姆独

---

① 乔治·拉姆西格尔(Georg Ramseger)的文章《施韦策出版社 100 年史:普鲁士的蓝色新大陆》("Mit Preßische -blau Kurs auf neue Kontinente. *100 Jahre J. Schweitzer Verlag*")刊登在《博森布拉特德国图书贸易杂志》(法兰克福书展版本),1985 年 9 月 3 日,第 70 期,第 2189—2193 页。——原文注(译者注:原文注释的序号与所对应的内容不符,已纠正)

立后自己购买的 2 家出版社。

# 弗里德里希森出版社

弗里德里希森出版社(L. Friederichsen & Co.)在 1868 年成立,主要是从地图与海图的经销批发商,最终成功发展转型成为一家专注地理、殖民地研究、经济和商业领域研究的出版社①。

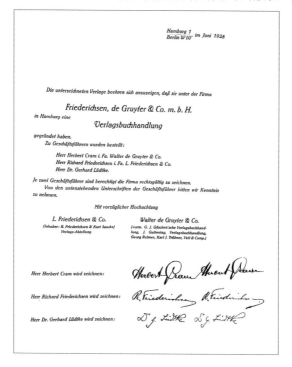

图 60　关于弗里德里希森 & 德古意特有限责任公司成立的函

① 德古意特与弗里德里希森出版社的拥有者卡尔·海因里希·贝克尔(Carl Heinrich Becker)之间的通信,《德古意特出版社档案汇编》,"BA R2"分类。——原文注

　　1928 年,由于德古意特出版社很早就想在汉堡成立个与高校结合的学术出版社,于是就购买了该家出版社。随后出版业务与图书销售业务被分开,出版社被改名叫"弗里德里希森 & 德古意特出版社"(Friederichsen,de Gruyter & Co. m. b. H),经理则为理查德·弗里德里希森(Richard Friederichsen),以及德古意特出版社的克拉姆和卢德克。

　　二战结束后该出版社又被改名为"克拉姆 & 德古意特出版社"(Cram,de Gruyter & Co)①。

# 莫里茨·克雷恩技术出版社

　　莫里茨·克雷恩技术出版社(Technischer Verlag Moritz Krayn)在 1896 年成立,最初时叫费希尔技术出版社(Fischers Technologischer Verlag),名下有 140 种版权图书,专注的领域是电子技术领域的出版(electrotechnology),畅销书是恩斯特·瓦伦丁(Ernst Valentin)所著的《汽车技术手册》(*The Automotive Technology Handbook*)。

　　1937 年,病重的克雷恩把出版社卖给了克拉姆,由此出版社改名叫"赫尔伯特·克拉姆技术出版社"(Technischer Verlag Herbert Cram)。根据现存的资料,不知道这位犹太出版商是否也是在纳粹的压力之下才卖掉的。但总之,购买形式是克拉姆以养老金的形式付给克雷恩的,几个月后克雷恩去世后,养老金继续付给克雷恩的遗孀,直到后者在 1943 年去世。②

---

　　①　《图书记账辞典》,第三册,第二版,斯图加特,1991 年,第 56 页。——原文注

　　②　1947 年 1 月 27 日,对在大柏林地区(译者注:Greater Berlin,即二战后英、美、法对柏林占领区统筹后的称呼)所注册的出版社所做的调研问卷,该内容属于问卷附录部分。——原文注

# "一体化"的内与外

"Gleichschaltung",即"一体化",出自纳粹党的"元首准则"(Führer principle),意图要改变此前社会环境中的政治与组织的多元化,以便全面控制德国社会的方方面面,此法自然也对纳粹时期德国的私人企业产生深刻影响。

而德古意特出版社的合伙人此时自然也或多或少地参与了政治运动,例如克拉姆,他此前就加入了"铁盔前线士兵联盟"[①],虽然后来在 1933 年离开,但鉴于他是传统的基督徒,克拉姆也顺利地加入了其他的社会民主党。

1934 年 1 月 30 日,根据"国家劳工法令",德古意特出版社必须设有党支部,并安插一名"党代表"(Betriebsführer)和"积极分子"(Gefolgschaft)。不久,党代表在业务运营中的影响逐渐增大,纳粹党的活动反而决定了出版社的日常经营活动,甚至包括安排公社体育活动和五一劳动节游行等。

在此环境中的 1940 年,德古意特出版社禁止犹太人著作的出版,连戈申出版社已经出版的犹太作者的图书也被下架,而只有"雅利安"作者的书才被允许修订再版。例如:出版社想与作曲家和指挥家威廉·富特旺格勒(Wilhelm Furtwangler)继续合作,以便再版《音乐理论概览》[②]。同时,《斯托布的法律与谈判评论》

---

① Stahlhelm,一战结束后德国的准军事组织,纳粹执政后被重命名为"国家社会主义前线联盟",大部分成员被收录在了冲锋队。——译者注

② 1939 年 3 月 1 日,康拉德·格雷斯林(Konrad Grethlein)写给作曲家威廉·富特旺格勒(Wilhelm Furtwängler)的请求合作信,以及同月 23 日作者的拒绝信,《德古意特出版社档案汇编》,"BA R2"分类。——原文注(译者注:原文注释的序号与所对应的内容不符,已纠正)

图 61　1934 年五一劳动节的庆祝活动:在滕珀尔霍夫球场上游行

(1895 年)则被改名为《韦塞尔格塞茨评论》。

　　至于克拉姆,由于所负责出版的《库什纳文学月历》包含了犹太特征,就受到了党卫军的喉舌报纸《黑色军团》[1]的批判。同时,他也对德古意特出版社旗下的"马库斯 & 韦伯出版社"(A. Marcus & E. Webers Verlag)名字里的犹太因素而忧心忡忡,所以在 1941 年他就申请出版社改名,但没想到发现"马库斯"反而有雅利安的来源后,就又安心了。[2]

　　1936 年之前,德古意特出版社的领导层中并没有纳粹党员,忽然被如此这般控制业务后,就自然产生了私下里的反抗,而克拉姆和公司党代表之间的冲突也愈演愈烈。克拉姆认为公司党代表是拿政治任务来压制自己,还认为自己"缺乏国家社会主义的坚定

----

① 1936 年 4 月 2 日,该报纸所刊登的《新章节》("Neue Folge")文章。——原文注
② 1941 年 9 月 16 日,赫尔伯特·克拉姆写给胡尔林(Ph. Möhring)的信,《德古意特出版社档案汇编》,文件夹:"马库斯 & 韦伯出版社"——原文注。(原文注释的序号与所对应的内容不符,已纠正——译者注)

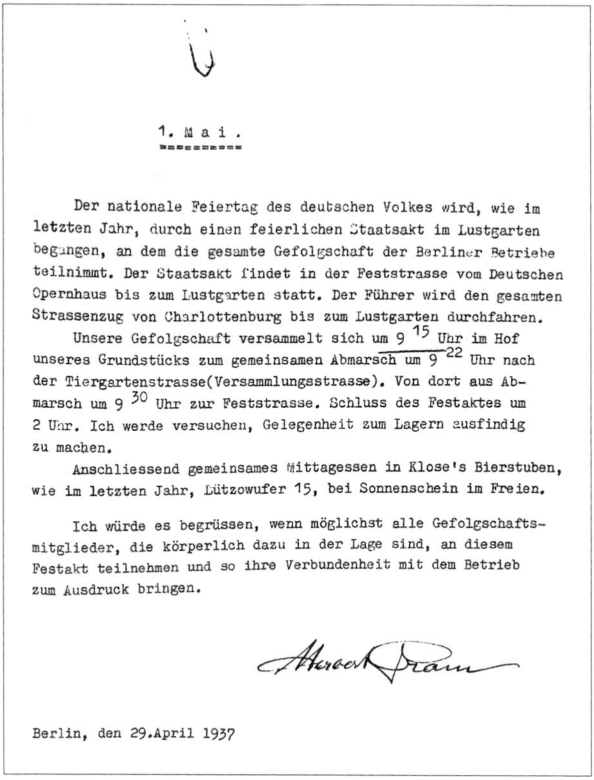

1. M a i .

Der nationale Feiertag des deutschen Volkes wird, wie im letzten Jahr, durch einen feierlichen Staatsakt im Lustgarten begangen, an dem die gesamte Gefolgschaft der Berliner Betriebe teilnimmt. Der Staatsakt findet in der Feststrasse vom Deutschen Opernhaus bis zum Lustgarten statt. Der Führer wird den gesamten Strassenzug von Charlottenburg bis zum Lustgarten durchfahren.

Unsere Gefolgschaft versammelt sich um $9^{15}$ Uhr im Hof unseres Grundstücks zum gemeinsamen Abmarsch um $9^{22}$ Uhr nach der Tiergartenstrasse(Versammlungsstrasse). Von dort aus Abmarsch um $9^{30}$ Uhr zur Feststrasse. Schluss des Festaktes um 2 Uhr. Ich werde versuchen, Gelegenheit zum Lagern ausfindig zu machen.

Anschliessend gemeinsames Mittagessen in Klose's Bierstuben, wie im letzten Jahr, Lützowufer 15, bei Sonnenschein im Freien.

Ich würde es begrüssen, wenn möglichst alle Gefolgschaftsmitglieder, die körperlich dazu in der Lage sind, an diesem Festakt teilnehmen und so ihre Verbundenheit mit dem Betrieb zum Ausdruck bringen.

Herbert Cram

Berlin, den 29.April 1937

图 62　1937 年五一劳动节庆祝活动的内部备忘录

性”①。然而,尽管他对纳粹党的意见很大,但也不等于他全盘否定纳粹的政治目标。

1933 年 9 月,克拉姆联系了前普鲁士文化事务部部长阿道夫·格里姆(Adolf Grimme),让其担任出版社的校对员,但由于后者的精神与身体状态不佳,就只工作到 1934 年年末。一年后前国

① 1933 年至 1938 年,赫尔伯特·克拉姆与时任党代表的乔治·胡瑞斯(Georg Hurrass)之间的冲突,《德古意特出版社档案汇编》,文件夹:“1928 年 12 月之个人资料”。——原文注(译者注:原文注释的序号与所对应的内容不符,已纠正)

会发言人保罗·洛依贝(Paul Loebe)取代了其位置。而洛依贝在之前的 1933 年 6 月到 12 月，一直被关押在西莱亚西的布雷斯劳 & 杜尔戈伊(Breslau-Durrgoy)集中营。①

　　洛依贝曾经回忆自己入职德古意特出版社后这段经历，他说："盖世太保当时依旧监视我，我被禁止从事报纸销售，媒体自然也不敢雇我这个马克思主义者。我甚至连开个香烟店糊口也不行，而申请去梅克伦堡州当个小小的广告销售员也没有结果，就只好从当了 40 年会员的图书印刷者协会(Book Printers' Association)那里每周领 7.5 德国马克的救济金，直到协会也被迫整合到'劳工阵线'(German Labour Front)。在 1 月份，当格里姆从德古意特出版社退休后，就推荐我接替他，所以克拉姆就找到我，以便负责希腊语和拉丁语的稿件。当时，我还可以不用坐班，于是我就每天在特雷宾的安哈尔特车站(Ahhalter station)和通讯员交接稿子。在刚开始，我每月能挣 90 至 120 帝国马克，之后收入逐渐提高，但盖世太保还不死心地在我公寓时常冒出来，问我工作是干什么的？收入多少？跟谁合作？还要我的通信记录。"②

　　洛依贝在出版社一直工作到 1944 年年中，当他离开柏林后，没想到由于希特勒遇刺事件又被逮捕了，就被关在格罗斯罗森

---

　　① 赫尔伯特·克拉姆与前普鲁士文化事务部部长阿道夫·格里姆的通信，《德古意特出版社档案汇编》，文件夹："1945 年的柏林秘书办公室"。另外，由于格里姆与反纳粹组织"红色交响乐"(Rote Kapelle)的联系，他在 1942 年被逮捕，战后则成为了"下撒克逊州文化与教育部"(Cultural Affairs and Education in Lower Saxony)的部长和西北德国电台(译者注：Nordwestdeutscher Rundfunk，1945—1955 年存在的公共广播电台，主要负责西柏林的广播)的主任。——原文注(译者注：原文注释的序号与所对应的内容不符，已纠正)

　　② 保罗·洛依贝(Paul Loebe)：《调转的世界》，第二版，柏林，1954 年，第 230 页。从保罗·洛依贝与赫尔伯特·克拉姆的通信看出，两人关系比较生疏，《德古意特出版社档案汇编》，文件夹："个人机密信息"。1936 年，保罗·洛依贝的工资表上有手写印记，说明盖世太保也通过德古意特出版社来做监视。——原文注

(Gross-Rose Roten)的集中营(后来倒霉的史塔,则在战后"去纳粹化"浪潮下,于 1947 年从出版社管理层退出)。除此之外,德古意特出版社的文学顾问阿图尔·布赫瑙(Artur Buchenau),也是之前在 1934 年由于政治原因被学校开除后,才投靠了过来。[①]

然而令人觉得矛盾的是:在二战后克拉姆也帮前同事,即党卫军中央委员办公室的头目奥斯瓦德·波尔(Oswald Pohl)脱罪。当时波尔在纽伦堡审判中,以"组织大规模杀害体系"而被判死刑。因此在 1949 年,克拉姆给美国最高法院(United States Supreme Court)写信后,声称波尔只是在履行职责,信中还夸奖了一番他的品格,最后波尔的罪行就变成"证据不足"了。如今看来克拉姆的动机难以理解,也许是他的基督教准则才促使他做出这样的行为?[②]

## 第二次世界大战时期的更多经历

1939 年 9 月 26 日,德古意特出版社被列入"战略重要单位"。因此避免了相关技术工人被充军,印刷厂的地点也可不用搬迁。[③]而之所以获得这样的待遇,则源于出版社早就把精力提前用在了

---

① 海伦·穆勒的文章《文学市场中的理想主义》,刊登在康斯坦丁·戈施勒等著的《1900 年至 1933 年柏林:科学与公开形象》,斯图加特,1999 年。——原文注(译者注:原文注释的序号与所对应的内容不符,已纠正)

② 1949 年 5 月 3 日,"赫尔伯特克拉姆与美国的高级联邦法院:请愿书影响下的 4 号判决,纽伦堡战争法庭的内部流程"(Herberet Cram an das Oberste Bundesgericht der USA, betr. Gnadengesuch aus Urteil des 4. Nürnberger Kriegsverbrecher Prozesses)。收藏在《德古意特出版社档案汇编》,文件夹:"奥斯瓦德·波尔",而克拉姆与洛依贝妻子的通信,以及波尔给出版社的来信也在此文件夹。——原文注(译者注:原文注释的序号与所对应的内容不符,已纠正)

③ 1939 年 9 月 26 日,被列为"战略重要"的书目名单,收藏在《德古意特出版社档案汇编》,文件夹:"1942 年至 1945 的出版社计划"和"1944 年度计划"。——原文注

航空主题图书的出版上。20 世纪 30 年代中期,德古意特出版社就
进军了军事主题图书的市场,在德国政府的大力支持下,出版的图
书有《航空技术手册》(4 册,1936—1937 年)。而旗下的戈申出版
社也有很多类似图书,比较大的项目有"航空图书馆系列"
(*Aviation Library*)和"空军课程"(*Air Force Course Books*),后者
则计划在航空部的支持下出版 70 卷(但第一卷在 1945 年才出版)。

图 63　1943 年的德古意特大楼

由于柏林受到盟军轰炸的影响,1943 年夏季,德古意特出版社
计划将珍贵的档案转移到特雷宾和洛闻多夫(Lowendorf),虽然得

到了宣传与航空部的批准，但由于官僚机构的阻挠使计划未成行。①

1945 年 4 月 21 日，德古意特出版社停止了营业，所有雇员领了名为"一个月的工资"的能够随身携带的现金后，就被遣散了。一个月后战争结束，德国出版业的发展就取决于盟军了。

## 1945 年之后的发展

战争结束后，德古意特出版社大楼的屋顶和顶层被毁，地下储藏室也被淹，但大楼还是基本完整地保存了下来，这样才得以在"德意志零年"起步。1945 年 5 月 14 日，德古意特出版社重新注册了贸易办公室。在恢复营业第一周内，雇员就达到了 35 人，当初他们只能每周工作二至三天，公共交通恢复后才能出全勤。而出版社的生存资金，则来自销售在柏林的图书库存。而当堆在一层以及大街上的垃圾被清理后，大楼的一层就马不停蹄地开始了图书销售和图书展示业务。

同时，为了消除纳粹在德国政治与社会的影响，并"重新教化"德国人民，盟军严格监督和管控德国战后的图书出版业务，具体的措施包括：管控执照颁发系统，清除纳粹时期的军事图书（虽然不

---

① 关于档案的转移和德古意特出版社的航空出版部门，收藏在《德古意特出版社档案汇编》，文件夹："1942 年至 1945 的出版社计划"和"出版资料汇总"。但转移到洛闻多夫的德国空军主题图书最后被遗失。——原文注

同占领区的实施办法程度不一）。[①] 1945 年 5 月 12 日，盟军颁布了"第 191 号修订法令"（Law No. 191 as amended），规定"报纸、杂志、图书、手册、海报、活页乐谱与其他机器刷品的印刷、生产、出版、发行和销售与商业出租行为"都在严格控制之内。

　　然而有意思的是，"新闻管控法第 1 号命令"（News Control Regulation No. 1）也在同一日出炉，列出了特赦禁止行为所需要的条件，包括：出版社的成立需要盟军占领当局的正式批文，并证明有足够的专业和经济能力。同时需要经过政治审核，并提供没有散播任何纳粹或反盟军的材料证明，没有雇佣前纳粹党的成员等证明的前提下，才能获得新闻出版营业执照。

　　1945 年 10 月 3 日，克拉姆不可思议地在英国占领区，获得了第一个新闻出版执照，由此给德古意特出版社、马库斯 & 韦伯出版社、阿尔弗雷德·托佩尔曼出版社、施韦策出版社和布赫霍兹保

---

　　① 关于盟军管控战后德国图书市场的情况，见鲁道夫·克劳斯（Rufolf Krause）所写的《图书与图书：议会城市发展与建筑部门的四个部分之调查》（"Buch und Buchproduktion in der Viersektorenstadt. Ein überlick"）（译者注：Sen Stadt 的全名是：Senatsverwaltung für Stadtentwicklung Berlin）刊登在厄休拉·亨肯坎普（Ursula Henkenkamp）的《1945 年至 1949 年的战争文学：危机情况下的柏林》（译者注：Nachkriegsliteratur，指二战后 1945 年至 1990 年间，西德与东德衍生的文学类型），柏林，1999 年，第 129—145 页。哈特穆特·赖特（Hartmut Reith）的《二战后期的柏林出版业》（"Das Berliner Verlagswesen in der Nachkreiegszeit"）刊登在《1945 年至 1961 年的西柏林文学生活：文化都市的分裂》，柏林，1987 年，第 117—127 页。乔吉姆·弗赖堡（W. Joachim Freyburg）所写的《策划书》（"Bücher machen，mit Büchern handeln-nach dem Krieg"）刊登在《德国的文学和文学生活：1945—1949 年》，波恩，1989 年，第 36—47 页。——原文注

健治疗学出版社等业务经营开了绿灯①。1946 年 4 月 23 日，在汉堡的德古意特出版社分部也有了营业执照。

有意思的是，检查德古意特出版社的图书库存任务是由德裔英国作家马丁·倍海姆·施瓦茨巴赫（Martin Beheim Schwarzbach）替英国政府做的。而被禁止发行的书全部封存起来。禁止发行的图书被分成了三类：第一类为在第一次世界大战期间或之后出版的宣传内容（包括修订版），第二类为军事主题出版物，例如《当代军事科技手册》（3 册，1936—1939 年）、《军事法律期刊》（9 册，1936—1944 年），第三类就是所有与航空有关的出版物。

剩下的禁书主题则包括：意大利理论家塞尔吉奥·潘纳佐夫（Sergio Panunzio）的《法西斯国家理论》（1934 年），教育研究家赫尔伯特·弗罗伊登塔尔（Herbert Freudenthal）所著的《为人民利益而挣扎中的德国科学》（1935 年），内容聚焦在文化人类学中的国家教育任务，《希拉赫家族历史》（1939 年）②，以及《非洲殖民实用科学手册》（19 册，1942—1943 年）。其中，《新戒严法》（1939 年）和《德国普法与经济法期刊》是由纳粹法官罗兰德·佛莱斯特

---

① 由于资料的差异化，每个出版社得到执照的具体日期难以确定。例如对德古意特出版社取得执照的日期：一种说法是 1945 年 9 月 26 日，参见沃尔特·乌姆劳弗（Walter Umlauff）的《重建图书贸易：1945 年西柏林图书市场的历史贡献》，法兰克福，1978 年，第 1704 页。但另外的作者鲁道夫·克劳斯则认为是 1945 年 10 月 1 日，即在英国占领区获得执照。但在《德古意特出版社档案汇编》的文件夹："出版社的执照"中的资料为 10 月 1 日，但邮票上则写着 10 月 3 日。同时，在苏占区获得经营执照的资料，参见柏林国家档案馆，第 120 号"公共教育"，文件夹"948"中的"德古意特出版社：1945 年至 1950 年。——原文注

② Schirach Family，17 世纪以家族成员产生神学家、历史学家、作家和律师等闻名，在 18 世纪成为贵族家族，19 世纪后家族移民美国，纳粹执政后其部分家族成员加入纳粹党。——译者注

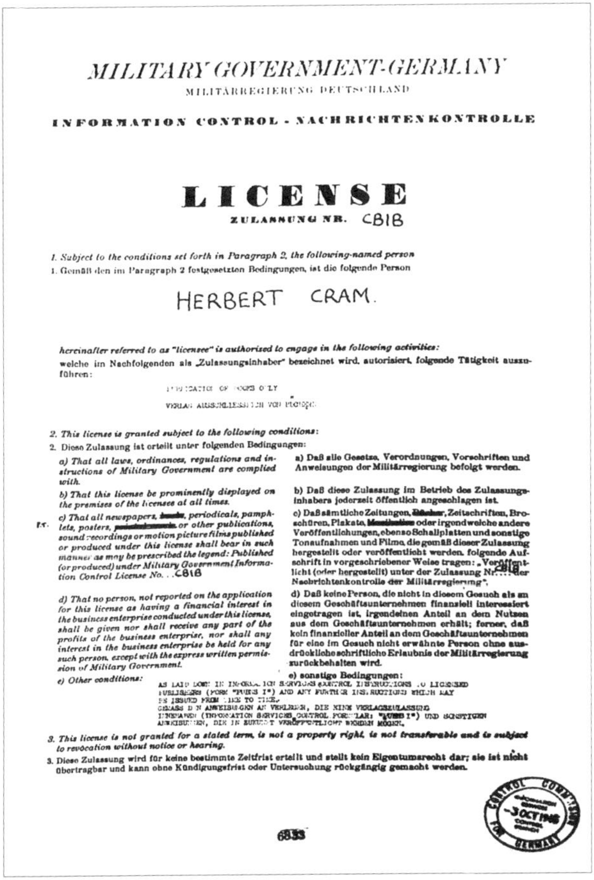

图 64　1945 年 10 月 3 日盟军给予德古意特的许可证

（Roland Freisler）编著的，他还写了一些关于意大利和日本的书。[1]

1947 年 2 月，英国占领区的审查办法又改为"战后出版审查"

---

[1]　德古意特出版社和其旗下被禁的文学作品列表是由苏占区的"德国教育委员会"（German Administration for National Education）制定的，接着这些书被从德国的图书馆撤下，《德古意特出版社档案汇编》，文件夹："1945 年的信息总览"——原文注。（译者注：原文注释的序号与所对应的内容不符，已纠正）

的程序,意味着出版社还得继续承担商业损失。对于德古意特出版社来说,战后的前几年基本就是在做资产维护,谈不上正常业务,跟作者的联系由于战争而全部中断了。

不仅如此,1947 年的寒冬,1948 年的货币改革,1949 年的柏林封锁,这些都限制了出版社的运营。而柏林封锁造成了物资的紧缺,纸张和电力都是严格配给限制的,加上不同占领区还同时存在着两种以上货币,这些都让德古意特出版社的业务恢复举步维艰。

## 战后巩固阶段

1947 年,怀揣着盟军盖章的出版执照,德古意特出版社参加了在柏林夏季举办的主题为"新图书"的德国图书展。而由于战后生产成本大涨,撰写新书需要耗费大量的时间,没有一家德国出版社能够在此时推出全新的学术图书著作。一些作者和德古意特提议:重印不经修订的一些旧书。而在这一点上德古意特出版社有得天独厚的优势。

此后多年间,版权费的转让、销售重印的图书以及销售现有图书库存等方法就成了德古意特的业务支柱。而畅销图书依然是塞勒的《生理化学期刊医学词典》,还有数学与自然科学等教科书,以及戈申出版社旗下的其他品牌图书。[①]

1946 年,德古意特印刷厂的一些设备等都被苏联拆走了,但在特雷宾的图书库存却保留了下来,这成了德古意特出版社战后收

---

① 库特·卢巴施赫(Kurt Lubasch)的文章《1945 年至 1989 年的德古意特出版社:在 新 楼 的 启 程》("De Gruyter 1945 bis 1989. Entwicklungen trotz widriger Standortbedingungen"),刊登在沃尔夫曼·费希尔(Wolfram Fischer)和约翰尼斯·巴哈(Johannes Bähr)所著的《被高墙分开的科学:1945 年至 1990 年的柏林》,慕尼黑,伦敦,巴黎,1994 年,第 347—362 页。——原文注

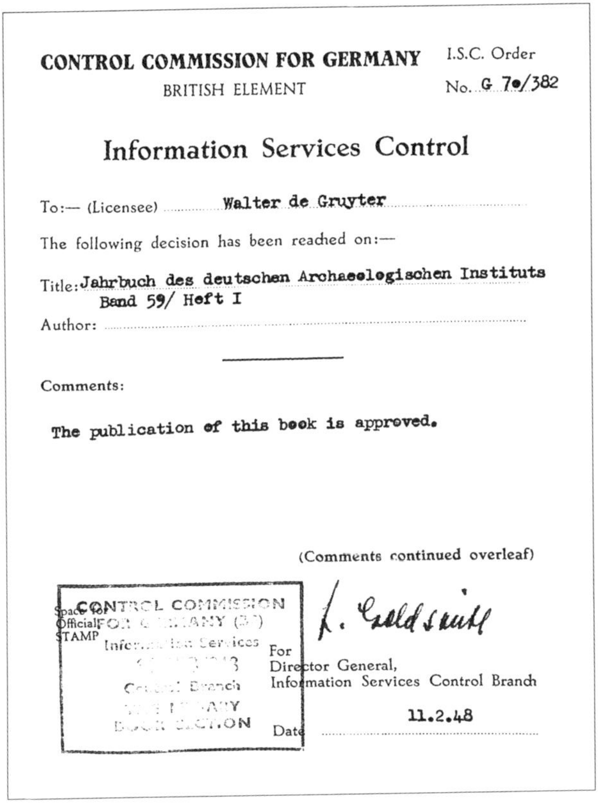

**CONTROL COMMISSION FOR GERMANY**
BRITISH ELEMENT

I.S.C. Order
No. G 70/382

## Information Services Control

To:- (Licensee) .......... Walter de Gruyter .........

The following decision has been reached on:—

Title: Jahrbuch des deutschen Archaeologischen Instituts
Band 59/ Heft I

Author: ........................................................

_____

Comments:

The publication of this book is approved.

(Comments continued overleaf)

Space for
Official
STAMP

CONTROL COMMISSION
FOR GERMANY (B.I.)
Information Services
Control Branch
THE LIBRARY
BOOK SECTION

L. Goldsmith

For
Director General,
Information Services Control Branch

Date .......... 11.2.48

图 65　1948 年 2 月 11 日《德国考古研究所年鉴》的出版许可

入的第二个来源渠道。1947 年部分出版生意终于恢复后，图书库存就从特雷宾的库房被运送到西柏林，装订后被贴成"积压货"的标签在盟军官方允许的区域售卖，而此行为持续了好几年，直到德国市场饱和后，才开始在柏林重印。

　　1949 年后，德古意特出版社跟苏联占领区的业务合作对象是"莱比锡图书出口公司"（Buchexport Leipzig），而图书定价则是根据出版社内最完整的书目而确定的，即 1932 年的书目价格。至于新的书目直到 1950 年后才出版面世。

通过依靠旧图书版权转让和不断地销售库存书，一直维持到20世纪 50 年代,德古意特出版社最终才有条件地从美国主持的欧洲复兴项目里(European Recovery Program)获得了赞助[1],并获得了银行贷款。1961 年,新的印刷公司在根辛纳大街 5—9 号开张,德古意特出版社的总部也搬到此处。几十年后的 1980 年,此处又被更名为亚瑟·科利尼翁公司(Arthur Collignon Gmbh),也是德古意特出版社独家拥有的一家公司。

图 66　1952 年 11 月 8 日,德古意特在柏林图书周期间的广告

柏林墙建设后,德古意特出版社有三分之一的印刷工与排字工人被分割在东西柏林而无法上班,这也给出版与作者的合作蒙上了阴影。为了预防柏林被完全切断,出版社抓紧在奥格斯堡区(Augsburg)的楚斯马尔斯豪森(Zusmarshausen)又设置了库房,来存储重要的主题图书。

---

① 即西德政府的 ERP 特殊基金,其经费从欧洲复兴项目(European Recovery Program)导出。ERP 本来旨在恢复德国的工业,但后来主要支持在柏林的中小规模产业。——原文注(译者注:原文注释的序号与所对应的内容不符,已纠正)

图 67　1960 年的德古意特新印刷大楼

　　随着政治局势的影响,德古意特在东德以及欧洲东部和东南部的图书销量大幅度降低的情况下,出版社决定把业务重心放到西德①。尽管存在着政治障碍,但出版社与普鲁士科学院(注:后为德国柏林-勃兰登堡科学院,Berlin Brandenburgischne Akademie der Wissenschaften)、德国科学院(German Academy of Science)、

―――――――――

　　① 库特·卢巴施赫的文章《1945 年至 1989 年的德古意特出版社:在新楼的启程》,刊登在沃尔夫曼·费希尔和约翰尼斯·巴哈所著的《被高墙分开的科学:1945 年至1990 年的柏林》,慕尼黑,伦敦,巴黎,1994 年,第 347—362 页。——原文注

东德科学院（Academy of Sciences of the GDR）的出版合作依旧有条不紊地进行着。长期的出版项目包括"希腊文献"（*Inscriptiones Graecae*）和"拉丁文语料库"（*Corpus Inscriptionum Latinarum*）等图书。

总体来看，二战后的几十年间，德古意特的新书只有在医学和法律领域才零星出版，直到 20 世纪 60 年代，德古意特出版社才出版了一批名副其实的新项目，包括新诠释的《尼采全集》（1967 年）、《罗马帝国兴亡史》（1973 年）、《民俗故事大百科》（1977 年）、多语言的《语言学与传媒研究手册》（1982 年）、《德古意特系列：组织研究》（1985 年）、《神学大百科》（1977 年）等。1987 年，还出版了《福音派传教士集》等，美国存在主义代表人物保罗・田立克（Paul Tillich）的主要作品也被收录在其中。

## 尼采全集

1961 年，意大利语言学和历史学家马奇诺山・蒙蒂尼里（Mazzino Montianri，1928—1986 年）在魏玛发现了尼采还没出版的手稿，与已面世的尼采作品相比，这批手稿所呈现的思想观点差异很大，他觉得有必要出版新的尼采全集。

1967 年，德古意特出版社出版了尼采的《批判全集》，全部完成时本书达到了 50 册，比之前出版的尼采全集还多了 1500 多页，为尼采研究提供了坚实基础。而在蒙蒂尼里和哲学家乔治・科利（Ciorgio Colli，一直工作到 1979 年）的编辑下，按编年的顺序严格排列尼采全部著作。几十年后的 1980 年，用印度纸印刷的 15 册平装本尼采著作编年也出版了。

蒙蒂尼里称这些文献资料为"知识分子日记"，让世人对尼采产生了全新的了解。通过该资料发现，尼采重要作品《权利意志》是他的妹妹编录的,而非尼采本人编录,因此学术界对于该书的重视程度也减轻了。

蒙蒂尼里之后还编辑出版了《尼采通信集》和1980年面世的教科书版本《批判研究》,同时还创办了《国际尼采研究年鉴》(后改名)。在1995年,《批判全集》和《批判研究》的DVD版也出版面世了。

1996年蒙蒂尼里去世后,《批判全集》由文艺学家诺伯特·米勒(Wolfgang Muller Lauter)和卡尔·佩斯特拉齐(Karl Pestalozzi)负责编辑,《尼采通信集》则继续由诺伯特·米勒(Norbert Miller)和安玛莉·皮帕(Annemarie Pieper)担任编辑。

## 《神学大百科》

继《新教神学与教堂大百科》在20世纪初面世后,神学家卡尔·汉斯·拉采夫(Carl Heinz Ratschow)希望大众全面了解神学艺术,于是与其他作者合著了《神学大百科》。该书是该领域的又一个里程碑作品。

此书在1967年开始筹划,1977年后由德古意特出版社陆续出版,编辑是布伦斯维克前神父(Bioship of Brunswick)兼教堂历史学家格哈德·穆勒(Gerhard Muller)。还计划出版36卷的索引,但后续的编辑又扩大了内容范围,不仅收录了人所共知的基督教主题,还包括英国国教(Anglican)、正统教(Orthodox)和罗马天主教。

该书附有完整的参考书目,体现了该套图书出版的高标准。要求作者撰写的内容必须呈现自己的研究成果,而非借鉴和引用他人成果。直至 2003 年,该著作才宣告完成。如今该书成了神学研究领域不可或缺的参考图书。

### 《语言学与传媒研究手册》

本书用语言学和历史等角度,对比研究了人类的交流方式,特别分析了近几十年来,随着传播方式的改变而随之衍生的领域、发展方向等特征。

虽然当下需要研究的现实情况是瞬息万变的,但为了满足学者需求,该书依旧按传统语言学的办法来给学者提供了参考资料。同时,手册里也提供了新的研究方式概览:包括新的方法论、理论框架、研究主题的重构等,同时也包含了新媒体内容。

1982 年起,德古意特出版社负责任地出版了系列内容,包括德语、英语、法语等总共 35 个主题,而且每个主题都是相对独立的专题。

## 迈向英语国际市场

20 世纪 60 年代末,随着英文图书市场的重要性日益提高,成为德古意特新"元老"的克拉姆、库特·卢巴施赫与后来加入的赫尔维格·哈森福禄格(Helwig Hassenpflug)为准备为进入英文图书市场,成立了专门机构。这在当时堪称是一种冒险行为,但施普林格出版社却抢先一步,德古意特出版社自然也要随后跟上。

1971 年 1 月 4 日,德古意特出版社的美国分社在纽约成立了,

图 68　20 世纪 50 年代德古意特大楼内的装订车间

刚开始预计只是需要一个人，此人需同时负责市场调查和广告策略，而附近的合作伙伴"阿德勒外国图书公司"（Adler's Foreign Books）则负责销售。但出乎预料的是纽约市场的销量竟然大大超出预期，所以就干脆又成立了单独的销售部。1974 年，出版社搬到了第五大道的地标建筑"熨斗大厦"（Flatiron Building，此建筑也有其他出版社入驻）。当与"阿德勒外国图书公司"的合同到期后，德古意特出版社的美国分部就自己负责在美国市场的图书销售，并搬到了艾尔姆斯佛德（Elmsford）。

1977 年，德古意特出版社兼并了荷兰海牙的蒙顿出版社（Mouton Publishers）①。而蒙顿出版社在语言学出版处于世界领先地位，也广泛涉猎社会学与人类学主题，更何况其 2000 多个出版的图书主题中，80％是英文，剩余的 20％是法语。但更为主要的

---

①　卢·芬顿（Lu Fenton）所写的《新上演的十年：德古意特出版社在纽约之记录》（"Ein Jahrzenhnt der Umzüge. Walter de Gruyter 'New York': Zehnjähriges"）刊登在《博森布拉特德国图书贸易杂志》（法兰克福书展版本），1980 年 12 月 30 日，第 108 期。该期刊是 1834 年成立的，至今仍在出版。——原文注。（译者注：原文注释的序号与所对应的内容不符，已纠正）

是与蒙顿出版社合作的美国作者,更加吸引德古意特出版社的兴趣。德古意特出版社购买该出版社后,在人文领域的英语出版书目数量,得以在一夜间爆棚,也使德古意特在国际市场上开创了一片新领域。几年后德古意特的出口数额就提高了 50%。到了 1981年,蒙顿出版社的图书库存开始逐步达到了柏林总部库存的地步。

图 69　德古意特出版样书库(The library of company publications)

1978 年春季,美国芝加哥的阿尔丁出版社(Aldine Publishing Company)提议德古意特出版社收购自己出版的 116 种图书的版权,主要涉及社会学、心理学、人类学和经济学等图书,同时还有诺贝尔奖得主密尔顿·弗里德曼(Milton Friedmann)的《价格理论和最优量化货币》版权。1978 年 7 月交易达成后,阿尔丁出版社就搬到了纽约。由此,德古意特出版社的美国分部不仅负责全美的广告和图书销售业务,还根据柏林的总社的安排,负责新并购的出版社的图书定价与财务事宜。而购并后的阿尔丁出版社的图书则基本以美国市场销售为主,很多书摇身一变后变成教材,每年的销售量达到了几千册。

同年,德古意特出版社的美国分部又搬到了霍索恩(Hawthorne),这样美国业务分配中心和库房都能同时安排在一层。与柏林总社的全球销售布局不同的是,德古意特美国分部只负责美国市场的出版运营业务。

# 拥有古老传统的现代出版社

1898 年,德古意特决定把购买后的赖默尔出版社的印刷厂,搬到柏林郊外而非市中心的原因是,中心城区太拥挤了。今天的德古意特也基于同样的理由,把出版社的库房搬到特雷宾的勃兰登堡。此地的新建筑不仅在经济投入上很划算,而且也符合德古意特出版社一直以来追求的价值理念。

1992 年,当两个会所和两个印刷厂都交还给了德古意特出版社后,德古意特设在柏林根辛纳大街的老旧设备和建筑就被放弃了。经过与历史遗产当局的谈判后,部分老建筑又被重新改造成电脑控制的分配中心。今天,这里时常保持着 1.3 万多种图书的库存量。

截至 1999 年,德古意特已经成立 250 年。德古意特出版社堪称是欧洲的少数几个私人学术出版社的佼佼者,其历史跨越了家族整整四代人。如今,在柏林的印刷厂亚瑟·科利尼翁公司(Arthur Collignon)和在特雷宾的总部基地雇用了大约 180 多人,在纽约分部有大约 20 人。而旗下的七家独立部门,每年总共出版 350 种图书,其中 55 种是期刊(期刊中有三分之二是英文出版)。一言以蔽之,即总类中 30% 是英文图书与期刊。每年的销售额达到了 5000 万马克,其中有一半是出口到日本等海外市场,一半是德国市场。

1992 年,为了鼓励出版同行,德古意特出版社在柏林-勃兰登

图 70　德古意特在特雷宾的配送中心——生产物料供应仓库

堡科学院则设置了奖项,两年颁一次,奖金为 3 万马克,旨在表彰科学院和出版社在所涉及领域所取得的杰出成就的编者、作者,而且获奖标准也很宽泛,不限于某个标准之上。

图 71　特雷宾的高架仓库

德古意特除了继承传统图书出版的项目之外,其他历史悠久的出版期刊还在继续:《纯粹数学与应用数学期刊》,《德语语源词典》,霍利曼·威伯格(Holleman Wiberg)所著的《无机化学课本》,等等。德古意特旗下的古腾塔格出版社也成了具有研究性质的学术机构。

# 传统与未来

今天的学术书市场集中化程度越来越高,而同行兼并的趋势也会继续下去。在全球化的因素塑造着各国图书市场的情况下,尽管学术书的销量目前看很难爆发性增长,但出版社必须在新媒体的压力下开拓创新。笔者相信德古意特出版社也会继续发扬优良的历史传统,坚持以出版高质量的学术书为主来赢利。

虽然很多学术书的研究领域属于小众市场,但德古意特出版社能紧跟这些市场的趋势,并能继续聚焦核心领域,在全球范围提供高质量的学术出版物,包括人文领域中的语言学(旗下蒙顿出版社负责)、古典哲学、艺术等,还有医学、科学期刊,以及法律和评论等领域图书。

在市场广阔的电子书市场里,涉及新的销售渠道和电子数据存储等事宜,并意味着客服和信息处理将变得更为重要:要能快速地给用户提供所需要的信息。然而眼花缭乱的互联网同时也是双刃剑。尽管学者之间能方便地交流自己的研究成果,但这仍旧是在特定领域,和早已熟悉的小圈子内适用。对更复杂的学术研究来说,文献资料就很可能被非法传播和复制。同时,互联网的信息也是鱼龙混杂,得花费很大力气后才能发现自己所需要的信息。德古意特出版社已经决定:哪怕以后纸质书消失了,书籍全都通过网络来传播,也要维持出版的高标准。在未来,即便是古腾堡所开创的印刷时代结束了,相信德古意特出版社还能够继续成为高质量出版的代名词吧。

# 图书与期刊名中外文对照<sup>①</sup>

## 前言

| | |
|---|---|
| 《民法典评论》 | *Kommentar zum Bürgerlichen Gesetzbuch mit Einführungsgesetz und Nebengesetzen* |
| 《德语词源词典》 | *Etymologisches Wörterbuch der deutschen Sprache* |
| 《文学年鉴》 | *Kürschners Deutscher Literatur-Kalende* |
| 《学者年鉴》 | *Kürschners Deutscher Schehrten-Kalender* |
| 《弥涅耳瓦世界年鉴》 | *Minera Yearbook of Learned World* |
| 《医学术语词典》 | *Pschyrembel Klinisches Wörterbuch* |
| 《普鲁士年鉴》 | *Preußische Jahrbücher* |
| 《纯粹数学与应用数学期刊》 | *Journal für die reine und angewandte Mathematik* |

---

① 正文与脚注中出现的图书与期刊名称的中外文对照均收录在本部分,在正文中只保留中译名。图书与期刊按照在章节中出现的先后顺序排列。

| 《生理化学杂志》 | *Zeitschrift für physiologische Chemie* |
| 《比较犯罪法理学杂志》 | *Zeitschrift für die gesamte Strafrechtswissenschaft* |

## 第一章

| 《德古意特出版社档案汇编》 | *Aus dem Archiv des Verlages Walter de Gruyter* |
| 《激情与计算缜密：出版人乔治·赖默尔的一生 1776—1842》 | *Passion & Kalkül : Der Vereleger Georg Andreas Reimer 1776—1842* |
| 《德国儿童的朋友》 | *Der deutsche Kinderfreund* |
| 《莱比锡出版历史年报：第五册》 | *Leipziger Jahrbuch zur Buchgeschichte 5* |
| 《关于"近期哲学之真本性"问题的受众报告》 | *Sonnenklarer Bericht an das größere Publikum über das eigentliche Wesen der neuesten Philosophie* |
| 《当代社会的角色》 | *Grundzüge des gegenwärtigen Zeitalters* |
| 《通往幸福生活之路》 | *Anweisung zum seligen Leban* |
| 《道德的批判》 | *Kritik der Moral* |
| 《宗教对话集》 | *Über die Religion : Reden an die Gebildeten unter ihren Verächtern* |
| 《乔治赖默尔出版书目》 | *Verlags Katalog con G. Reimer* |
| 《赖默尔出版社发行目录》 | *Auslieferungs-Katalog des Verlags Georg Reimer* |
| 《弗雷德里希·施莱尔马赫》 | *Friedrich Schleiermacher* |
| 《浪漫，友谊与不和谐——书商赖默尔和施莱尔马赫的关系》 | *Romantische Freundschaft und Frömmigkeit : Briefe des Berliner Verlegers Georg Andreas Reimer an Friedrich D. Schleiermacher* |

| | |
|---|---|
| 《柏林人对心灵与文化历史的贡献》 | Berliner Beiträge zur Geistes und Kulturgeschichte |
| 《中篇小说》(克莱斯勒) | Erzählungen |
| 《圣塞西莉亚》 | Das Käthchen von Heilbronn |
| 《破瓷记》 | Der Zerbrochene Krug |
| 《生前著作集》 | Posthumous Works |
| 《勃兰登堡克莱斯特期刊》 | Brandenburger Kleist Blätter |
| 《来自斯瓦比亚时代的米尼利德》 | Minnelieder aus dem Schwäbischen Zeitalter |
| 《幻影》 | Phantasus |
| 《威廉·洛弗尔》 | William Lovell |
| 《作品集合》(蒂克) | Works |
| 《诺瓦利斯作品集》 | Works of Novalis |
| 《莎士比亚戏剧集,由施莱格尔翻译,路德维希·蒂克补充和修订》 | Shakespeares dramatische Werke, übersetzt von A. W. von Schlegel, ergänzt und erläutert von Ludwig Tieck |
| 《格林童话》 | Kinder und Hausmärchen |
| 《渔夫和他的妻子》 | Vonden Fischer un syne Fru |
| 《杜松树》 | Von dern Machandelboom |
| 《根据新老波美拉尼亚和俄语方言词的低地德语字典》 | Platt-Deutsches Wörter-Buch nach der alten und neuen pommerschen und Rügischen Mundart |
| 《告德意志同胞书》 | Reeden an die deutsche Nation |
| 《对基督徒士兵的教义问答》 | Katechismus für christliche Soldaten |
| 《给德国士兵的五首歌》 | Fünf Lieder für christliche Soldaten |
| 《普鲁士通讯》 | Preußischer Korrespondent |

| | |
|---|---|
| 《书籍历史档案:第 29 册,1987》 | Archiv für Geschichte des Buchwesens 29,1987 |
| 《普鲁士德国地形图 1994 年》 | Eine Topographie preußisch-deutscher Macht,1994 |
| 《柏林人年报,1996 年》 | Jahrbuch der Berliner Museen,Neue Folge,1996 |
| 《德国体育人》 | Die deutsche Turnkunst |
| 《体育表》 | Turntafeln |
| 《体育初学者手册》 | Merkbüchlein für Anfänger im turnen |
| 《拿破仑回忆录》 | Mémoires de Napoléon |
| 《你非良民:1800 年代至 1900 年代的德国审查》 | Unmoralisch an sich:Zensur im 18 und 1900 Jahrhundert |
| 《从戈申到罗沃赫尔特:德国出版的贡献历史》 | Von Göschen bis Rowohlt:Beiträge zur Geschichte des deutschen Verlagswesens |
| 《实用药理学和手术期刊》 | Journal der practischen Arzneykunde und Wundarzneykunst |
| 《实用医学图书馆》 | Bibliothek der practischen Heilkunde |
| 《抗生素和延长寿命的艺术》 | Makrobiotik oder Die kunst das menschliche Leben zu verlängern |
| 《手术和眼科学期刊》 | Journal der Chirurgie und Augenheilkunde |
| 《简明医学》 | Kleine medizinische Schriften |
| 《葡萄牙植物》 | Flore Portugaise |
| 《漂白原理》 | Grundsätze der bleichkunst |
| 《甜菜变糖指南》 | Anleitung zur Fabrikation des Zuckers aus Runkelrüben |
| 《科技概况》 | Grundriß der technologie |
| 《建设植物化学之学科的最新发现》 | Neueste Phytochemische Entdeckungen zur Begründung einer wissenschaftlichen Phytochemie |

| | |
|---|---|
| 《氧化铟色素的制备》 | *De pigmento indico eiusque connubiis cum metallorum nonnulorum oxydis* |
| 《基督教伦理学》 | *Christliche Sittenlehre* |
| 《旧约和新约圣经之历史批判手册》 | *Lehrbuch der historisch-kritischchen Einleitung in die Bible Alten und Neuen Testaments* |
| 《古老科学博物馆》 | *Museum der Alterhums Wissenschaft* |
| 《名人传记》 | *Biographische Denkmale* |
| 《罗马历史》 | *Römische Geschichte* |
| 《算数表》 | *Rechentafeln* |
| 《算数和代数教材》 | *Textbooks on Arithmetic and Algebra* |
| 《几何学和三角学》 | *Textbooks on Geometry and Trigonometry* |
| 《数学世界》 | *Mathematische Werke* |
| 《纯粹数学与应用数学期刊》 | *Journal für die reine und angewandte Mathematik* |
| 《建筑学刊》 | *Journal für die Baukunst* |
| 《1900 年代的萨尔茨堡的夏季旅途》 | *Sommerreisen nach Salzburg im 19 Jahrhundert* |
| 《1994 年 10 月 27—29 日，柏林开展的交叉学科研究的成果论坛论文集》 | *Ergebnisse eines interdisziplinären Symposiums，Berlin 27 bis 29. Oktober 1994* |
| 《1845 年至 1985 年：出版业的"大门守护者"：赖默尔出版社之历史》 | *Zur Geschichte des Dietrich Reimer Verlages 1845—1985* |
| 《地学通论》 | *Die Erdkunde im Verhältniß zur Natur und zur Geschichte des Menschen* |
| 《普鲁士的常设法庭程序》 | *Allgemeine Gerichtsordnung für die preußischen Staaten* |
| 《古代建筑原理》 | *Baukunst nach den Grundsätzen derr Alten* |

| 《冯堡著作文集》 | Collected Works |
|---|---|
| 《采矿和冶金工程》 | Archiv für Bergbau und Hüttenwesen |
| 《矿物学文献：地质、采矿与冶金》 | Archive für Mineralogie， Geognosie， Bergbau und Hüttenkunde |
| 《铁冶金手册》 | Handbuch der Eisenhüttenkunde |
| 《农业年报》 | Annalen des Ackerbaues |
| 《理性农业法则》 | Grundsätze der rationellen Landwirtschaft |
| 《亚里士多德学术著作全集》 | The Academy's complete Aristotle |
| 《考古编年》 | Annali |
| 《考古公报》 | Bulletino |
| 《里程碑》 | Monumenti |
| 《柏林历史上的协会声明》 | Mitteilungen des Vereins für die Geschichte Berlins |
| 《博森布拉特》 | Börsenblatt |
| 《临床医学之病理学解剖和生理学档案》 | Archiv für pathologische Anatomie und Physiologie und für Klinische Medizin |
| 《医学改革》 | Die medicinische Reform |
| 《精神病学和法医学杂志》 | Allgemeine Zeitschrift für Psychiatrie und psychisch-gerichtliche Medizin |
| 《德国医学周刊》 | Deutsche Medizinische Wochenschrift |
| 《德意志人物志》 | Allgemeine Deutsche Biographie |
| 《菲尔绍临床医学之病理学解剖和生理学档案》 | Virchows Archiv für pathologische Anatomie und Physiologie und für linische Medizin |

| | |
|---|---|
| 《学术科学历史研究之手稿系列:柏林-勃兰登堡科学历史期刊》 | *Wissenschaftshistorische Manuskripte Schriftenreihe des Akademievorhabesn Wissenschaftshistorische Studien der Berlin Brandenburgischen Akademie der Wissenschaften Heft* |
| 《力量的保存》 | *Über die Erhaltung der Kraft* |
| 《动物神经研究》 | *Untersuchungen über thierische Elektricität* |
| 《放射虫》 | *Die Radiolarien* |
| 《有机体的形态学》 | *Generelle Morphologie der Organismen* |
| 《创造的自然历史》 | *Natürliche Schöpfungsgeschichete* |
| 《物理学进展》 | *Fortschritte der Physik* |
| 《数学进展年鉴》 | *Jahrbuch über die Fortschritte der Mathematik* |
| 《首相施泰因男爵的生平》 | *Das Leben des Ministers Frieherm vom Stein* |
| 《陆军元帅冯·格奈森瑙生平》 | *Das leben des Feldmarschalls Grafen Neithardt von Gneisenau* |
| 《柏林考古协会之温克尔曼诞辰纪念》 | *Programme zum Winckelmannsfeste der Archäologischen Gesellschaft zu Berlin* |
| 《考古学刊》 | *Archäologischen Zeitschrift* |
| 《月报》 | *Monatsberichte* |
| 《拉丁铭文》 | *Corpus inscritionum Atticarum* |
| 《备忘录》 | *Sitzungsberichte* |
| 《亚里士多德评论》 | *Commentaria in Aritstolelem* |
| 《新教教堂新闻》 | *Protestantische Kirehenzeitung* |
| 《新教月刊》 | *Protestantische Monatshefte* |
| 《普鲁士年鉴》 | *Preußische Jahrbücher* |
| 《普鲁士通讯》 | *Preßischer Correspondent* |

| 《国王光荣柏林报》 | Königlich privilegierte Berlinische Zeitung von Statts und gelehrten Sachen |
| 《威廉皇帝时期的德国之科学，政治和观点：1890—1914》 | Wissenschaft， Politik und öffentliche Meinung：Gelehrtenpolitik im Wilhelimischen Deutschland：1890—1914 |
| 《柏林的书店企业》 | Die Korporation Berliner Buchhändler |
| 《历史年报》 | Jahruch für Geschichte |
| 《德国社会历史》 | Deutsche Gesellschaftsgeschichte |
| 《哲学档案历史》 | Archiv für Geschichte der Philosophie |
| 《哲学史》 | Archiv für Philosophie |
| 《柏林东方语言研究院教材》 | Lerbücher des Seminars für orientalische Sprachen zu Berlin |
| 《德国人传记年报》 | Biographisches Jahrbuch und deutscher Nekrolog |
| 《罗马帝国人物传记》 | Prosopographia Imperii Romani Sae. I. II. III |
| 《蒙森和康德文集》 | Collected Works |
| 《学术大典》 | Great Academy Edition |
| 《德国南极探险》 | German South Pole Expedition |
| 《帕加马古迹》 | Altertümer von Pergamon |
| 《博物馆手册》 | Handbücher der Mussen |
| 《贝宁湾古迹》 | Altertümer von Benin |
| 《基督教时期的雕塑》 | Bildwerke der christlichen Epochen |
| 《阿提卡坟墓浮雕》 | Attische Grabreliefs |
| 《社会科学》 | Zeitschrift für Socialwisenschaft |
| 《国家》 | Die Nation |
| 《1900 年至 1933 年的柏林：科学与公共形象》 | Wissenschaft und öffentlichket in Belrin 1900—1933 |

| | |
|---|---|
| 《1900 年代的文化与科学：第二册：理想主义与积极态度》 | *Kultur und Kulturwissenchaften um 1900：Vol 2：Idealismus und Positivismus* |
| 《弗雷德里希·瑙曼的一生》 | *Friedrich Naumann un seinz Zeit* |
| 《齐美尔新闻》 | *Simmel Newsletter* |
| 《哲学的主要问题》 | *Hauptrobleme der Philosophie* |

## 第二章

| | |
|---|---|
| 《乔治·约奇姆·戈申：启蒙晚期的出版人和德国古典出版——对歌德时期的凸版印刷术与德国早期的出版历史研究》 | *Georg Joachim Göschen：Ein Verleger Der Spätaufklärung Und Der Deutschen Klassik：Studien Zur Verlagsgeschichte Und Zur Verlegertypologie Der Goethe zeit* |
| 《乔治·约奇姆·戈申 1752—1828 年》 | *Studien zur Verelagsgeschichte und zur Verelegertypographie der Goethezeit 1752—1828* |
| 《戈申出版社的书目：1785—1838 年》 | *Verlagsbibliographie Göschen 1785 bis 1838* |
| 《戈申出版社的信件索引》 | *Repertorium der Verlagskorrespondenz Göschen* |
| 《乔治·约奇姆·戈申的一生》 | *Viscount George Göschen* |
| 《唐·卡洛》 | *Dom Karlos* |
| 《塔利亚》 | *Thalia* |
| 《历史上的女性日志》 | *Historischer Calender für Damen* |
| 《奢侈与流行的潘多拉》 | *Pandora oder Kalender des Luxus und der Moden* |
| 《三十年战争故事》 | *Geschichte des dreyßigiährigen Krieges* |

| | |
|---|---|
| 《戈申出版社的信件索引》 | *Repertorium der Verlagskorrespondenz Göschen* |
| 《荷赖》 | *Die Horen* |
| 《植物变异解释》 | *Metamorphose der Pflanzen* |
| 《德国的墨丘利》 | *Deutscher Merkur* |
| 《作者和出版社商业关系条例》 | *Verleger Bestimmtwird* |
| 《从戈申到罗沃尔特：德国出版史的文章合集——纪念汉斯·萨考斯基 65 周年生日》 | *Von Göschen bis Rowohlt：Beiträge zur Geschichte des deutschen Verlagswesens，Festschrift für Heinz Sarkowski zum 65. Geburtstag* |
| 《乔治·约奇姆·戈申：推动凸版印刷的出版巨人》 | *Georg Joachim Göschen，Die typograhische Leistung des Verelegers* |
| 《颂歌》 | *Odes* |
| 《弥撒亚》 | *Mesias* |
| 《拉丁语作品全集》 | *Corpus ScriporumLatinorum* |
| 《国人必看书籍》 | *Noth und Hülfs Büchlein für Bauersleute* |
| 《教育和民众的阅读：鲁道夫·扎卡赖亚斯·贝克所著的"互助小册子"为案例分析》 | *Aufklärung und Volkslektüre. Exemplarisch dargestellt an Rudolph Zacharias Becker und seinem "Noth-undd Hülfsbüchlein"* |
| 《德国书店历史》 | *Geschichte des deutschen Büchandels* |
| 《戏剧作品集》(伊夫兰德) | *Dramatic Works* |
| 《著作文集》(图米尔) | *Collected Works* |
| 《法国南部游记》 | *Reise in die mittäglichgen Provinzen von Frankreich* |
| 《德国妇女，由德国妇女撰写：1805—1806 年》 | *Journal für deutsche Frauen von deutschen Frauen geschrieben* |

| | |
|---|---|
| 《各阶层受教育读者必看的战争日志》 | *Kriegs Kalender für gebildeter Leser aller Stände* |
| 《罗马艺术家和造型艺术之友年鉴》 | *Almanach aus Rom für Künstler und Freunde der bildenden Kunst* |
| 《亲历美国见闻》 | *Amerika，dargestellt durch sich selbst* |
| 《格里马城镇每周新闻》 | *Grimmaisches Wochenblatt für Stadt und Land* |
| 《命运悲剧》 | *Schicksals dramen* |
| 《竖琴》 | *Die Harfe* |
| 《缪斯》 | *Die Muse* |
| 《贝克社会消遣口袋书》 | *Das W. G. Beckersche Taschenbuch zum geselligen Vergnügen* |
| 《魔弹射手》 | *Der Freischütz* |
| 《罪恶》 | *Die Schuld* |
| 《社交艺术》 | *Taschenbuch zum geselligen vergnilgen* |
| 《尤格德国王》 | *König Yngurd* |
| 《殖民地商人、报纸发行人以及对话词典必备：欧洲地图集》 | *Besitzer des Conversations Lexions* |
| 《格里马周刊》 | *Grimmaisches Wochenblatt* |
| 《莱辛文集》 | *Collected Works* |
| 《作品合集》（维兰德） | *Collected Works* |
| 《作品合集》（克洛普斯托克） | *Collected Works* |
| 《德国中世纪写作》 | *Schriften des Deutschen Mittelalters* |
| 《德国中世纪诗歌》 | *Dichtungen des Deutschen Mittelalters* |
| 《尼伯龙根之歌》 | *Nibelungenlied* |
| 《特里斯坦与伊索尔德》 | *Tristan und Isolde* |

| | |
|---|---|
| 《宝石》 | Edelstein |
| 《戈申出版社在莱比锡的目录》 | Verlags Katalog der G. J. Göschen'schen Buchhandlung in Leipzig |
| 《戈申出版社在斯图尔特的书目,1785—1893》 | Verlags Katalog der G. J. Göschen'schen Buchhandlung Stuttgart 1785—1893 |
| 《德国流行文学经典大全》 | Volksbibliothek Deutscher Classiker |
| 《德国大众图书馆》 | Deutsche Volksbibliothek |
| 《克洛普斯托克文集》 | Klopstock's Selected Works |
| 《奥伯隆》 | Oberon |
| 《可怜的欧米娜》 | Poor Omnia |
| 《生者之诗》 | Gedichte eines Lebendigen |
| 《画家诺尔顿》 | Maler Nolten |
| 《塞尔德维拉的人民》 | Leute von Seldwyla |
| 《诗人的一生》 | Gedihcete eines Lebendigen. Mit einer dedikation an den verstorbenen |
| 《从手稿等资料看德古意特出版社的历史:出版社架构和德古意特本人的一生》 | Der Verlag Walter de Gruyter & Co. Skizzen aus der Geschichte der seinen Aufbau bildenden ehemaligen Firmen, nebst einem Lebensbriß Dr. Walter de Gruyter's |
| 《戈特弗里德·凯勒:收集的通信》 | Gottfried Keller. Gesammelte Briefe |
| 《威廉·赫兹的出版社:1900年代的文学媒介之历史记录,由赫兹提供资料,海泽负责编写的出版史》 | Der Verlag von Wilhelm Hertz: Beitrge zu einer Geschichte der Literaturvermittlung im 19. Jahrhundert, insbesondere zur Verlagsgeschichte der Werke von Heyse, Fontane und Keller |
| 《戈特弗里德凯勒》 | Gottfried Keller in Selbstzeugnissen und Bilddokumenten |
| 《七大传奇》 | Sieben Legenden |

| | |
|---|---|
| 《塞尔德维拉的人》 | *Leute von Seldwyla* |
| 《格林·亨利》 | *Der Grüne Heinrich* |
| 《苏黎世中篇小说》 | *Züricher Novellen* |
| 《讽刺诗》 | *Sinngedicht* |
| 《德国文学日志》 | *Deutscher LitteratturKalender* |
| 《梅茨勒出版社的 300 年历史》 | *Ein Verlag und seine Geschichte. 300 Jahre J. B. Metzler* |
| 《库德论》 | *Kudrun* |
| 《这个时代的人》 | *Die geistige Situation der Zeit* |
| 《机器劳动时间成本核算》 | *Die vorkalkulation von arbeitszeiten fur spanabhebende Bearbeitung* |
| 《德国图书贸易与科学》 | *Der deutsche Buchhandel und die Wissenschaft* |
| 《德国出版业与德国学术界的博弈：学术保护协会、德国书店与自然科学发展》 | *Der deutsche Buchhandel und die Wissenschaft. Denkschrift im Auftrage des Akademischen Schutzvereins* |
| 《出版业与学术界的博弈：主席古斯特夫·费希尔博士所主笔，关于"德国出版社商会"的自我辩护，和目前与本机构合作的之备忘录》 | *Wissenschaft und buchhandel. Zur Abwehr. Denkschrift der Deutschen Verlegerkammer unter Mitwirkung ihres derzeitigen Vorsitzenden，Dr. Gustav Fischer* |
| 《库什尼尔学者日历》 | *Kürschneers Gelechrten kalender* |

## 第三章

| | |
|---|---|
| 《解剖，生理学和医药档案》 | *Archiv für Anatomie，Physiologie und wissenschaftliche Medicin* |
| 《莫里茨·维特回忆录》 | *Zum Andenken an Moritz Veit* |
| 《见证友谊的手稿》 | *Für Freunde als Manuscript gedruckt* |

| | |
|---|---|
| 《书籍和图书馆年鉴》 | *Annual Bibliography of the History of the Printed Book and Libraries* |
| 《柏林聆听者》 | *Berliner Conversationsblat* |
| 《良友》 | *Gesellschafter* |
| 《普鲁士大众政府报》 | *Allgemeine PreussischeStaatszeitung* |
| 《奥格斯堡大众报》 | *Augsburger Allgemeine Zeitung* |
| 《柏林缪斯年鉴》 | *Berliner Musenalmanach* |
| 《莱比锡大众报》 | *Leipziger Allgemeine Zeitung* |
| 《波兰之歌》 | *Polenlieder* |
| 《科林斯湾的毁灭》 | *Die Zerstörung von Corinth* |
| 《旅行速写》 | *Reisebilder* |
| 《医学大百科》 | *Encyklopädisches Wörterbuch der medicinischen Wissenschaften* |
| 《柏林黄页》 | *Berliner wohnungsanzeiger* |
| 《犹太历史和文学年报》 | *Jahrbuch für jüdische Geschichte und literatur* |
| 《圣西门和圣西门主义：联盟和国家持久和平》 | *Saint Simon und der Saintsimonismus. Allgemeiner Völkerbund und ewiger Friede* |
| 《从莫里茨·维特到海因里希·斯塔尔：1845—1943 年间犹太人在柏林的教区历史》 | *Von Mortiz Veit bis Heinrich Stahl. Gemeindevorsteher 1845—1943. Ein beitrag zur Geschichte der Juden in Berlin* |
| 《关于犹太人状况的条例草案和法令》 | *Der Entwurf einer Verodnung über die Verhältnisse der Juden und das Edikt* |
| 《柏林的酒吧：1979 年的本地社会历史年报》 | *Der Bär von Berlin. Jahrbuch 1979 des Vereins für die Geschichte Berlins* |
| 《俾斯麦执政时期对德国中产阶级的生活影响：彼德迈风格》 | *Zwischen Biedermeier und Bismarck* |

| | |
|---|---|
| 《医学实践》 | *Medizinische Praxis* |
| 《物理新编手册》 | *Repertorium der Physik* |
| 《历史科学》 | *Zeitschrift für Geschichtswissensfhaften* |
| 《维特出版社的文学报告》 | *Literischer Bericht der Verlagsbuchhandlung Veit & Comp* |
| 《17 至 18 世纪之勃兰登堡家族的回忆与普鲁士历史》 | *Neun Bücher preußischer Geschichte* |
| 《普鲁士陆军元帅康特·约克·沃腾堡的人生》 | *Leben des Feldmarschalls Grafen York von Wartenburg* |
| 《德国写作》 | *Deutsche Schriften* |
| 《费希特文集》 | *Collected Works* |
| 《罗马法系统》 | *System des römischen Rechts* |
| 《作品合集》(阿尔尼姆) | *Collected Works* |
| 《歌德与一个孩子的通信集》 | *Goethes Briefwechsel mit einem Kinde* |
| 《席勒与科纳的通信集》 | *Schiller's Correspondence with Körner* |
| 《莱·布莱弗瑞》 | *Laienbrevier* |
| 《作品集》 | *Selected Works* |
| 《德国散文的艺术》 | *Kunst der deutchen Prosa* |
| 《狄俄斯库里》 | *Dioskuren* |
| 《佐迪亚库斯文学》 | *LiterarischerZodiakus* |
| 《自由港》 | *Freihafen* |
| 《德国象棋杂志》 | *Deutsche Schachzeitung* |
| 《柏林夏洛滕堡指南》 | *General Directory for Berlin & Charlottenburg* |
| 《致普鲁士公民同胞们!》 | *An meine preussischen Mitbürger* |
| 《致支持我的投票者》 | *Sendschreiben an meine Wahler* |

| | |
|---|---|
| 《国民议会之中间主义路线通信集》 | *Parlamentskorrespondenz der Zentren* |
| 《宪法新闻》 | *Konstitutionelle Zeitung* |
| 《德累斯顿会议》 | *Dresdner Conferenzen* |
| 《关于普鲁士犹太人的规章草案和 1812 年 3 月 11 日的法令》 | *Draft Regulation on the Condition of the Jews in Prussia and the Edict of 11ᵗʰ March 1812* |
| 《关于犹太人的自卫和谅解》 | *Jüdische Briefe zur Abwehr und Verständigung* |
| 《1895 年犹太教新闻汇览》 | *Allgemeine Zeitung des Judentums 1895* |
| 《德国的书商与印刷商：一个出版社所反映的德国图书贸易历史》 | *Deutsche buchändler, Deutsche buchrucker, beitrage zu einer firmengeschichte des deutschen buchgewerbes* |
| 《论延长版权之优势：要保护以微薄工资为生的作者》 | *Die Erweiterung des Schutzes gegen Nachdruck zu Gunsten der Erben verdientere Autoren* |
| 《在毕德麦雅式与俾斯麦之间》 | *Zwischen Biedermeier und Bismarck* |
| 《德国书商的贸易协会历史》 | *Geschichte des Böresen Vereins der Deutschen Buchhändler* |
| 《里奥贝克研究所简报 9》 | *Bulletin des leo Baeck Instituts 9* |
| 柏林的犹太公民手册 1809—1851 年 | *Die Jundenbürgerbücher der Stadt belrin 1809—1851* |
| 《1898 年 11 月 1 日，50 周年的柏林书店之纪念》 | *Die korporation der Berliner Buchhändler. Festschrift zur Feier ihres fünfzigjährigen Bestehens am 1 November 1898* |
| 《七大奇迹》 | *Die sieben Welträthsel* |
| 《认识自然的限制》 | *Über die Grenzen des Naturerkennens* |

| 《肌肉和神经物理学论文集》 | Gesammelten Abhandlunggen zur allgemeinen Muskel und Nervenphysik |
| 《解剖学和胚胎学档案》 | Archiv für Anatomie und Entwicklungsgeschichte |
| 《解剖和生理学档案》 | Archiv für Anatomie und Physiologie |
| 《生理学档案》 | Archiv für Physiologie |
| 《实用眼科学》 | Centralblatt für praktische Augenheikunde |
| 《实用神经学》 | Neurologisches Centralblatt |
| 《卫生学》 | Zeitschrift für Hygiene |
| 《卫生学和感染》 | Zeitschrift für Hygiene und Infektionskrankheiten |
| 《博森布拉特德国图书贸易杂志》 | Börsenblatt für den Deutschen Buchhandel |
| 《斯堪的纳维亚生理学档案》 | Skandinavisches Archiv für Physiologie |
| 《皮肤学》 | Dermatologisches Centralblatt |
| 《循环生理学教科书》 | Lehrbuch der Physiologie des Kreislaufes |
| 《卫生学概览》 | Grundriß der Hygiene |
| 《矿物学手册》 | Handbuch der Mineralogie |
| 《自然哲学课程》 | Vorlesungen über Naturphilosophie |
| 《血液疾病和血液诊断学》 | Blutkrakheiten und Blutdiagnostik |
| 《为化学家，药剂师，内科学家和物理学家准备的对数表》 | Logarithmische Rechentafeln für Chemiker, Pharmazeuten Mediziner und Physiker |
| 《医学术语词典》 | Wörterbuch der klinischen Kunstausdrücke |
| 《医学字典》 | Klinisches Wörterbuch |
| 《热力学课程》 | Volesungen über Thermodynamik |
| 《有机化学课本》 | Lehrbuch der Organischen Chemie |

| | |
|---|---|
| 《无机化学课本》 | *Lehrbuch der Anorganischen Chemie* |
| 《伟大思想家的生平》 | *Die lebensanschaungen der großen Denker* |
| 《宗教的真相》 | *Der Wahrheitsgehalt der Religion* |
| 《新哲学生活的要素》 | *Grundlinien einer neuen Lebensanschauung* |
| 《希腊思想家》 | *Griechische Denker* |
| 《心理学大纲》 | *Grundzüge der Psychologie* |
| 《帝国法院关于民事事项的决定》 | *Entscheidungen des Reichsgericht in Civilsachen* |
| 《帝国法院关于刑事事项的决定》 | *Strafsachen* |
| 《外交人员手册》 | *Handbuch der Urkundenlehre* |
| 《外交研究档案》 | *Archiv für Urkundenforshung* |
| 《莱比锡书展年度报告》 | *Jahresberichte über den Leipziger Buchhandel* |
| 《莱比锡月历》 | *Leipziger Kalender* |
| 《赫尔曼·科瑞丹尔：一位图书贸易的"元老"》 | *Hermann Credner，ein Buchhändler der alten Schule* |
| 《100年来的莱比锡书商》 | *Hundert Jahre Verein der Buchhändler zu Leipzig* |
| 《化学家新闻》 | *Chemikerzeitung* |
| 《电鳗研究》 | *Untersuchungen am Zittrtaal Gymnous Electricus* |

## 第四章

| | |
|---|---|
| 《从德国书商的历史看图书贸易协会》 | *Geschichte des Börsen-Vereins der Deutshcen Buchhändler* |
| 《德国人物志总览》 | *Allgemeine Detusche Biographie* |
| 《图书记录词典》 | *Lexikon des Gesamten Buchwesens* |

| | |
|---|---|
| 《1853 年至 1903 年的柏林出版社书店》 | *Verlagsbuchhandlung G. m. b. H im Berlin，1853—1903* |
| 《公民法典》 | *Bürgerliches Gesetzbuch* |
| 《大柏林区的地方委员会和大柏林区的城市议会：荣誉公民的 90 岁生日自传》 | *Selbstadarstellung . Herausgegeben zum 90. Geburtstag des Ehrenbürgers von Groß-Belrin Von Stadtverodnetenversammlung und magistrat von Groß-Belrin* |
| 《帝国议会法官对民法典之评论》 | *BGB-Kommentar der Reichsgerichtsräte* |
| 《古腾塔格图书馆系列之普鲁士法律》 | *Guttentag'sche Sammlung Preußischer Gesetze* |
| 《古腾塔格图书馆系列之德意志帝国法律教材》 | *Guttentag'sche Sammlung von Lehrb chern des Deutscher Reichsrechtes* |
| 《普鲁士律师新闻》 | *Preußische Anwalts Zeitung* |
| 《普鲁士高等审理委员会法律案件档案》 | *Archiv für Rechtsfälle aus dem Preußischen Obertribunal* |
| 《德意志帝国民法典草案的解释与评估》 | *Beiträge zur Erläuterung und Beurtheilung des Entwurfes eines Bürgerlichen-Gesetzbuches für das Deutsche Reich* |
| 《民法典导论》 | *Bürgerliches Gesetzbuch nebst Einführungsgesetz* |
| 《民法典课程》 | *Vorträge über das Recht des Bürgerlichen Gesetzbuches* |
| 《法律大百科》 | *Encyklopädie der Rechtswissenschaft* |
| 《社会立法和统计档案》 | *Archiv für Soziale Gesetzgebung und Statistik* |
| 《劳工法律图书馆》 | *Bibliothek für Arbeiterrecht* |
| 《社会安全法研究》 | *Arbeiten zum Sozialversicherungsrecht* |
| 《劳工之问》 | *Die Arbeiterfrage* |

| | |
|---|---|
| 《法庭科学技术贸易》 | *Abhandlungen des kriminalistischen Seminars* |
| 《德国犯罪法教材》 | *Lehrbuch des deutschen Strafrechts* |
| 《比较犯罪法理学杂志》 | *Zeitschrift für die gesamte Strafrechtswissenschaft* |
| 《国际联合刑法手册》 | *Bulletin de L'Union Internationale de Droit Pénal* |
| 《德国律师会议备忘录》 | *Verhandlungen des deutschen juristentages* |
| 《人与公园、建筑之间的紧密联系》 | *Begegnungen mit Menschen，Gärten und Häusern* |
| 《画家莫奈与雨果冯楚迪的现代对抗》 | *Manet bis van Gogh. Hugo von Tschudi und der Kampf um die moderne.* |
| 《赖琴施泰纳韦格大街的建筑历史资料》 | *Material zur Geschichte des Gebäudes Reichensteiner* |
| 《柏林根辛纳大街 13 号：楼房的结构档案和古迹保存，建筑物表面风格研究，房屋生意资料》 | *Bauhistorische Dokumentation und denkmalpflegerische Untersuchung der Facade des Geschäftshauses Genthiner Straße 13 in Berlin Tiergarten* |

## 第五章

| | |
|---|---|
| 《人物简要传记》 | *Badische Biographien* |
| 《德国去世人物传记，1907 年，卷 13》 | *Biographisches Jahrbuch und Deutscher Nekrolog XIII，1907* |
| 《布劳克豪斯辞典》 | *Brockhaus Enzyklopädie* |
| 《语言学的发现》 | *Über die Resultate der Sprachwissenschaft* |
| 《浪漫语言文献学概览》 | *Grundriß der romanischen Philologie* |
| 《德国语言文献学概览》 | *Grundriß der germanischen Philologie* |
| 《印度雅利安之语言文献学和风俗习惯》 | *Grundriß der indo- arischen Phiologie und altertumskunde* |

| | |
|---|---|
| 《印度-德语语法比较概览》 | *Grundriß der vergleichenden Grammatik der indogermanischen sprachen* |
| 《伊朗语言文献学概览》 | *Grundriß der Iranischen Philologie* |
| 《德语语法》 | *Deutsche Grammatik* |
| 《德语词源词典》 | *Etymologisches Wörterbuch der deutschen Sprache* |
| 《德语语源期刊》 | *Zeitschrift für deutsche Wortforschung* |
| 《意大利文学历史》 | *Geschichte der italienischen Literatur* |
| 《英语文学历史》 | *Geschichte der englischen Literatur* |
| 《1872 年至 1880 年的伦敦：卡尔·特鲁布纳出版社的出版报告》 | *Verlagsbericht von Karl I. Trübner einschließlich der wichtigsten Werke aus dem Verlage von Trübner & Co., London 1872—1880* |
| 《1872 年至 1897 年的卡尔·特鲁布纳出版社书目》 | *Verlagskatalog von Karl I. Trübner 1872—1897* |
| 《1872 年至 1913 年的卡尔·特鲁布纳出版社的书目》 | *Verlagskatalog von Karl I. Trübner 1872—1913* |
| 《1872 年至 1903 年的卡尔·特鲁布纳出版社的书目》 | *Verlagskatalog von Karl I. Trübner 1872—1903* |
| 《沃尔特·德古意特的人生图册》 | *Walter de Gruyter. Ein Lebensbild* |
| 《德国神学杂志，51 期》 | *Zeitschrift für Deutsche Philologie 51* |
| 《德语地区人们的语言和文化研究素材》 | *Quellen und Forschungen zur Sprach und Culturgeschichte der germanischen Völker* |
| 《印度-德语古代研究百科》 | *Reallexikon der indogermanischen Altertumskunde* |
| 《北欧古代研究》 | *Nordische Altertumskunde* |

| | |
|---|---|
| 《早期欧洲历史》 | *Urgeschichte Europas* |
| 《德语地区古代研究》 | *Reallexikon der Germanischen Altertumskunde* |
| 《阿尔萨斯方言词典》 | *Wörterbuch der elsässischen Mundarten* |
| 《斯塔拉斯堡档案》 | *Urkunden und akten der Stadt Straßburg* |
| 《文学和文化历史研究索引》 | *Quellen und Forschungen zur Literatur und Kulturgeschichte* |
| 《阿尔萨斯-洛林地区的法律汇编》 | *Gesetzessammlumg für Elsaß-Lothringen* |
| 《阿尔萨斯-洛林地区现行法律集合》 | *Summlung der in Elsaß- Lothringen geltenden gesetze* |
| 《德国在阿尔萨斯-洛林地区的管理》 | *Die deutsche Verwaltung in Elsaß-Lothringen* |
| 《学术与国家的建设:1870年至1939年的斯特拉斯堡大学和阿尔萨斯社会》 | *Scholarship and Nation Building. The Universities of Strasbourg and Alsatian Society 1870—1939* |
| 《俾斯麦与德国的发展》 | *Bismarck:der Reichsgründer* |
| 《施普林格自然科学出版社历史:1842年至1945年》 | *Der springer-Verlag Stationen seiner Geschichte : 1842—1945* |
| 《知识世界:弥涅尔瓦年鉴》 | *Jahrbuch der gelehrten welt-Minerva* |
| 《马内塞古抄本:1988年6月12日至9月4日的海德堡大学图书馆之展览》 | *Codex manesse :kanalog zur Ausstellung vom 12. juni 4 september 1988 Universitäts bibliothek Heidelberg* |
| 《图书争端》 | *Bücher Dispute* |
| 《实时新闻:慕尼黑,92》 | *Allgemeine Zeitung :Munich 92* |
| 《与德国出版社商会的合作备忘录,包括与时任主席古斯特夫·费希尔博士的合作》 | *Wissenschaft und buchhandel . Zur Abwehr : Denkschrift der Deutschen Verlegerkammer Unter mitwirkung Ihres Derzeitgen Vorsizenden ,Dr Dr. Gustav Fischer in Jena* |

| 《卡尔恩斯特生日 65 周年纪念：历史与历史思维》 | *Geschichte und Geschichtesbewußtsein. Festschrift Karl Ernst Jeismann zum 65 Geburstag* |
|---|---|
| 《1886 年至 1935 年的德国出版人新闻》 | *Der Deutsche Verlegerverein 1886—1935* |
| 《1924 年至 1928 年的卡尔·特鲁布纳出版社》 | *Karl I. Trübner. Fünfiahresbericht. 1924—1928* |
| 《三十年来的特鲁布纳出版社》 | *30 Jahre Karl I. Trübner* |
| 《金融备忘录：在斯特拉斯堡的特鲁布纳出版社》 | *Kurze Denkschrift zu den Finanzen meiner Firma Karl. J. Trübner Strassburg in den Jahren 1906 bis 1916》* |
| 《以色列历史前言》 | *Prolegomena zur Geschichte Israels* |
| 《以色列和犹太历史》 | *Israelitische und jüdische Geschichte* |
| 《各种语言学的空洞》 | *Allerhand Sprachdummheiten* |
| 《佛日山脉指南》 | *Führer durch die Vogesen* |
| 《印度-德语语言和古文物研究概览》 | *Grundri der indogermanischen sprach und altertum skunde* |
| 《印度—德语协会年鉴》 | *Jahrbuch der indogermanischen gesellschaft* |
| 《德语古文物研究百科》 | *Reallexikon der germanischen Altertumskunde* |
| 《早期德国历史的森林和农作物》 | *Waldbäume und Kulturpflanzen im germanischen Altertum* |
| 《印度-德语地区古文物研究百科》 | *Reallexikon der indogermanischen Altertumskunde* |
| 《一船蠢货》 | *Narrenschiff* |
| 《伊斯兰》 | *Der Islam* |

| | |
|---|---|
| 《1871年至1918年:阿尔萨斯洛林地区的自然科学,艺术和文学》 | *Wissenschaft , Kunst und Literatur in Elaß Lothringen 1871—1918* |
| 《德语地区的考古》 | *Reallexikon der Germanischen Altertumskunde* |
| 《德国的国家与文化》 | *Deutscher Staat und Deutsche Kultur* |
| 《特鲁布纳出版社的五年报告》 | *Karl Trübner : Fünfjahresbericet* |
| 《阿尔萨斯插图评论》 | *IllustrierteelsässischeRundschau* |
| 《离开斯特拉斯堡》 | *Abschied von Straßburg* |
| 《德国出版人新闻》 | *Deutsche Verlegerzeitung* |

## 第六章

| | |
|---|---|
| 《尼古拉斯·海姆对第三帝国的抵抗》 | *Nikolaus von Halem. Im Widerstand gegen das Dritte Reich* |

## 第七章

| | |
|---|---|
| 《德国图书贸易教材》 | *Lehrbuch des Deutschen Buchhandels* |
| 《德国图书贸易教材(第一册):出版社的图书贸易起源》 | *Lehrbuch des Deutschen Buchhandels. Vol. I : Das buch-Der Handel-Der buchhandel-Der Verlagsbuchhandel* |
| 《德国图书贸易报》 | *Borsenblatt für den Deutschen Buchhandel* |
| 《往事回忆》 | *Erinnerungen* |
| 《帝国事务办公室速记(第二卷):印刷纸张与图书贸易》 | *Protokollen und stenographischen Berichten , Vol 2 : Druckpapier und Buchhandel* |
| 《德国通货膨胀》 | *Die Deutsche inflation* |
| 《德国艺术历史》 | *Geschichte der deutschen Kunst* |

| 《图书贸易历史》 | *Buchhandelsgeschichte* |
| 《欧洲的中央》 | *Mitteleuropa* |

## 第八章

| 《弥涅尔瓦杂志》 | *Minerva Zeitschrift* |
| 《库什纳德国文学日历》 | *Kürschners Deutscher Literaturkalender* |
| 《知识分子工作》 | *Geistige arbeit* |
| 《国际法与外交百科词典》 | *Wörterbuch des Völkerrechts und der Diplomatie* |
| 《德国教师协会宪法》 | *Veröffentlichungen der Vereinigung der deutschen Staatsrechtslehrer* |
| 《外国公法和国际法杂志》 | *Zeitschrift für ausländisches, öffentliches Recht und Völkerrencht* |
| 《简明法律字典》 | *Handwörterbuch der Rechtwissenschaft* |
| 《史前大百科》 | *Realleikon der Vorgeschichte* |
| 《德语语言历史大百科》 | *Realleikon der deutschen Literaturgeschichte* |
| 《1924 年 1 月至 1927 年 7 月的德古意特出版社》 | *Walter de Gruyter & Co. Berlin W 10：January 1924 to July 1927* |
| 《斯拉夫语文学和文化历史》 | *Grundriß der slawischen Philologie und kulturgeschichte* |
| 《德国迷信手册》 | *Trübners Deutsches Wörterbuch* |
| 《特鲁布纳德国词典》 | *Trübner deutsches Wörterbuch* |
| 《佩斯塔罗齐全集》 | *Pestalozzi's Complete Works* |
| 《现代人》 | *Die Geistige Stiuation der Zeit* |
| 《德国大教堂》 | *Deutsche Dome* |
| 《德国乡村艺术》 | *Deutsche Lande Deutsch Kunst* |
| 《德国艺术经典手册》 | *Handbuch der Deutschen Kunstdenkmäler* |

| | |
|---|---|
| 《性学期刊》 | *Zeitschrift für Sexualwissenschaft* |
| 《性学病理学》 | *Sexualpathologie* |
| 《慕尼黑之教堂建设：19 至 20 世纪》 | *Der Münchner Kirchenbau im 19 und 20 Jahundert* |
| 《1921 年至 1996 年的德国艺术出版社：历史和未来》 | *Deutscher Kunstverlag 1921—1996, Geschichte und Zukunft* |
| 《简明性学词典》 | *Handwörterbuch der Sexualwissenschaften* |
| 《波恩拜占庭历史作品大全》 | *Corpus scriptorum historiae byzantinae* |
| 《简明讲义与指南》 | *Kleine Texte für Vorlesugen und übungen* |
| 《1818 年至 1918 年：马库斯·韦伯出版社的百年史》 | *Hundert Jahre A. Marcus und E. Webers Verlag 1818—1918* |
| 《柏林科学的"出埃及记"》 | *Exodus von Wissenschaften aus Berlin* |
| 《旧约研究期刊》 | *Zeitschrift für die Alttestamentliche Wissenschaft* |
| 《新约研究期刊》 | *Zeitschrift für die Neutestamentliche Wissenschaft* |
| 《实用理论研究》 | *Studien zur praktischen Theologie* |
| 《现代新教历史》 | *Studien zur Geschichte des neueren Protestantismus* |
| 《世界宗教来源》 | *Aus der Welt der Religion* |
| 《新约希腊—德语词典》 | *Griechische deutsches Wörterbuch zu den Schriften des Neuen Testaments* |
| 《德国的文学和文学生活：1945-1949 年》 | *Literatur und literarisches Leben in Deutschalnd 1945—1949* |
| 《第三帝国时期的文学政治：机构，决策和日常行为》 | *Literaturpolitik im "Dritten Reich". Institutionen, Kompetenzen, Betä tigungsfelder* |

| | |
|---|---|
| 《神学与宗教科学的出版社：1832 年至 1935 年的有案可查之名单》 | Verlag für Theologie und Religionswissenschaft. Verzeichnis der Lieferbaren Werke 1832—1935 |
| 《图书记账辞典》 | Lexikon des Gesamten Buchwesens |
| 《汽车技术手册》 | Das Automobiltechnische Handbuch |
| 《音乐理论概览》 | Allgemeine Musiklehre |
| 《斯托布法律与谈判工具评论》 | Staubs Kommentar zu Wechselordnung |
| 《韦塞尔格塞茨评论》 | KommentarZumWechselgesetz |
| 《黑色军团》 | Das SchwarzeKorps |
| 《调转的世界》 | Der Weg war lang |
| 《航空技术手册》 | Flugtechnisches Handbuch |
| 《1945 年至 1949 年的战争文学：危机情况下的柏林》 | Unterm Notdach. Nachkriegsliterature in Berlin 1945—1949 |
| 《1900 至 1933 年柏林的自然科学与公开性》 | Wissenschaft und ·öffentlichkeit in Berlin 1900—1933 |
| 《1945 年至 1961 年的"西"柏林文学生活：文化都市的分裂》 | Ein Kulturmetropole wird geteilt. Literarisches Leben in Berlin 'West' 1945—1961 |
| 《当代军事科技手册》 | Handbuch der neuzeitlichen Wehrwissenschaften |
| 《军事法律期刊》 | Zeitschrift für Wehrrecht |
| 《法西斯国家理论》 | Allgemeine Theorie des faschistischen Staates |
| 《为人民利益而挣扎中的德国科学》 | Deutsche Wissenschaft im Kampf um das Volk |
| 《希拉赫家族历史》 | Geschichte der Familie von Schirach |
| 《非洲殖民实用科学手册》 | Handbuch der praktischen Kolonialwissenschaften Afrika |

| | |
|---|---|
| 《新戒严法》 | *Die neuen Kriegsgesetze* |
| 《德国普法与经济法期刊》 | *Zeitschrift für Deutsches Gemein und Wirtschaftsrecht* |
| 《重建图书贸易:1945 年西柏林图书市场的历史贡献》 | *Der Wiederaufbau des Buchhandels. Beiträge zur Geschichte des Büchermarktes in Westdeutschland nach 1945* |
| 《被高墙分开的科学:1945 年至 1990 年的柏林》 | *Wirtschaft im geteilten berlin 1945—1990 Forschungsansätze und Zeitzeugen* |
| 《罗马帝国兴亡史》 | *Aufstieg und Niedergang der römischen Welt* |
| 《民俗故事大百科》 | *Enzyklopädie des Märchens* |
| 《语言学与传媒研究手册》 | *Handbücher zur Sprach und Kommunikationswissenschaft* |
| 《神学大百科》 | *Theologische Realenzyklopädie* |
| 《德古意特系列:组织研究》 | *De Gruyter Studies in Organization* |
| 《福音派传教士集》 | *Evangelisches Verlagswerk* |
| 《批判全集》 | *Kritische Gesamtausgabe* |
| 《尼采通信集》 | *Nietzsches Briefwechsel* |
| 《批判研究》 | *Kritische Studienausgabe* |
| 《尼采研究》 | *Nietzsche-Studien* |
| 《国际尼采研究年鉴》 | *Internationales Jahrbuch der Nietzsche Forschung* |
| 《新教神学与教堂大百科》 | *Realencyklop die für protestantische Theologie und Kirche* |
| 《价格理论和最优量化货币》 | *Price Theory and Optimum Quantity of Money* |

# 译后记：发现西方知识与文化占据世界主流地位的一个新视角

　　西方的知识与文化是如何在近 500 年的历史进程中占据人类社会的主流中心地位的？难道仅仅靠工业革命所带来的文化霸权吗？有没有更为深层次的原因？2015 年 12 月 3 日，我有幸与德古意特北京办事处的首席代表史行果女士进行了一番交谈。谈话间，她送给了我这本《德古意特出版史：传统与创新 1749—1999》。之后我多次翻阅该书，从中渐渐获得了解答上述问题的线索。

　　是的，从知识的生产、传播与使用的视角，研究西方的知识与文化逐步获得世界主流地位的历史过程，说不定是一条捷径。而了解德国、法国、英国以及美国等发达国家的出版社发展历史，是必须要做的基本功。

　　众所周知，随着工业革命在欧洲的爆发，开启了以工业革命为核心的知识与文化在全球传播的"西方时代"。对于出版社而言，或可称为西方出版业发展的"黄金时代"。在德国不仅出现了如费希特、尼采、歌德、席勒等哲学文学大家，而化学、机械、医学等自然科学的工业革命也正如火如荼，产业的发展为学科的创立起到了巨大的推动作用。确立当今世界相关自然科学的基本原理，很多都是在几百年前在欧洲发现和创立的。在这种背景下，当时德国等国的各类人才可以用"多如牛毛"来形容，出版社的发展自然也是如鱼得水。虽然德古意特出版社是著名的学术出版社，但却是由五家出版社合并而成，而各个出版社的业务领域广泛，涉及文学、历史、地理、法律、医学和数学等学科领域，所以严格意义上说，介绍德古意特出版社的历史就是介绍这 5 家出版社的历史，加上它们的业内领头羊的地位，因此读者从中可以一瞥德国的知识与文化的发展历史。站在中国学者的角度上，总结德古意特 250 年的发展史，可以总结出如下两点：

第一是与时俱进的知识生产与社会服务能力。作为一个出版人，能够站在知识与文化的高度，高屋建瓴地发现和洞察社会中存在着巨大需求，并及时提供相应的产品。这一点说起来简单，但其实很难，这是一种与时俱进的知识生产与服务社会的能力，在德古意特 250 年的发展历史中，随时随地都在发生着。

本书开篇大幅介绍的德古意特旗下的赖默尔出版社就是一个典型。赖默尔作为一个书店学徒出身的出版人，仅仅靠个人的真诚与聪敏的商业头脑，与柏林大学、普鲁士科学院、德国考古研究所等著名机构合作，从经营一个"学校书店"起步，最后成为医学、药学、化学等相关权威、知名学术图书、期刊的出版者，出版的图书与期刊不仅包含《实用药理学和手术：1795—1841 年》《实用医学图书馆：1799—1841 年》《抗生素和延长寿命的艺术》《手术和眼科学期刊：1820—1840 年》等医疗领域必备的知识，还有 1831 年经蚊媒传播引起的急性虫媒传染病在欧洲暴发之际的防治、认知等图书，赖默尔在 1831 年就出版了 5 本关于此病的医学图书。这一点，与 2020 年中国出版界积极投身到新冠疫情的防治、认知等相关医学图书的出版有些相似。

　　最为重要的是，赖默尔邀请业界权威主编相关期刊与图书的出版，体现的是极其强烈的知识服务社会发展的创新意识。不仅出版发行有大众化与使用化的科技知识普及图书，如 1804 年出版的《漂白原理》《甜菜变糖指南》等图书，还有《建筑学刊》等实践性更强的杂志，该杂志的主编就是负责柏林的公共铁路开发的工程师，自然就会在学刊上刊发最新的铁路研究文章。一直对创新感兴趣的出版人赖默尔，还为德国普鲁士第一条铁路开发，即柏林到波茨坦之间的路线开展了融资活动，这条铁路也是由《建筑学刊》的主编规划并在 1838 年开始运行的。知识出版服务与实践转化就是这样实现了无缝对接。

　　这种与时俱进的知识服务能力，在赖默尔的儿子乔治·赖默尔身上也有体现。例如出版社在 1847 年出版了"亥姆霍兹方程"的发明者赫尔曼·冯·亥姆霍兹、"实验电生理学"（Electrophysiology）的开创者埃米尔·杜波依思·雷蒙德，以及"人类进化理论"的倡导者，也是臭名昭著的"社会达尔文主义"支持人恩斯特·海克尔的相关著作。而这些后来大名鼎鼎的人物在与赖默尔出版社合作之时还都是年轻人，在社会上没有丝毫知名度，以至于亥姆霍兹都没有向出版社要一分稿费。尽管本书作者对于赖默尔出版社的第二代掌门人评价不高，认为失去了"创新、开拓、多样化和冒险精神"，但是与 21 世纪的中国出版机构对于青年人的重视程度相比，笔者认为 200 多年前的德国出版社，堪称是中国出版机构学习的榜样。

　　类似这种知识服务社会的能力，在德古意特旗下的其他出版社身上，也体现得极为鲜明。如戈申出版社在 1825 年出版的《殖民地商人、报纸发行人以及对话词典必备：欧洲地图集》，从书名看就是为到德国殖民地经商的人服务的；1887 年出版的《大众普及图

书馆系列》涵盖天文、教育、地理、哲学和历史等各类主题,到 1931
年连续出版了 1000 种,其间历经了普法战争和第一次、第二次世
界大战,都没有能够中断这个跨世纪的出版项目。犹太人出身的
维特出版社,适应普鲁士德国时期的社会需要,出版了系列医学、
物理学、化学等知名图书、期刊的出版、发行,获得了"与时俱进的
科学出版社"的称号。例如从 1894 年出版的《医学辞典》,一直到
1982 年还在出版,从最初的 148 页 5100 个条目,每隔 4 年就出版
更新和扩充内容,到今天的 1800 多页数十万条目,撰写者均来自
医学界数百名专家,该书已经成为医生们和健康专家们不可缺少
的必备手册。除此之外,维特最早注意到德国社会的反犹主义思
潮,并积极投身到为犹太同胞争取法律和民事权利的运动之中。
古腾塔格出版社,抓住 1871 年德意志各个邦国的合并之机,全社
会对法律图书的需求巨大之机,出版了民法、刑法、劳工法等各种
法律图书,涵盖司法解释、法典讲座以及各种司法教材,成为德国
知名度较高的专业的法律出版社。1882 年,适应德国不断高涨的
民族主义情绪,特鲁布纳出版社创立伊始就集中德国语言学领域
的图书与期刊出版,从 1883 年编辑出版的《德语词源词典》,一直
到 1995 年仍在出版,核心词汇已经达到了 1.3 万个,从语义形成与
历史来源角度关注德语,成为今天德语学习的必读书。在纳粹德
国时代,德古意特出版社被希特勒当局列为"战略机构",就是因为
旗下出版社有大量航空类图书。如 1936—1937 年《航空技术手
册》(4 册),戈申出版社的《航空图书馆系列》和《空军课程》,等等。
而 1945 年德国被盟军占领后,整个德国千疮百孔之时,德古意特
出版社能够获得美国主导的欧洲复兴计划"马歇尔计划"的资金支
持,也是因为如此。总之,类似例子不胜枚举。如果不是因为拥有
大量的能够满足社会不同历史时期需求的知识产品,对于一个出
版机构而言,是很难熬过一战、二战这样人类社会史无前例的劫难

的。

　　第二是出版人的价值追求与精神理念。在本书中作者可能并没有完全意识到，德古意特出版社 250 年发展史中仍然贯穿着一种出版人的追求与精神。比如表面上看，以德古意特为代表的德国出版人，如赖默尔、戈申、维特、特鲁布纳等完全是将出版社当作了一门赚钱的生意，德古意特 250 年的历史，就是煤炭商人出身的德古意特不断地对相关专业、领域学科出版社的购买和兼并而逐渐发展起来的，因此称之为"兼并达人"。从一战前的 1912 年德古意特就有意开始对于所收购的出版社进行业务规划和整合，并将煤炭领域的生意经转移到图书的生产、经营过程中，如本书对于"生产分类记账"的发明，"直接成本""间接成本"的使用，这些都是今天中国出版机构习以为常的理念和名词。其中眼花缭乱的购买与兼并成为 200 年前德国出版人获得资本盈利、规避投资风险的一个工具和手段。但是实际上，出版的本质仍然是站在文化的高度，针对社会需求进行的一种知识生产与服务社会的能力，有时候并不能完全与资本回报完全同步，仍然需要依靠出版人的一种精神追求和价值理念的力量。其实，正是这种与资本获利无关的精神力量，才使德古意特具有与时俱进的知识生产与服务社会能力，才使德古意特 250 年间不断发展壮大。而这一点，本书作者好像并没有刻意总结。

　　例如 1812 年，赖默尔从破产的"欧格书店"获得了德语版莎士比亚著作的版权后，竟然花费 12 的时间敦促译者坚持完成《莎士比亚戏剧集》（9 册，1825—1834 年），实际上这个项目不仅没有赚钱，反而使赖默尔产生了亏损。特鲁布纳集中打造德语语言出版物的同时，本人亲自实施流亡在法国的德国宝马内塞古抄本回归德国的运作全程。这是完成于 14 世纪前半叶，完整地收录了中世纪的德国诗歌，还包含 137 张特点鲜明的全幅画的德国文艺复兴时期的国宝。整个回归过程一波三折，甚至还蒙受了不白之冤。特鲁布纳还亲自策划了《德语古文物研究百科》的设想，但直到他去世后，才在 1911 年至 1919 年期间，才由海德堡大学的英语哲学教授约翰纳·胡坡（Johannes Hoops）的主编下，以四卷本形式出版发行了《德语古文物研究百科》。特鲁布纳是一个出版人，但同时也是德语文化的保护者、生产者和组织者。

　　特别是德古意特本人收购了赖默尔出版社、戈申出版社、维特出版社、古腾塔格出版社、特鲁布纳出版社之后，不断地将经营煤炭的资金源源不断地注入五家出版社的经营过程中。通观全书，购买五家出版社以及之后不断的收购活动，并没有给德古意特带回多么大的经济回报。特别是在第一次世界大战后席卷西方世界后的通货膨胀期间，德古意特还坚持所出版的图书不涨价，以至于无法全面应对通货膨胀所带来的巨大损失，导致德古意特的市场份额被后起之秀施普林格所超。这种行为远远不是拿一个出版商人的标准和规范所能够衡量的。而德古意特本人之所以要进入出版业，原因正如后来才发现的一封信中所提到的，他在写给一个作者的信中明确道："煤矿批发贸易正在退出历史，我在工作中也越来越难以找到价值感。"本着寻找意义与价值，德古意特最早入职赖默尔出版社，竟是不要一分工资的义工。甚至在购买了赖默尔出版社之后，仍然瞒着自己的身份，整天干"贴邮票和写信封写地址"的简单乏味的工作，目的是悄悄从出版专家希尔伯特那里学习和掌握如何经营出版业务。

　　本书给人的印象是，德国好像就只有这几家出版社有名，但实际上除了书中所提到的出版社之外，还有考特出版社也举足轻重。而当时的创始人就被称为"出版业中的拿破仑"。可惜的是，其他影响力很大的出版社资料都没被汇集成书，甚至资料也不是英文的。这些资料若还存在的话，是值得挖掘并翻译成中文的，以填补国内对德国出版历史研究的不足。

此外书中无意间提到的很多例子，可给中国目前进行的国际文化传播工作提供重要借鉴。例如：当法国的洛林地区被割让给德国后，为了施加文化影响，德国政府就在当地成立了威廉皇帝大学，其经费甚至比本土的高校经费都多，而这里也成立了第一所独立的生理化学研究院。最终在学科创建人的带动下，这里成了首屈一指的学科"桥头堡"。笔者认为，在洛林地区所体现的德国、法国文化碰撞与融合是非常值得研究的。

除此之外，在纳粹德国时期，德古意特是如何经营的？冷战期间，德古意特出版社是如何在东西德国之间进行业务拓展的？这些十分敏感的重大历史时期，作为一个出版社，从知识的生产、传播与使用的角度，不可能完全脱离时代政治背景的影响，肯定有值得反思和总结的地方。这是德国出版社研究最为充满魅力的地方。可惜，本书涉及这些部分的时候，总是惊鸿一瞥，这是十分遗憾的。

本书自 2020 年 3 月开始翻译，历时一年多。全书看上去更像是为早已对德国文学和社会历史，乃至对德国的自然科学发展历史所熟悉的人而写。所以在原文中有些人名是被简化的，但考虑到很多历史事件和德国的人名是国内的读者目前也许是不甚了解的，因此为了阅读方便，中译本就补充了全名。在有些情况下，还在人名前加上了一些简单的头衔介绍，例如"历史学家""语言学家"等，尤其在介绍数学家的时候，中译本还加上了以发明人的名字而命名的数学方程式。

此外，书中反复出现了众多五花八门的出版业协会的名字，但个别名称是反复出现的，需要读者注意辨别注意。如当年的"德国图书贸易者联盟"，为今天的法兰克福书展的组织者、主办者。此外还有德国出版人协会。而要注意的是，德古意特把购买的五家出版社合并后，没有一下子改名为"德古意特出版社"，而是"德古意特科学出版人联盟"，原文中是用"VwV"标志，但为了阅读方便，在文中则简称为"联盟"。

在如今变幻莫测的国际环境下，笔者认为中国的出版社走向国际化的趋势正在提速过程中，而学术界研究国际出版方面的重要性日渐增强。长远看来，中国若是没有打造出类似德古意特出版社这样具有国际影响力的"旗舰式出版集团"，就谈不上中华文化的国际化，更无法奢谈中华文化的世界影响力。这一点正是了解西方著名的出版机构发展史，进而把握西方知识与文化在 500 年间占据世界主流地位发展过程的必要性与迫切性，正如人们常说的一句话，即"它山之石，可以攻玉"。

2021 年 5 月 2 日

**图书在版编目(CIP)数据**

德古意特出版史:传统与创新:1749—1999 /
(德)安娜－卡特琳·齐萨克著;何明星译. — 杭州:
浙江大学出版社,2022.5

ISBN 978-7-308-21838-2

Ⅰ.①德… Ⅱ.①安…②何… Ⅲ.①出版社－文化
史－德国－1749－1999　Ⅳ.①G239.516.9

中国版本图书馆 CIP 数据核字(2021)第 207407 号

中华译学馆　莫言题

**德古意特出版史:传统与创新 1749—1999**

[德]安娜－卡特琳·齐萨克　著

何明星　译

| | |
|---|---|
| **策划编辑** | 张　琛　包灵灵 |
| **责任编辑** | 陆雅娟 |
| **责任校对** | 田　慧 |
| **封面设计** | 周　灵 |
| **出版发行** | 浙江大学出版社 |
| | (杭州市天目山路 148 号　邮政编码 310007) |
| | (网址:http://www.zjupress.com) |
| **排　　版** | 浙江时代出版服务有限公司 |
| **印　　刷** | 杭州宏雅印刷有限公司 |
| **开　　本** | 880mm×1230mm　1/32 |
| **印　　张** | 9 |
| **字　　数** | 218 千 |
| **版 印 次** | 2022 年 5 月第 1 版　2022 年 5 月第 1 次印刷 |
| **书　　号** | ISBN 978-7-308-21838-2 |
| **定　　价** | 68.00 元 |

浙江省版权局著作权合同登记图字:11-2021-287 号